Heinz Mankau / Peter Petrick

Deutsche Lastensegler

Heinz Mankau / Peter Petrick

Deutsche Lastensegler

**Die Lastensegler der Luftwaffe
und ihre motorisierten Abwandlungen
DFS 230 - Go 242 - Go 244 - Go 345 -
Ka 430 - Me 321 - Ju 322 - Me 323**

Motorbuch Verlag

Einbandgestaltung: Luis Dos Santos unter Verwendung von Vorlagen aus dem Archiv des Verfassers.

Die teilweise geminderte Bildqualität ist auf das Alter der Abbildungen und die Umstände des Entstehens zurückzuführen.

ISBN 978-3-613-04705-1

2. Auflage 2024
Copyright © by Motorbuch Verlag,
Postfach 103743, 70032 Stuttgart.
Ein Unternehmen der Paul Pietsch Verlage GmbH & Co.

Sie finden uns im Internet unter
www.motorbuch-verlag.de

Lektorat: Alexander Burden
Innengestaltung: Marcus Linke
Satz: WS-WerbeService Linke, 76185 Karlsruhe
Druck: HUNTER Books GmbH, Kleyerstraße 3, 64295 Darmstadt
Bindung: HUNTER Books GmbH, Kleyerstraße 3, 64295 Darmstadt
Printed in Germany

Inhalt

Vorwort

Heutzutage behalten die Luftwaffen ihre Flugzeuge über Jahre, manchmal Jahrzehnte in ihrem Bestand. Die Lastensegler waren dagegen von der ehemaligen Luftwaffe zum baldigen Verbrauch bestimmt. Teilweise war sogar nur an einen Einsatz gedacht. Demzufolge waren sie aus geringwertigen Materialien gefertigt und einfach gebaut. Das zunächst vorgesehene Einsatzprofil ließ auch ein fest ein- oder angebautes Fahrwerk entbehrlich erscheinen. Trotz ihrer Einfachheit fand ich es interessant, mich mit diesen Flugzeugen zu beschäftigen, und sie als Modelle darzustellen. Dabei interessierten mich auch die verschiedenen Erscheinungsformen. Um die unterschiedlichen Baureihen richtig zu bauen, war es nötig, sich mit der Literatur und Originaldokumenten zu beschäftigen, und das Ergebnis gebe ich nachfolgend wieder.

Die ersten brauchbaren Darstellungen stammen von Pawlas und Kössler, aber die gehen für meine Zwecke nicht ausreichend auf die Baureihendarstellung ein. Teilweise macht Pawlas widersprüchliche Angaben. Um die Widersprüche aufzuklären, habe ich u. a. das Deutsche Technikmuseum Berlin (Historisches Archiv) aufgesucht, und dort die Unterlagen eingesehen, auf die sich Pawlas bezieht. Ich musste feststellen, dass Pawlas die unstimmigen Angaben nicht etwa erfunden hat, sondern sie finden sich schon in den zu Grunde liegenden Dokumenten. Er zieht aber auch falsche Schlüsse, ordnet Bilder falsch zu und irrt in der zeitlichen Abfolge.

Neben dem Deutschen Museum München sind das Deutsche Technikmuseum Berlin und das Bundesarchiv Freiburg und Koblenz Hauptquellen der benutzten Unterlagen. Den Mitarbeitern dort gilt mein Dank für die freundliche Unterstützung. Die DFS hat über ihre Arbeiten Berichte erstellt, die ich zum Teil in Hochschulbibliotheken gefunden habe. Die zitierten Handbücher, Bedienungsvorschriften, Ersatzteillisten usw. stammen vom Luftfahrt-Archiv Hafner.

Mein Partner, Peter Petrick, steuerte den größten Teil der verwendeten Bilder bei. Mein besonderer Dank gilt aber auch Manfred Griehl, Karl Kössler, Manfred Krieg, Rainer Nidrée, Christoph Regel, Georg Schlaug und Marton Szigeti, die mir ebenfalls eine große Zahl von Fotos und Informationen zur Verfügung stellten. Bei der Quellensuche zur Me 321/323 war mir Hans-Peter Dabrowski eine sehr große Hilfe.

Meiner Meinung nach ist es bei der Darstellung des Entwicklungsablaufs wichtig, die Dokumente in die richtige zeitliche Reihenfolge zu bringen. Ich habe mich deshalb entschlossen, die gefundenen Angaben nach Art eines Tagebuches aufzuschreiben, und dazwischen zu kommentieren. Dadurch hat der Leser die Möglichkeit, selbst zu werten, und gegebenenfalls andere Schlüsse zu ziehen.

Rothemühle, März 2008
Heinz Mankau

Übersicht

Im Frühjahr 1927 findet in Kassel der erste Segelflugzeugschlepp statt. Die Idee wird vielfach aufgegriffen, und findet besondere Anwendung im Sportbereich beim Starten von einsitzigen Segelflugzeugen. Dabei zeichnet sich besonders die Rhön-Rositten-Gesellschaft (RRG) aus, die das Verfahren einsatzfähig macht. In der Zeit von 1930 bis 1934 entsteht die Idee, größere Segelflugzeuge als Anhänger von Verkehrsflugzeugen mitzuschleppen, und diese dann auf kleinen Flugplätzen, auf denen sich die Landung des großen Passagierflugzeugs nicht lohnt, separat landen zu lassen. Die RRG baut auch einen größeren Segler zu Forschungszwecken. 1933 wird die RRG im Rahmen der nationalsozialistischen Luftfahrt- und Wiederbewaffnungsaktivitäten zum »Deutschen Forschungsinstitut für Segelflug« und 1936 zur Deutschen Forschungsanstalt für Segelflug (DFS) umgestaltet. Die DFS bekommt unter Anderem vom Reichsluftfahrtministerium (RLM) den Auftrag, ein Segelflugzeug zu entwickeln, mit dem eine Gruppe von Soldaten an den Einsatzort gebracht werden kann. Die Entwicklung erscheint so aussichtsreich, dass die Luftwaffe ab 1937 mit der Ausbildung von Lastenseglerpiloten beginnt. 1937 wird auch mit dem Bau einer ersten Serie des neuen Lastenseglers DFS 230 A-0 begonnen, und im November 1937 findet in Stendal ein Vergleich statt, der zeigt, dass Kampfgruppen, die mit Lastensegler abgesetzt werden, schneller einsatzbereit sind, als Fallschirmjäger. Daraufhin werden weitere DFS 230 in Auftrag gegeben, und ab 1938 Soldaten entsprechend ausgebildet. 1938 macht man sich auch schon Gedanken zur Weiterentwicklung der DFS 230, und übergibt die Großserienbetreuung der DFS 230 an einen erfahrenen Flugzeughersteller, die Gothaer Waggonfabrik. Die entwickelt die großserientaugliche und als Kampfsegler ausgelegte DFS 230 A-1. Im Jahr 1939 erfolgt die Ausbildung der Soldaten und Flugzeugführer, die

im geplanten Krieg gegen Frankreich und Belgien zum Einsatz kommen sollen. Gleichzeitig scheint die Absicht zu reifen, die DFS 230 nicht nur zum Transport von zehn Soldaten, sondern auch von Geschützen und Material einzusetzen, woraus die mit einer zusätzlichen Ladeklappe ausgestattete DFS 230 A-2 resultiert. Am 10.5.1940 erobert die Sturmabteilung »Koch« unter Einsatz von 42 Schleppzügen Ju 52 + DFS 230 das belgische Fort Eben Emael und einige Brücken über den Albert-Kanal. Dies ist der erste erfolgreiche Einsatz der DFS 230. Daraufhin wird die DFS 230 zunehmend für Transportaufgaben eingesetzt, wobei als Schleppflugzeuge für den Fronteinsatz untaugliche Maschinen, wie die He 45 und He 46, herangezogen werden. Im weiteren Kriegsverlauf gelangen auch die Hs 126, Avia 534, Ar 65, Ju 87 R, Do 17 E, und He 111 als Schleppmaschinen zum Einsatz.

Der Erfolg in Eben Emael ist so überzeugend, dass das RLM 1940 die Bestellung auf 2500 DFS 230 erhöht, und es gibt die Entwicklung eines größeren Lastenseglers in Auftrag. Die maximale Größe des neuen Lastenseglers wird bestimmt durch die zur Verfügung stehenden Schleppflugzeuge Ju 52 und He 111. Die DFS und die Gothaer Waggonfabrik entwickeln je einen vergrößerten Lastensegler: die DFS 331 und die Go 242. Von beiden sind im Herbst 1940 erste Prototypen flugfertig, und werden im Winter 1940/41 erprobt. Da man für die DFS 331 keine geeignete Produktionsfirma findet, entscheidet sich das RLM für die Go 242. Deren Einsatzmöglichkeiten erscheinen so viel besser, dass das RLM im März 1941 den Produktionsauftrag für die DFS 230 auf ca. 1500 kürzt, und die Produktionskapazität für die Go 242 verwenden will. Die Go 242 erfüllt die in sie gesetzten Erwartungen, und das RLM und der Generalstab planen längere Zeit die fortlaufende Produktion für die gesamte Kriegszeit. Erst als in Folge der sich verschlechternden Kriegslage der Bau von Jagdflugzeugen absolute Priorität bekommt, wird die Produktion der Go 242 im August 1944 nach ca. 1500 Stück beendet.

Im Oktober 1940 erhalten die Firmen Junkers und Messerschmitt den Auftrag, Großsegler zu entwickeln und zu bauen. Mit diesen will man Panzer, anderes schweres Gerät und große Truppenkontingente hinter die feindlichen Linien transportieren. Die daraufhin von Junkers entwickelte Ju 322 stellt sich als fluguntauglich heraus. Messerschmitts Me 321 ist zwar flugtüchtig, der Einsatz hinter drei Schleppflugzeugen aber gefährlich. Da die Me 321 zudem nicht in der Rolle des Kampfseglers, der in einem einmaligen Einsatz Truppen und Gerät hinter die feindlichen Linien trägt, sondern als Transportsegler für Benzin und ähnliches eingesetzt wird, erweist sie sich als unwirtschaftlicher und gefährlicher Fehlschlag. Es werden 200 Stück gebaut, die aber kaum eingesetzt werden. Die letzten werden im Herbst 1943 in Frankreich verschrottet.

Anfang 1941 beginnt die GWF mit der Entwicklung eines aus der Go 242 abgeleiteten Behelfstransporters, der Go 244. Das RLM sieht diese Aktivitäten so optimistisch, dass man zeitweise daran denkt, nur noch die Go 244 zu bauen. Im Jahr 1942 hat die GWF einen Auftrag über 450 Go 244, die aus Kapazitätsgründen auf Kosten der Go 242 gebaut werden sollen. Die Produktion läuft 1942 auch an, jedoch sind die Erfahrungen im Sommer 1942 in Russland so schlecht (Nutzlast und Reichweite sind zu klein), dass die Produktion der Go 244 im Herbst 1942 wieder beendet wird. Fertige Go 244 werden daraufhin wieder in Go 242 umgebaut, und die Produktion der Go 242 läuft in vollem Umfang weiter. Die Gothaer Waggonfabrik versucht zwar, besser geeignete Behelfstransporter zu entwickeln, was in dem Projekt Go P-39 gipfelt, jedoch entscheidet sich das RLM frühzeitig für die Ju 352 in dieser Rolle.

Nahezu zeitgleich mit der Weiterentwicklung der Go 242 zur Go 244 wird auch aus der Me 321 die motorisierte Me 323 abgeleitet. Während das RLM die Go 244 zunächst für aussichtsreich hält, und dann das Scheitern akzeptieren muss, ist es mit der Me 323 genau umgekehrt. Der Generalluftzeugmeister steht ihr zunächst sehr skeptisch gegenüber, aber sie ist zuverlässig und brauchbar. Den dann vom RLM gewünschten Stückzahlen stehen bald Lieferschwierigkeiten mit den französischen Motoren entgegen. Als sich diese Ende 1943 entspannen, muss das RLM – wegen der viel dringenderen Produktion von Jägern – zunächst die Stückzahl der Me 323 herunterfahren, und die Produktion Anfang 1944 ganz einstellen.

Nachdem anfänglich die Ju 52 als Schleppflugzeug für die Go 242 herangezogen wird, geht diese Aufgabe zunehmend auf die He 111 über. Deren Produktion soll aber nach Plänen des RLM aus dem Jahr 1942 im Jahr 1944 auslaufen. Als einziges Schleppflugzeug verbleibt die Ju 188/388. Die kann aber die Go 242 und DFS 230 nicht schleppen. Aus dieser Situation heraus erfolgt Anfang 1943 der Auftrag für die Neuentwicklung eines Lastenseglers, der größenmäßig zwischen DFS 230 und Go 242 liegt, dafür aber mit höherer Geschwindigkeit geschleppt werden kann. Die DFS bzw. GWF entwickeln die DFS 230 V7 und erarbeiten einige weitere Projekte, und das Reparaturwerk Erfurt erstellt die Ka 430. Das RLM wählt die Ka 430 aus, und deren Entwicklung wird fortgesetzt. Zu einer Produktion kommt es aber in Folge der Kriegsereignisse nicht mehr.

Im Sommer 1943 hält das RLM die Entwicklung von Lastenseglern für sinnvoll, die im Wasser landen können. Die Firmen bearbeiten daher Projekte mit entsprechenden neuen Flugzeugen (Go P-52 und Ka 430 auf Schwimmer) bzw. setzen vorhandene Segler auf Schwimmer (DFS 230). Auch von der Go 242 wird eine entsprechende Variante Go 242 C-1 abgeleitet. Keines der Vorhaben führt zu einem Serienbau.

Chronik

1904 bis 1921

Nach der Zeitschrift »Luftwissen« vom März 1943 befasste sich der Franzose Voisin schon 1904 mit Schleppversuchen von Segelflugzeugen auf Rädern. Im Jahr 1912 hat sich Anthony Fokker das Patent: »Schleppen eines Gleiters von Lilienthal mittels Motorflugzeug« erteilen lassen (siehe Abschnitt Frühjahr 1927). Angesichts der schwachen zeitgenössischen Motoren erfolgte aber zunächst keine Umsetzung. Bei Fokker soll dann im Jahr 1917 (wieder laut »Luftwissen«) die Idee entstanden sein, ein Jagdflugzeug D-VIII ohne Motor von einer D-VII schleppen zu lassen. Aber auch dieses Vorhaben wurde nicht realisiert und Fokker baute Anfang 1918 ein Spezial-Hochdecker-Gleitflugzeug mit Schwimmern. Infolge des Kriegsverlaufes wurde es erst 1919/20 in Holland im Schlepp eines Motorbootes auf dem Ymuiden-Amsterdam-Kanal erprobt. Die Flugdauer betrug sechs Minuten in 2,5 m Höhe. Die Versuche wurden daraufhin eingestellt. Auf dem Pariser Salon 1921 zeigte Antony Fokker nochmals ein Segelflugzeug für Schleppversuche, von einer Erprobung wurde aber nichts bekannt.

1924 [6]

Auf Veranlassung des Leiters der Abteilung Luftfahrt im Reichsverkehrsministerium, Ministerialdirektor Brandenburg, wird das Forschungsinstitut Rhön-Rositten-Gesellschaft (RRG) gegründet mit dem Ziel, die Entwicklung des Segelfluges in Deutschland zu sichern. Die RRG befasste sich mit der Schulung des Nachwuchses, der Entwicklung von Segelflugzeugen und der Erschließung neuer atmosphärischer Segelflugmöglichkeiten.

Frühjahr 1927 Kassel

Nach der Darstellung von Gerhard Fieseler [G. Fieseler: Meine Bahn am Himmel, Bertelsmann Verlag 1979] hat er sich als Attraktion für den Flugtag, den er für Ostern 1927 in Kassel-Waldau organisieren sollte, den Schlepp eines Segelflugzeuges durch ein Motorflugzeug ausgedacht. Dazu will er den Segelflieger Gottlob Espenlaub mit seiner Maschine eingeladen haben. Am 12.3.1927 fanden dann nach Darstellung Fieselers die ersten Schleppflüge mit einer alten LVG BIII und Fieseler am Steuer und Espenlaub in seinem Segler statt. Es sollen insgesamt drei Schleppversuche stattgefunden haben, aber angeblich löste Es-

Wer auch immer die Idee gehabt hat, unstrittig ist, dass der erste Schleppversuch mit einer LVG BIII durchgeführt wurde. (Nowarra)

Gottlob Espenlaub 1927 in seinem Segler E7. (Espenlaub)

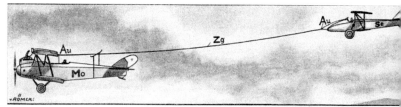

Der fliegende „D-Zug" von Raab-Katzenstein

Oben: Raab-Katzenstein RK 7 (Schmetterling). Der Anhänger war 8,5 m breit, 6,15 m lang und 125 kg schwer. (Nowarra)

Rechts oben: Die RaKa Kranich mit dem RaKa Schmetterling im Schlepp. (Fieseler)

Rechts: Die Zeichnung zeigt die Anbringung des Schleppseils, für die Raab-Katzenstein Patentschutz beantragte. (v. Römer)

penlaub jeweils kurz nach dem Start das Schleppseil, weil dieser selber plante, den Segelflugzeugschlepp zum Patent anzumelden. Diese Versuche dienten nach Fieselers Darstellung der Erprobung des Verfahrens, wurden aber von Espenlaub der Presse mitgeteilt. Fieseler war zu der Zeit Angestellter und Anteilseigner der Raab-Katzenstein-Flugzeugwerke in Kassel. Er schreibt weiter, dass die Mehrheitseigner Raab und Katzenstein ihn anschließend ausgebootet haben, so dass er an der weitern Entwicklung des Schleppfluges keinen Anteil mehr hatte.

Antonius Raab hat dann nach Fieselers Angaben mit Espenlaub am 20.3.1927 vor der Presse den angeblich ersten Flugzeugschlepp der Welt vorgeführt. Dabei verlor allerdings Espenlaubs Segler das Seitenleitwerk. Dennoch wurde Espenlaub in der Presse als Erfinder des Flugzeugschlepps dargestellt. Auf Grund der schlechten Ergebnisse mit dem Espenlaub-Segler haben die Raab-Katzenstein-Flugzeugwerke dann in aller Eile einen neuen Gleiter, den »Schmetterling«, gebaut, und damit auf dem Flugtag erstmals eine Platzrunde demonstriert, mit Raab und Katzenstein als Piloten.

Aber auch Antonius Raab [A. Raab: Raab fliegt, Konkret Literatur Verlag 1984] will den Flugzeugschlepp wiedererfunden haben. Nach seinen Angaben basiert das Ganze auf einer Idee von Anthony Fokker aus dem Jahr 1912, die er, Raab im März 1927 realisieren ließ. Raab schreibt, dass Fieseler am Steuer einer Raab-Katzenstein

»Kranich« saß, als der angehängte Espenlaub-Segler das Leitwerk verlor. Danach bauten die Raab-Katzenstein-Flugzeugwerke innerhalb von drei Wochen den Gleiter »Schmetterling«, in dem er am 15.3.1927 im Schlepp einer RaKa-Kranich mit Katzenstein am Steuer den ersten erfolgreichen Schleppflug durchgeführt haben will. Die RaKa Kranich war ein Nachbau der LVG BIII.

Espenlaub hat sich nach den ersten Versuchen am 12.3. in der Presse als Erfinder des Schleppfluges präsentiert, und Fieseler lediglich als Piloten der Motormaschine. Auch nach dem Flug am 20.3. galt er in der Presse als Erfinder des Verfahrens. (Aussagen von Gerhard Fieseler)

In »Luftwissen« steht, dass Fieseler 1926 im Kurhessischen Verein für Luftfahrt den Vorschlag gemacht habe, die Anziehungskraft der damaligen Flugveranstaltung durch Vorführen von Schleppflügen zu erhöhen. Der Erstflug mit Espenlaub im Segler fand angeblich am 13.3.1927 in Kassel-Waldau statt, und die erste öffentliche Vorführung am 20.3.1927. Espenlaubs Segler musste dann wegen Untauglichkeit von der Luftpolizei gesperrt werden. Daraufhin bauten die Raab-Katzenstein-Flugzeugwerke die RK 7 »Schmetterling«, die ab dem 13.4.1937 auf weiteren Flugveranstaltungen in ganz Deutschland vorgeführt wurde.

Die Herren Fieseler und Raab sind offensichtlich 1927 im Unfrieden auseinander gegangen. Ihre schriftlichen

Vor der Halle der Raab-Katzenstein-Flugzeugwerke stehen 1928 eine RK 6 »Kranich« (drittes Flugzeug von links), und zwei RK 7 »Schmetterling«. In der Deutschen Luftfahrzeugrolle lassen sich vier RaKa 7 (auch RK 7 bezeichnet) nachweisen, die von April bis Juni 1928 zugelassen werden: D-1351 (W.Nr. 301), D-1352 (W.Nr. 305), D-1379 (W.Nr. 302), D-1392 (W.Nr. 303). (Lange)

Auch Gottlob Espenlaub beschäftigt sich weiter mit dem Flugzeugschlepp. 1927 führt Espe in Rositten das Motorflugzeug E 11 mit 35 PS Anzani Motor und das Segelflugzeug E7 vor. (Nowarra)

Im Mai 1928 wird der Espenlaub-Anhänger EA 1 zugelassen (D-1396). Eine weitere EA 1 folgt im Mai 1929 (D-1637). In der zeitgenössischen Presse wird der Anhänger auch als E 12 bezeichnet. (Lange)

Ing. Botho von Römer glaubt 1928, dass die Verwendung von Schleppzügen im Luftverkehr nach den wohlgelungenen Versuchen nicht mehr allzu weit entfernt ist. (von Römer)

Darstellungen sind widersprüchlich und von gegenseitiger Abneigung geprägt. Da aber beide angeben, dass auch Espenlaub der Erfinder des Flugzeugschlepps gewesen sein will, müssen wir heute damit leben, dass es drei angebliche Initiatoren gibt. Mir fehlen die Unterlagen, um eine der Varianten als die richtige auszuweisen. »Luftwissen« ist hier der Vollständigkeit halber erwähnt, ist aber wegen der damaligen Zensur (Raab und Katzenstein wurden aus politischen Gründen verschwiegen) unzuverlässig.

1927 bis 1930

Raab berichtet, dass die Firma Raab-Katzenstein schon kurz nach dem Erstflug des Schmetterlings mit zwei Anhängern fliegt, und je ein Gespann mit zwei Anhängern nach Italien und USA verkauft. Auch verfasst Katzenstein einen in Amerika erscheinenden Artikel, in dem vom »future airtrain« geschrieben wird. Damit wird schon 1927 über größere Segelflugzeuge spekuliert.

In Deutschland wird der Flugzeugschlepp hauptsächlich auf Flugtagen präsentiert, es werden aber auch Überlandflüge durchgeführt (z.B. Karlsruhe–Frankfurt/M.–Kassel). Lola Schrödter lässt sich 1928 durch ganz Deutschland und Frank Hawks in acht Tagen von San Diego nach New York schleppen.

3. Luft-D-Züge der Zukunft

Die DFS setzte die OBS als fliegendes Observatorium ein. (DFS)

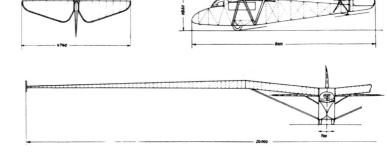

Die OBS war ein für damalige Verhältnisse großes Segelflugzeug. (Schlaug)

1930 [6]

Das Forschungsinstitut der RRG entwickelt zusammen mit der Akademischen Fliegergruppe Darmstadt den Schleppsegelflug. Zusammen mit den Erkenntnissen zum thermischen Segelflug aus dem Jahre 1928 führte der Schleppsegelflug zur universellen Verbreitung des motorlosen Fluges.

1931

Die Sowjets fliegen laut »Luftwissen, 3/43« mit einem Luftschlepp-Zug durch ganz Russland.

1932 [6]

Die RRG baut das dreisitzige Kabinensegelflugzeug »OBS«.

22.7.1934

Aus der Rhön Rossitten Gesellschaft wird das Deutsche Forschungsinstitut für Segelflug.

22.7.1934 Berlin

In der Zeitschrift Deutsche Luftwacht, Ausgabe Luftwelt, Band 1. Nr. 14 S.271 wird berichtet, dass die Aeroflot auf der Strecke Moskau–Bataisk Segelflugzeuge im Schlepp von Verkehrsflugzeugen im regelmäßigen Flugverkehr einsetzen wird. Die Segelflugzeuge können eine Last von 1,5 bis 3 Tonnen transportieren. Als Schleppflugzeuge sollen P-5 und als Segler die zweisitzige SCH-5 (Konstrukteur Scheremetjew) oder einsitzige G-9 auf der 1600 km langen Strecke eingesetzt werden.

1936 [6]

Während die RRG bis 1932 20 bis 35 Mitarbeiter hatte, stieg die Zahl bis 1936 auf 220 (und bis 1940 auf 680 Mitarbeiter). Das Deutsche Forschungsinstitut für Segelflug der RRG wird zur Deutschen Forschungsanstalt für Segelflug (DFS) umgestaltet.

Im Jahr 1936 werden die Konstruktion und der Bau des ersten Lasten tragenden Segelflugzeuges (LS-Flugzeug) begonnen und abgeschlossen. Ende des Jahres 1936 ist dieses Flugzeug fliegerisch erprobt.

Diese Angabe stammt von Professor Georgii (Leiter der DFS), allerdings erst aus dem Jahre 1941. Wahrscheinlich ist die Angabe nicht zutreffend.

1.10.1936 Flugzeugentwicklungsprogramm LC II [8]

Von dem Lastenschlepper DFS LS1 sind drei Stück bestellt (V1–V3). Das Projekt wurde von LC I übernommen. Die Fertigstellung der Attrappen war im September 1936. Der erste Flugklartermin ist für den März 1937 vorgesehen. Die Erprobung bei der E-Stelle soll in den Monaten Mai bis Juli 1937 erfolgen. Eine 0-Serie ist noch nicht festgelegt.

Die Abkürzung »LS« bedeutete ursprünglich »Lastenschlepper«. LC I war die Forschungsabteilung im RLM (Reichsluftfahrtministerium) unter Ministerialrat Baeumker. Dieser Abteilung war die DFS unterstellt, die von Prof. Georgii geleitet wurde. Unter Georgii arbeitete der Chefkonstrukteur Jakobs, der die DFS 230 konstruierte. LC II war die Bezeichnung der Entwicklungsabteilung des RLM, in der die Entwicklung von Flugzeugen beauftragt und betreut wurde.

Fallschirmjäger werden aus Transportflugzeugen abgesetzt . . . .

Fallschirmjäger landen weit verstreut, und müssen sich erst sammeln. (Buch der Luftwaffe)

20.1.1937 [8, RL6/215] Entwicklungsbesprechung LC II Nr. 120/37

In einer Besprechung beim Amtschef LC II mit Fl.-Oberstabsing. Lucht, Major Junck und anderen wird durchgesprochen, welche Aufgaben die Firmen zurzeit bearbeiten und zukünftig bearbeiten sollen. Darin wird auch festgestellt: »Die mit SV bezeichneten Flugzeugmuster sind als Studiengeräte zu bezeichnen, für die keine Zeichnungen nach RLM-Richtlinien verlangt werden. Die Zeichnungen brauchen nur in dem Zustand zu sein, dass die vorgesehenen Stückzahlen an Musterflugzeugen danach gebaut werden können.«

Weiter wird beschlossen, dass eine Reihe von Flugzeugmustern, wie z.B. Do 19, Ju 89, He 119 und Bf 163, soweit nicht bereits geschehen, zukünftig als SV-Muster zu behandeln seien.

Dieser Beschluss bedeutet das Aus für eine Reihe von Flugzeugentwicklungen. Es werden allenfalls noch die bestellten Prototypen fertig gebaut, und die Nullserien-Flugzeuge entfallen. Das RLM will die Anzahl der Entwicklungsprojekte deutlich kürzen. Hintergründe sind, dass einmal die notwendigen Entwicklungsingenieure fehlen, um alle laufenden Projekte zu bearbeiten. Zum anderen ist es auch aus fertigungstechnischer Sicht sinn-

voll, sich auf weniger Typen mit dafür höherer Stückzahl zu konzentrieren. In den Entwicklungsprogrammen wird die Änderung deutlich, indem aus der Bezeichnung V 1 nun SV 1 usw. wird. Aus der Fi 157 V 1 wird also die Fi 157 SV 1.

3.1937 Darmstadt-Griesheim [13], [37]

In Darmstadt wird ein Lastensegler-Versuchs-Kommando unter Leutnant Kies aufgestellt, und es findet der erste LS-Lehrgang statt.

Für diese Angabe habe ich keine Originalbelege, und muss mich auf die genannten Quellen verlassen. Da es noch keine Lastensegler gibt, kann die Ausbildung nur auf normalen Seglern erfolgen. Der Termin passt nicht so ganz zu der nachfolgend dargestellten zögerlichen Haltung des RLM zum Lastensegler.

1.4.1937 Flugzeugentwicklungsprogramm [8]

Die drei Lastensegler heißen jetzt DFS LS SV 1–SV 3. Der erste Flugklartermin war schon im Januar 1937. Eine Erprobung bei der E-Stelle und Beschaffungsfreigabe sind nicht vorgesehen und eine Nullserie ist nicht geplant.

Die Bezeichnungen SV 1 bis SV 3, die nicht beabsichtigte Erprobung und die nicht vorgesehene Nullserie lassen darauf schließen, dass man im RLM auch für die Lastensegler Anfang 1937 keine sinnvolle Verwendungsmöglichkeit sieht, und von einer Produktion Abstand nehmen will. Diese Einstellung währt aber nur wenige Monate, wie die nachfolgende Entwicklung zeigt.

10.5.1937 Besprechung Amtschef LC II Nr.770/37 [8]

Der Amtschef (Udet) entscheidet, dass 40 Schleppflugzeuge DFS 230 wie beabsichtigt bei GERNER (Frankfurt/ Main) und HARTWIG (Sonneberg) hergestellt werden sollen. Eine Anschlussserie soll – falls die Erprobungsergebnisse günstig sind – nicht bei GERNER, sondern bei kleineren Firmen und in Notstandsgebieten hergestellt werden.

1.10.1937 Flugzeugentwicklungsprogramm [8]

Die drei Lastensegler heißen immer noch SV 1–SV 3, aber die Beschaffungsfreigabe ist im März 1937 erfolgt. Die Musterprüfung ist erledigt, und die Erprobung läuft bei der DFS und in Stendal. Eine Serie von 30 Stück ist im Bau.

Nach der Tabelle vom 17.2.1941 hat HARTWIG 18 DFS 230 A-0 gebaut. Demnach dürfte GERNER zwölf Stück gebaut haben. In Stendal entstand in der Zeit Februar bis April 1936 die erste Fallschirmschule des Fallschirmjäger-Batallions. Der erste Sprungkurs begann am 1.4.1936.

16.11.1937 Stendal [5]

Auf dem Übungsgelände gegenüber dem Flugplatz Stendal findet eine Vergleichsübung zwischen Lastenseglern und Fallschirmjägern statt. Ein verstärkter Zug Fallschirmjäger, der aus etwa 350 m Höhe aus Ju 52 abspringt, braucht vom Aufsetzen bis zur Herstellung der Kampfbereitschaft etwa 15 Minuten, da erst die Waffenbehälter gesucht und entleert werden, und die Fallschirmjäger sich bewaffnen und versammeln müssen. Demgegenüber sind die mit zehn Lastensegler DFS 230 abgesetzten 70 Infanteristen nach weniger als drei Minuten einsatzbereit.

Demzufolge müssen neben den drei Prototypen noch mindestens sieben weitere Maschinen fertig sein. Wie aus einer späteren Aufstellung des Generalquartiermeisters (vgl. 4.12.1944) hervorgeht, hat die Luftwaffe aber erst 1939 die ersten 28 LS übernommen. Die LS gehören 1937 bis 1939 wohl dem RLM direkt.

25.1.1938 DFS Darmstadt [8]

In einer Besprechung zwischen der DFS und dem Generalstab 1. Abt. wird über die Weiterentwicklung der DFS 230 gesprochen.

1938 DFS Darmstadt [9]

Die DFS beginnt systematische Versuche über das Schleppen mit kurzen Seilen, mit dem Ziel, den Schleppverband blindflugtauglich zu machen.

Am Schluss der Versuche wird das Flugzeugmuster DFS 230 hinter der Ju 52 an Seilen von 1–1,5 m Länge geschleppt. Die Blindflugfähigkeit des Verfahrens wird durch eine Anzahl von Tag- und Nachtblindflügen auf der Dreiecksstrecke Darmstadt–Hamburg–München–Darmstadt nachgewiesen. Das Verfahren erfordert naturgemäß große Aufmerksamkeit von den Flugzeugführern, und die Truppenreife wird aus diesem Grunde verneint.

9.3.1938 RLM [5]

Der Reichsminister befiehlt die Aufstellung des »Ausbildungskommandos für Lastensegelflug«, der ersten LS-Einheit.

1.4.1938 [13]

Das »Ausbildungskommando für Lastensegelflug« wird aufgestellt.

Die Kurzschleppversuche (hier ca. 1,5 m Seillänge) begannen 1938 mit einem kleinen Segelflugzeug. (DFS)

Kurzschleppversuche mit der Ju 52 und DFS 230 A-0 mit einer Seillänge von ca. 3 m. (DFS)

Die Schulung erfolgte zunächst auf Nullserien-Maschinen. (Mathiesen)

Darstellung der DFS 230 aus dem Flugzeughandbuch. (Handbuch)

Das ursprüngliche Starrschleppgespann der DFS . (DFS)

7.1938 RLM [5]

Das Ausbildungskommando wird wieder aufgelöst, und das Personal zu den Stammeinheiten zurückversetzt.

Offensichtlich ist man sich höheren Ortes immer noch im Unklaren, ob die Lastensegler nun sinnvoll sind oder nicht. Es ist unwahrscheinlich, dass man in dieser Situation weitere Lastensegler bestellt, und es bleibt zunächst bei den bestellten 30 Null-Serien-Flugzeugen. Man kommt aber letztendlich zu dem Schluss, dass man sie haben will.

22.11.1938 Gothaer Waggonfabrik [8, RL 3/180]

Die Gothaer Waggonfabrik (GWF) bekommt vom RLM (LC 6 Az. 89 al. 12.35 LC 6 IIa Auftrag. Nr. 73/381b) einen Vorbescheid für die »Fertigungsgerechte Umkonstruktion, Bau 1. V Maschine V5, Konstruktion und Anfertigen der Betriebsmittel« für die DFS 230

Die von der DFS (einem Forschungsinstitut) entwickelte und gebaute DFS 230 ist für die Massenfertigung zu aufwändig. Daher bekommt eine erfahrene Flugzeugfirma den Auftrag, die DFS 230 zu vereinfachen, und für die Serie vorzubereiten. Die GWF wird die DFS 230 bis Kriegsende betreuen und weiterentwickeln. Vorn wurden die DFS V1 bis V3 erwähnt, hier die V5. Über die V4 ist mir nichts bekannt.

31.3.1939 Gothaer Waggonfabrik [8, RL 3/180]

Die GWF erstellt eine Übersicht der aktuell bestehenden Entwicklungsaufträge. Zur DFS 230 wird vermerkt, dass die DFS 230 V5 in ca. acht Tagen nach Rechlin überflogen werden soll.

1939 [13]

Aufstellung der 17./K.G.z.b.V. 5, die bei dem Angriff auf Belgien eingesetzt werden soll.

1939 DFS Darmstadt [9]

Um eine Entlastung der Besatzungen bei kurzem Schleppabstand zu erzielen, regt die DFS den Starrschlepp an, bei dem der Anhänger in ca. 1 m Entfernung an einem starren Ausleger geschleppt wird. Die DFS baut im Laufe des Jahres einen derartigen Starrschleppträger, und erprobt ihn im Flug.

3.9.1939 RLM Generalluftzeugmeister Nr. 4351/39

Der GL gibt die Dienstvorschrift L.Dv. 559 (Entwurf) DFS 230 A u. B Flugzeughandbuch heraus. Das Vorwort lautet: »Das vorliegende Handbuch behandelt das Flugzeugmuster DFS 230 A und B. (L. S. = Lastensegler). Die Ausführung A besitzt Einfach-, die Ausführung B Doppelsteuerung für Schulung. Das Handbuch gilt insbesondere für die Serie A-1. Die Besonderheiten der Doppelsteuermaschine DFS 230 B-2 sind im Teil 8 (L.Dv. 559 Anhang) näher beschrieben.«

Die Baureihen A-2 und B-1 sind offensichtlich nicht vorgesehen. Die Bilder des Handbuches zeigen ausschließlich Nullserien-Maschinen, die Silber lackiert sind, und für Segelflieger vorgeschriebene Kennungen (hier D-5-2xx) aufweisen. Die Zeichnungen entsprechen teilweise noch der Vorserie und teilweise schon der gerade im Bau befindlichen Serie DFS 230 A-1.

2.11.1939 Hildesheim [1]

Um das belgische Fort Eben Emael anzugreifen, wird unter großer Geheimhaltung die »Sturmabteilung Koch« gebildet.

1.1940 Braunschweig [9]

Die DFS führt dem Generalluftzeugmeister, Generaloberst Udet, und dem kommandierenden General, XI. Fl. Korps, General Student, den Starrschleppverband vor. Gegen die Einführung bei der Truppe werden das hohe Gewicht des Starrschleppträgers (ca. 200 kg) sowie der Leistungsverlust gegenüber dem Langseilschlepp geltend gemacht.

18.1.1940 E-Stelle [8, RL 36/75]

Mustererprobung DFS 230: Auf Grund der Vorführung an 11.1. in Braunschweig wird ab sofort die Einführung des starrgekuppelten Schlepps vorgenommen. Die für die E-Stelle erforderlichen Unterlagen für die Verladung verschiedener Geschütze werden von der Fliegerdivision 7 beschafft.

24.1.1940 Robert Hartwig, Sonneberg [8, RL 3/556]

Die Firma Robert Hartwig liefert die letzte der 30 DFS 230 A-1 an die Luftwaffe, und beginnt mit der Lieferung des Geschützflugzeugs DFS 230 A-2.

Da bisher noch kein Einsatz der DFS 230 stattgefunden hat, kann die Einführung einer neuen Baureihe nur auf Erfahrungen im Übungsbetrieb oder neu hinzu gekommene Aufgaben beruhen.

8.2.1940 E-Stelle [8, RL 36/75]

Das Nachfliegen der halbstarren Kupplung ergab bedeutende Verbesserung gegenüber Seilschlepp.

29.2.1940 E-Stelle [8, RL 36/75]

Mustererprobung DFS 230: Sondereinbau für Fliegerdivision 7 abgeschlossen; Flugstreckentabelle fertig gestellt; Bremsdorn-Einbau in Entwicklung bei GWF.

Mir ist nicht bekannt, was sich hinter dem Sondereinbau verbirgt. Möglich ist jedoch, dass damit der neue Deckel auf der rechten Rumpfseite gemeint ist, der in Verbindung mit der ausbaubaren hinteren Sitzbank den Transport von Geschützen ermöglichte. Diese Änderung führte zum Übergang von der DFS 230 A-1 zur A-2.

11. + 18.4.1940 E-Stelle [8, RL 36/75]

Mustererprobung DFS 230: Flugleistungen und Reichweiten mit einfachem und doppeltem Schlepp sind vermessen, und Reichweitentabellen fertig gestellt.

9.5.1940 Deutsche Forschungsanstalt für Segelflug, Ainring [9]

Die DFS berichtet in den Untersuchungen und Mitteilungen Nr. 624 über Kurz- und Starrschleppflüge mit Ju 52 und Lastensegelflugzeug DFS 230. Um die Einsatzmöglichkeiten von Lastensegelflugzeugen zu erweitern, hat die DFS Schleppflüge mit Seillängen unter 10 m durchgeführt. Vorteile sind der geringere Platzbedarf beim Start und die direkte Sicht vom Segler zum Motorflugzeug auch in dichten Wolken. Bei den Versuchen wurde die Seillänge auf bis zu 1 ½ m gekürzt. Dabei entstand der Gedanke, das Segelflugzeug direkt an das Rumpfende der Ju 52 anzukuppeln, um den Flugzeugführer des Seglers zu entlasten (Starrschlepp). Über einen ersten Schritt in diese Richtung wird berichtet. (Vgl. DFS: Forschungsflugzeug)

10.5.1940 Fort Eben Emael / Albert-Kanal-Brücken [1]

Die Sturmabteilung »Koch« erobert unter Einsatz von 42 Schleppzügen Ju 52 + DFS 230, die von Köln aus anfliegen, das belgische Fort Eben Emael und einige Brücken über den Albert-Kanal. Dies ist der erste Einsatz der DFS 230. Da nur 30 DFS 230 A-1 gebaut wurden, müssen sich auch schon DFS 230 A-2 im Verband befinden.

Ju 52 mit DFS 230 im Anflug. (Schlaug)

Der größte Teil der Besatzung ist durch die Kanzel ausgestiegen. (Schlaug)

Die He 45 und He 46 werden als Schleppflugzeug aufgebraucht. (Schlaug / Stiepdonk)

Ein DFS 230 A-1 nach der Landung. Die Flugzeuge haben weder Kennung noch Hoheitszeichen. (Schlaug)

17.05.1940 Besprechung GL1/Genst. 6. Abt. [7]

(GL bedeutet Generalluftzeugmeister, Genst. steht für Generalstab.)

Genst.6.Abt. bittet um Mitteilung über die Lieferverzögerung und den weiteren Terminablauf der LS (DFS 230).

Forderung Genst.6.Abt. war Untersuchung der Schlepp-Eignung der Muster: He 45, He 46, Hs 126, Ju 87 und He 111. Bisheriges Ergebnis: He 45 und He 46 sind geeignet, He 111 ist ungeeignet.

Umbau von 50 He 46 von Genst.6.Abt. inzwischen

gefordert. Da weitere Flugzeuge He 45 und He 46 nicht bereitgestellt werden können, muss die Untersuchung für Schlepp-Eignung auch für die Muster Hs 126 und Ju 87 noch vorgenommen werden.

Der Erfolg in Belgien verstärkt sicher den Wunsch des Generalstabs nach weiteren Lastenseglern, aber der Beschluss, die LS-Flotte auszubauen, muss schon älter sein. Die DFS 230 bietet nämlich nicht nur die Möglichkeit, Kampfgruppen zu befördern sondern auch – nach Ausbau der Sitzbank – Lasten. Dabei können längst abgeschriebene Flugzeuge noch als Schlepper aktiviert werden, wodurch relativ preiswert Transportkapazität entsteht. Da auch die »alten Mühlen« nicht in beliebiger Stückzahl zur Verfügung stehen, beabsichtigt der Generalstab auch noch aktive Frontflugzeuge (Hs 126, Ju 87 und vor allem Ju 52) mit Schleppkupplungen ausrüsten zu lassen, die im Bedarfsfall eingesetzt werden können.

24.05.1940 Besprechung GL1/Genst. 6. Abt. [7]

Von LC 2 wurde an LE 2 ein Terminplan über Ausbringung DFS 230 bekannt gegeben. Genst. nimmt zu diesem Lieferplan noch Stellung.

In Erweiterung der Forderung über die Untersuchung einzelner Baumuster zwecks Schleppeignung wird ge-

He 46 im Einsatz als Schleppflugzeug. (Mathiesen) ▲

Der Mehrfachschlepp von bis zu drei DFS 230 ▶
hinter einer Ju 52 wurde zwar in Hildesheim
geprobt, im Einsatz aber nicht verwendet. (Seifert)

beten, ebenfalls das Baumuster He 50 zu untersuchen. LE gibt die Anzahl der Umbauflugzeuge bekannt (voraussichtlich 50 He 50).

Genst. bittet um Bekanntgabe der Bauvorhaben »vergrößerter Lastensegler« insbesondere des Nullserien-Terminplans.

Dies ist die erste mir bekannte Erwähnung des vergrößerten Lastenseglers, aus dem die Go 242 hervorgeht. Es liegt nahe, den Erfolg in Eben Emael als Auslöser für den Wunsch nach diesem Flugzeug zu vermuten.

31.5.1940 Besprechung GL 1/Genst.6.Abt. [7]

Falls He 50 für Schlepp geeignet ist, wird LC 2 gebeten, 50 Stück für Umbau vorzuplanen. Um Angabe der voraussichtlichen Terminlage wird gebeten.

Genst. teilt mit, dass Major Trettner von der 7. Division immer noch der Ansicht ist, dass die vergrößerten Lastensegler ab Juni/Juli zur Auslieferung kommen. LC 2 wird um Bekanntgabe der Bauvorhaben – insbesondere des Nullserien-Terminplans gebeten.

7.6.1940 Besprechung GL 1/Genst.6.Abt. [7]

Programm »Lastensegler« von Genst. erbeten. Um an Zwischenlandeplätzen Fahrwerke bereitstellen zu können, wird bis auf Weiteres gebeten, für jeden Lastensegler ein Fahrwerk mitzuliefern.

Genst. teilt mit, dass 25 He 46 sofort auf LS umgestellt werden sollen. Terminlage im Umbauprogramm. Erstes Muster-Flugzeug (vergrößerter Lastensegler) fliegt voraussichtlich im August. Terminplan im neuen Programm.

14.6.1940 Besprechung LC 2-GL 1/Genst.6.Abt. [7]

25 He 46 sind bereits in Hildesheim, ebenso Schleppeinrichtungen. Einbau erfolgt durch die Truppe selbst.

25.6.1940 Besprechung LC 2-GL 1/Genst.6.Abt. [7]

Genst. benötigt für Aufstellung der Verbände 1000 LS (DFS 230) bis Ende dieses Jahres. Genst. wird darauf aufmerksam gemacht, dass bereits 2500 LS bestellt sind.

Der erste vergrößerte Lastensegler kommt Ende August, weitere vier laufend bis Ende des Jahres (Null-Serie) Serienanlauf in größerer Stückzahl Mitte nächsten Jahres zu erwarten.

Es müssen 600 Flugzeuge des Typs Ju 52 ständig Schleppeinrichtungen besitzen. Dementsprechend sind die Schleppgeschirre zu beschaffen. Die Ju 52 der Neubauserie sind möglichst umgehend auf Schleppeinrichtung umzustellen. Terminangabe wird erbeten. Mit der Umrüstung der vorhandenen Ju´s ist ab sofort zu beginnen. Es stehen vorläufig nur die Flugzeuge, die in Reparatur, bei Industrie und LE sind, zur Verfügung. LE gibt Aufstellung der zum Umbau verfügbaren Ju 52 an LC 2.

1.7.1940 C-Amts-Programm [8]

Von der DFS 230 sind 109 geliefert und weitere 1963 bestellt.

In der Gothaer Waggonfabrik werden fünf Prototypen eines vergrößerten Lastenseglers gebaut. Der erste soll im September 1940 fertig werden, die anderen sollen im Oktober folgen. Die Bezeichnung lautet: DFS 230/? bzw. Go 230.

Nachdem die Ju 87 R ab 1942 zugunsten der Ju 87 D aus der ersten Linie abgezogen wurde, flog sie als Schleppflugzeug für die DFS 230. (Bundesarchiv Koblenz 10 1I-567-1519-30)

Da von den alten He 45 und He 46 nicht genügend Flugzeuge zur Verfügung standen, wurde die Hs 126, neben der Ju 52, zunächst zum Standardschleppflugzeug. (Bundesarchiv Koblenz 10 1I-565-1425-11A)

Arado war der Hauptlieferant für die Fahrwerke der DFS 230. (Schlaug)

Wie schon bei der DFS 230 kann die DFS zwar Vorentwicklung betreiben, die industriemäßige Bearbeitung erfolgt jedoch in einer Flugzeugfirma. Auf Grund der bestehenden Beziehungen erscheint es konsequent, dass wiederum die GWF als Partner auftritt, und jetzt sogar die Prototypen bauen soll. Wie die spätere Entwicklung zeigen wird, sind die fünf Prototypen auf zwei Entwürfe verteilt. Die irreführenden Bezeichnungen sind wohl auf einen Hörfehler des Protokollanten zurückzuführen.

12.7.1940 Besprechung von GL 1/Genst.6.Abt. [7]
LC 2 hat zur Einsicht eine Meldung über die Lage der in Reparatur befindlichen Flugzeuge Ju 52 gegeben. Danach befinden sich insgesamt 95 Flugzeuge bei der Industrie. Genst. bittet, entsprechend dem Plan gemäß Anlage 1) den Umbau sowohl als Transporter als auch mit Segelschleppeinrichtung sofort anlaufen zu lassen. In dieser Aufstellung scheint die holländische Reparatur-Industrie noch nicht berücksichtigt zu sein, da die Zahl von 95 Flugzeugen Ju 52 in Reparatur unwahrscheinlich gering erscheint. Um Nachprüfung und Bekanntgabe des Lieferplans an Genst. sowie der Werknummernmäßigen Aufstellung wird gebeten.

Genst. bittet um Stellungnahme zur Frage Schleppflugzeuge für LS: He 45, He 50, Hs 126, Ju 87.

18.7.1940 Gotha [15]
In der Gothaer Waggonfabrik findet eine Attrappenbesichtigung des großen LS (Go 242) durch Mitarbeiter des RLM statt.

19.7.1940 Besprechung von GL 1/Genst.6.Abt. [7]
Genst. bittet um Stellungnahme zur Frage Schleppflugzeuge für LS: He 45, He 50, Hs 126, Ju 87. Vorab ist auf Grund einer Stellungnahme der 7. Division entschieden worden, dass 200 Hs 126 mit Schleppeinrichtung versehen werden sollen, davon beschleunigt 80 Stück. LC 2 wird um Terminlage gebeten. 30 Flugzeuge stehen bereits in Kölleda bereit. Es besteht die Möglichkeit, dass dorthin weitere Flugzeuge überführt werden können, so dass ein stärkerer Arbeitsstab dort eingerichtet werden kann. Die Überführung der Flugzeuge dorthin ist jedoch nur möglich, wenn ein vorheriger Terminablauf bekannt ist, damit die Flugzeuge den Verbänden nicht zu lange entzogen werden. Die Ausrüstung der 200 Hs 126 mit Schlepp steht in der Dringlichkeit hinter der Ausrüstung der Ju 52 mit Schlepp.

Wie in den 40er-Jahren üblich, hängt das Modell kopfüber im Windkanal, da sich die Waage oberhalb der Messstrecke befindet. Die Messstrecke hat 2,5 m Durchmesser. (Luftfahrt Forschungsanstalt)

Die Hs 126 war nach ihrer Ablösung als Aufklärer durch die Fw 189 als Schleppflugzeug für die DFS 230 weit verbreitet. (Schlaug)

23.7.1940 RLM LC 2/IA [8, RL 3/556]

Die Firma Arado wird beauftragt von August 1940 bis Juni 1941 1975 Fahrwerke für die DFS 230 zu fertigen. Davon sind für die Serienfertigung 1350 vorgesehen (415 für Hartwig, 190 für Bücker, 272 für Erla, 227 für Gothaer Waggonfabrik und 246 für C.K.D. Der Rest geht an Einsatzverbände und Reparaturbevorratung.

26.7.1940 Besprechung von GL 1/Genst.6.Abt. [7]

Die überarbeitete Meldung über die in Reparatur befindlichen Flugzeuge Ju 52 wird in der kommenden Woche vorgelegt. Schleppeinrichtung wird ab sofort in jedes Transporter-Flugzeug, das aus der Reparatur kommt, eingebaut. Schleppeinrichtung soll nur in Transporter eingebaut werden. Die Anlieferung von Flugzeugen nach Wittstock erfolgte nicht im befohlenen Turnus – 20 Stück pro Tag –, dementsprechend erfolgt verspätete Ablieferung.

Genst. bittet um Stellungnahme zur Frage Schleppflugzeuge nur noch für das Muster He 50. Dieses Muster wird nur für Schulungszwecke eingesetzt, falls Eignung für Schlepp vorhanden ist. Ferner wird noch um Untersuchung He 111 für Schleppflugzeuge für großen LS gebeten.

Nach Angabe der 7. Division – Major Koch – soll Hs 126-Schlepp für Nachtflüge ungeeignet sein. Der Ablauf des Umbauprogramms in Jena-Rödiger ist folgender: 70

Stück bis 31.7., zehn Stück bis 4.8. Die restlichen zu liefernden 120 Teile werden von LE bis auf Weiteres gelagert. LE sorgt für die Bereitstellung der notwendigen Seile, etwa 400 Stück.

9.8.1940 Besprechung von GL 1/Genst.6.Abt. [7]

Die überarbeitete Meldung (Ju 52 mit Schleppeinrichtung) wurde vorgelegt. Schriftlich wird Genst. und LE die Liste der in Holland befindlichen Ju 52 werknummernmäßig noch bekannt geben. 72 Ju 52-Flugzeuge, die in Paderborn, Ütersen, bei Blohm & Voss und in Dessau mit PVC versehen werden, sollen ebenfalls nachträglich noch die Schleppeinrichtung erhalten. Dies geschieht durch nochmaliges Anlaufen einer Kolonne in Wittstock. In Wittstock sind 95 Flugzeuge umgebaut. Weitere 105 Schleppeinrichtungssätze sind auf Lager gelegt. Für drei Ju 52, die nicht rechtzeitig zur Umrüstung zur Verfügung standen, wird Umbau z.Zt. veranlasst.

He 50 eignet sich für Schlepp. Endgültiges Versuchsergebnis wird noch bekannt gegeben. Untersuchung He 111 für Schlepp mit großem LS läuft. Ergebnis wird bekannt gegeben.

Genst. wurde eine Stellungnahme zur Frage Hs 126-Nachtschlepp übergeben. Nachtschlepp mit diesem Muster macht keine Schwierigkeiten.

	Lieferplan					Ausfertigung		C-Amts-Programm Lastensegler
a Vordruck 10	Nr. 18	Blatt 12a von 12	Ausgabe 2	Nr. 80	von 80	g.Kdos.-Nr. 984/40		

Muster	Motor	Fa.	Ges	bis 30.6.	ab 1.7.	40/4	5	6	7	8	9	10	11	12	41/1	2	3	4	5	6	7	8	9	10	11	12	42/1	2	3	4	5	6	7
DFS 230 A-3	Go	40	-	40						5	5	10	10	10																			
	Erla	40	-	40							10	10	10	10																			
	CKD	34	-	34							1	6	12	15																			
		114	-	114						6	21	32	35	20																			
											27			114																			
A-2	Erla	909	109	800					30	40	40	40	40	40	40	40	40	40	40	40	40	40	40	40	40	40	40	30	20				
	BÜ	360	-	360						1	3	6	10	15	20	25	25	25	25	25	25	25	25	25	25	25	20	10				
	Go	332	-	332							1	3	8	15	25	25	25	25	25	25	25	25	25	25	25	20	10					
	Erla	477	-	477						1	3	8	15	20	25	35	40	40	40	40	40	40	40	40	40	30	20					
	CKD	377	-	377						1	3	8	15	25	30	30	30	30	30	30	30	30	30	30	20	10						
		2455	109	2346					30	40	41	43	49	59	79	105	135	140	155	160	160	160	160	160	160	160	120	70					
										220			371		690			1145			1625			2105			2455						

Die DFS 331 V1 noch ohne Kennung. (Petrick)

10.8.1940 Gothaer Waggonfabrik [9]

Die GWF beauftragt die Luftfahrtforschungsanstalt Hermann Göring in Braunschweig mit der Durchführung von Windkanalmessungen an einem Modell der Go 242. Nach Herstellung der Modelle beginnen die Versuche im Oktober des Jahres.

1.9.1940 C-Amts-Programm [8]

Drei Prototypen der DFS 331 sind in der Gothaer Waggonfabrik im Bau. Die Ablieferung ist für die Monate September, Oktober und November 1940 vorgesehen. Im Oktober und November sollen auch die beiden im Bau befindlichen Prototypen des Parallelentwurfs fertig werden. Die Bezeichnung lautet: Go/DFS 242.

13.9.1940 Besprechung von GL 1/Genst.6.Abt. [7]

Bericht über Schleppversuche He 111 mit großen LS kann erst gegeben werden, wenn großer LS fertig ist.

27.9.1940 Besprechung von GL 1/Genst.6.Abt. [7]

Großer LS kann nur von He 111 F, H oder P oder Ju 52 geschleppt werden. Genst. fragt an, ob großer LS mit Sporn 3000 geschleppt werden kann, da hiervon Entscheidung über Auswahl des Musters abhängt.

30.9.1940 Luftwaffenflugplatz in Gotha (Flugbuch Blendermann) [24]

Der Pilot Karl-Heinz Blendermann schleppt mit einer Ju 52 (H4+BH) die DFS 331 V1 bei ihrem Erstflug. Hanna Reitsch steuert den Lastensegler. In der Folgezeit wurden noch über 100 Schleppflüge durchgeführt.

1.10.1940 C-Amts-Programm / Lastensegler [8]

(Die C-Amts-Programme enthalten Stichtage mit Angaben der bis dahin tatsächlich gebauten Flugzeuge. Die Pläne über die nach den Stichtagen zu bauenden Flugzeuge wurden in der Regel nicht eingehalten. Daher sind die Programme nur bedingt geeignet, Aussagen über Gesamtstückzahlen zu liefern.)

In diesem C-Amts-Programm wird die Baureihe DFS 230 A-3 aufgeführt, von der parallel zur DFS 230 A-2 114 Maschinen gebaut werden sollen. Ich kann keine Angaben darüber machen, was es damit auf sich hat. Allerdings liegt der Zeitraum für den Bau dieser Baureihe genau in der Phase, in der die Luftwaffe Flugzeuge für den Afrikafeldzug auf Tropeneinsatz umrüsten lässt. Für mich ist die nahe liegende Erklärung, dass die Baureihe DFS 230 A-3 eine Tropenversion ist.

1.10.1940 Gotha/Erfurt vgl. 2.12.1940

Albert Kalkert wechselt von der Gothaer Waggonfabrik zum Reparaturwerk Erfurt. Zu diesem Zeitpunkt ist er Beauftragter des Generalluftzeugmeisters für das Industrieprogramm DFS 230.

Nach diesem Wechsel hat Kalkert sicher keine Aufgaben mehr in der Gothaer Waggonfabrik, und kann für viele Entwicklungen nicht verantwortlich sein, die ihm in der Literatur zugeschrieben werden.

Herbst 1940 Unternehmen Großsegler (Me 321, Ju 322)

Willy Messerschmitt nahe stehende Publikationen ordnen ihm die Idee zum Großsegler zu. Ich halte es aber durchaus für möglich, dass die Idee woanders entstand, und ihm zur Bearbeitung übertragen wurde. Jedenfalls bekam die Firma Junkers gleichzeitig einen Auftrag für eine Konzeptstudie eines Großseglers. Während Messerschmitt für die tragenden Teile des Rumpfes und Flügels Stahlrohr einplanen durfte, hatte Junkers angeblich die Auflage, auch die tragenden Teile in Holzbauweise auszuführen. Die Ju 322 war ein totaler Fehlschlag. Daher hat die Firma Junkers alle Unterlagen vernichtet, und es sind auch keine offiziellen Fotos oder Zeichnungen erhalten. Die bisherigen Kenntnisse gehen im Wesentlichen auf einen Artikel von Heumann in der Flugrevue 12/64 und nachfolgende Leserbriefe zurück, und basieren auf persönliche Erinnerungen.

In der Literatur wird im Allgemeinen die von Hitler als »Unternehmen Seelöwe« geplante Invasion Englands, mit dem Entwicklungsauftrag für die Me 321 in Zusammenhang gebracht. An der Version erscheinen mir Zweifel angebracht. Das Unternehmen Seelöwe wurde von Hitler am 16.7.1940 befohlen. Am 22.7. äußerte Hitler, dass England bis September erledigt sein müsse, um sich Russland zuwenden zu können. Dafür hätte man nicht einmal die Go 242 oder DFS 331, die immerhin schon als Prototypen existieren, mit der nötigen Geschwindigkeit produzieren können. Selbst als die Luftherrschaft über England im August und September 1940 von der Luftwaffe nicht erreicht, und Seelöwe am 12.10.1940 ver-

schoben wurde, war der Zeitgewinn nicht so groß, dass es für die Entwicklung und den Bau der gewünschten 400 Großsegler ausgereicht hätte.

Die Großsegler war meiner Meinung nach ganz allgemein für zukünftige Angriffe, wie den auf Russland, gedacht.

4.10.1940 Messerschmitt [18]

Willy Messerschmitt schlägt dem RLM vor, innerhalb weniger Wochen große Segelflugzeuge mit wenig Ausrüstung und mit den aerodynamischen Formen bekannter Segelflugzeuge zu konstruieren, die in der Lage sein sollen, große und sperrige Lasten hinter die feindlichen Linien zu transportieren. Die Segler können schwere Geschütze und dergleichen im Rumpf transportieren, jedoch soll es auch möglich sein, Tanks direkt unter die Flügel zu hängen und nur den hinteren Rumpf als Leitwerksträger mit angeschraubten Beschlägen an den Tanks zu befestigen. Innerhalb weniger Monate scheint es ihm möglich, eine große Stückzahl Segelflugzeuge zu bauen, die im Wesentlichen aus Kiefernholz und dickem Sperrholz mit Metallbeschlägen bestehen. Als Schleppflugzeuge schweben ihm vier Ju 52 vor.

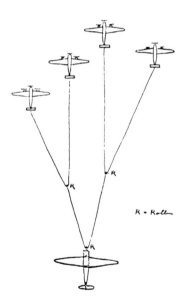

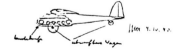

Messerschmittskizze vom 4.10.1940.

Diese Schleppverfahren hat er mit dem Forschungsinstitut für Segelflug, z.Zt. Ainring besprochen. Bedenken bestehen nicht, und Übungsflüge mit kleinen Schleppflugzeugen können sofort beginnen.

8.10.1940 Messerschmitt [18]

Unter der Leitung von Josef Fröhlich beginnt ein kleines Team (etwa 15 bis 20 Konstrukteure) mit der Vorentwicklung der Me 261, eines Vorläufers der Me 321. Am 15.10. ist Konstruktionsbeginn. Die erste bekannte Zeichnung der Me 261 W datiert vom 1.11.1940.

9.10.1940 Besprechung von GL 1/Genst.6.Abt. [7]

Schleppflugzeuge Ju 52 für großen LS sollen aus der Neufertigung zu solchen Terminen herausgebracht werden, wie die großen LS anfallen.

19.10.1940 Ainring / Gletscher Groß-Venediger [1]

Mit der DFS 230 V1 (D-5-289) werden von der Deutschen Forschungsanstalt für Segelflug (DFS) eine Landung und ein Start mit Hilfe eines aus sechs Gummiseilen bestehenden Katapults auf dem Gletscher durchgeführt. Die Aktion dient zum Nachweis, dass Transportflüge mit Segelflugzeugen im Hochgebirge möglich sind. Die DFS 230 (Pilot Lettmayer) wird mit einer Ju 52 (Pilot: Zitter, Bordfunker: Roschlau) vom Behelfslandeplatz Matrei über den Gletscher geschleppt und in einer Höhe von 4250 m über NN ausgeklinkt, und landet in 3500 m Höhe auf dem Gletscher. Der Versuch erweist die Tauglichkeit des Verfahrens, jedoch ist der Mannbedarf, um die DFS 230 wieder zu starten, hoch, und das Spannen der Gummiseile dauert auch lang. Daher wird das Verfahren weiterentwickelt zum Raketenstart.

Oktober 1940 Junkers [28]

Das von H. Gropler geleitet Junkers- Entwurfsbüro muss einen Aerodynamiker und einen Entwurfsingenieur für die streng geheime Vorentwicklung der Ju 322 abstellen. Da es keinen Austausch mit den erfahrenen Fachleuten für Flugeigenschaften (wie dynamische und statische Längsstabilität) gibt, werden Rumpflänge und Seitenleitwerksgröße in der Folgezeit zu klein ausgelegt.

1.11.1940 RLM

Abgabetermin für die Entwurfspläne und Vorläufigen Berechnungen für die Großsegler beim RLM. Danach erhalten Junkers und Messerschmitt Aufträge für je 100 Segler.

26.10.1940 Besprechung von GL 1/Genst.6.Abt [7]

Mit einer Minderlieferung von DFS 230 (für 20 Stück 331 bis zum Frühjahr 1941) ist Genst. einverstanden.

1.11.1940 C-Amts-Programm [8]

Die DFS 331 V1 mit der Werknummer 331 0000001 befindet sich in allgemeiner Erprobung. Die DFS 331 V2 und V3 sowie die Go/DFS 242 V1 und V2 (Werknummer 242 0000001 und 2) sollen im November fertig werden. Alle Maschinen haben den Standort Gotha.

Von der Go 242 sollen von Januar bis Mai 1941 20 Nullserienflugzeuge in Gotha gebaut werden. Im selben Zeitraum sollen in Erfurt 20 DFS 331 Nullserienflugzeuge gebaut werden.

2.11.1940 Gotha, Einschreiben der GWF an das RLM [8, RL3/1860]

GWF bietet unter Bezug auf eine Besprechung am 24.10.1940 im RLM an, die Go 242 zunächst mit ganz primitiven Mitteln in einer Versuchsserie von zehn Stück zu bauen. Eine zweite Versuchsserie von zehn Stück soll nach Fertigstellung der hauptsächlichsten Vorrichtungen noch während des Baus der ersten Serie anlaufen. Nach Fertigstellung der Vorrichtungen kann eine Großserie mit zehn Stück pro Monat einsetzen. Voraussetzung für diese Möglichkeit sind der Fortfall der DFS 230, sowie der Auslauf der Fw 58 und der Reparaturmaschinen Bf 110.

6.11.1940 Messerschmitt [4], [18]

Willy Messerschmitt telegrafiert Fröhlich aus Berlin (nachdem er am Vortag bei Hitler vorgetragen hat), dass das Programm Warschau Süd sofort anlaufen soll, jedoch mit doppelter Stückzahl. Fröhlich sieht dieses Datum als Konstruktionsbeginn an. Bis zum Frühjahr 1941 sollen 200 Maschinen fertig sein. Wegen des engen Terminplans sind die Flugzeuge als Segler vorgesehen.

6.11.1940 Junkers [19]

Auch Junkers erhält einen Entwicklungsauftrag für seinen Großsegler Warschau-Nord.

9.11.1940 Werkflugplatz der Gothaer Waggonfabrik Gotha (Flugbuch Blendermann) [24]

Blendermann schleppt die Go 242 V1 bei ihrem Erstflug. Zwei weitere Schleppflüge finden am 10.11. statt.

11.11.1940 Gotha [15]

Mitarbeiter des RLM besichtigen in der Gothaer Waggonfabrik die Go 242 V1.

Die DFS 230 V1 m fliegt den Gletscher an, landet dort und wird im Mannschaftszug zum Startplatz gebracht. (DFS)

Dort wird die DFS 230 ausgerichtet, und mit einem Stahlseil am Boden verankert. Dann spannen 25 Mann die sechs Gummiseile des Katapults. (DFS)

Nach dem Katapultstart fliegt die DFS 230 zum Behelfslandeplatz Matrei. Dort wartet die He 46, die sie nach Ainring zurückschleppt. (DFS)

Die Rumpfseiten der DFS 331 V1 sind ganz in RLM 70. (Deutsches Museum)

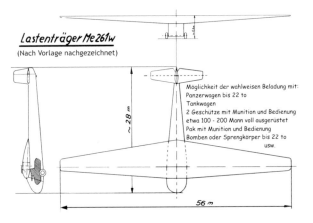

Lastenträger Me 261w
(Nach Vorlage nachgezeichnet)

Möglichkeit der wahlweisen Beladung mit:
Panzerwagen bis 22 to
Tankwagen
2 Geschütze mit Munition und Bedienung
etwa 100 - 200 Mann voll ausgerüstet
Pak mit Munition und Bedienung
Bomben oder Sprengkörper bis 22 to
usw.

~ 28 m

56 m

Überarbeitete Zeichnung des Lastenträgers. (Mankau)

21.11.1940 Besprechung von GL 1/Genst.6.Abt. [7]

Unter dem Stichwort »Warschau« trägt der Generalluftzeugmeister dem Generalstab zum Projekt Großsegler vor. Der Generalstab wird eine Stellungnahme zu den aufgeworfenen Fragen (Schulung, Zurverfügungstellen der Flugzeuge zum Umbau auf Schlepp, Abstellplätze) abgeben.

Eine Zeit lang werden die Großsegler nur unter der Tarnbezeichnung Warschau geführt. Dabei heißt die Me 321 Warschau-Süd und die Ju 322 Warschau-Nord.

26.11.1940 DFS Ainring [9]

In dem DFS-Bericht »Schleppen von Anhängerflugzeugen mit mehreren Motorflugzeugen« schreiben Stamer und Georgii über die Erfahrungen bei Schleppversuchen mit 2 bis 5 Schleppflugzeugen. Es galt zu klären, ab ein Anhänger mit großen Dimensionen *(es geht hier um die Großsegler Me 321 und Ju 322)*, für dessen Schlepp ein einzelnes Motorflugzeug nicht ausreichte, durch mehrere Motorflugzeuge gestartet und geschleppt werden

Ein gesichertes Foto der Go 242 V1 ist nicht bekannt, sie dürfte aber dieser Vorserienmaschine entsprochen haben. (Nowarra)

Vier He 72 (D-EFHU, D-EYRI, BB+XE, D-EPQE) schleppen die DFS 230. (DFS)

konnte. Um möglichst ähnliche Verhältnisse zu schaffen, wie sie bei der Ausführung des Projektes in Zukunft auftreten würden, schleppte man eine DFS 230 durch zwei bis fünf He 72. Damit der Verband beim Ausfall eines Schleppflugzeugs nicht behindert wurde, beschloss man gleich, für jedes Motorflugzeug ein eigenes Schleppseil zu verwenden. Die im November 1940 durchgeführte Erprobung (16 Flüge) ergab die Notwendigkeit einer einwandfreien Sichtverbindung zwischen den Schleppflugzeugen. Dadurch schied die gestaffelte Reihe mit einem Flugzeug links vorn und die anderen jeweils 10 m seitlich versetzt dahinter als Schleppformation aus. Es erwies sich als günstig, das erste Schleppflugzeug 80 m vor dem Segler links außen zu positionieren. Das zweite flog 90 m davor rechts außen. Die weiteren Schleppflugzeuge flogen jeweils 10 m weiter vorn und nach innen versetzt,

so dass das mittlere bei fünf Flugzeugen 120 m vor dem Segler flog. Die Flüge wurden mit leerer und beladener DFS 230 durchgeführt, ergaben die Durchführbarkeit des Verfahrens und ließen keine größeren Schwierigkeiten erwarten.

2.12.1940 Erfurt/RLM LC 2/IA [8, RL 3/556]

Der Beauftragte des Generalluftzeugmeisters für das Industrieprogramm 230, Dir. Albert Kalkert, Reparaturwerk Erfurt GmbH, schreibt an das RLM LC 2/IA, dass er verschiedene Schreiben in seiner oben genannten Eigenschaft nicht bekommen habe, weil das RLM diese an die GWF geschickt hat. Er ist aber seit dem 1.10.1940 bei der GWF ausgeschieden, andererseits zuständig für das Industrieprogramm 230. Er bekommt daher erst jetzt Kenntnis davon, dass die gesamte Bevorratung an Flächen an die Firma Fokker vergeben wurde. Dadurch ist die von ihm geplante Kapazitätsbelegung der Firma Fokker und die Gestaltung des Gesamtprogramms erledigt, und er muss mit der Firma Fokker ein neues Programm aufstellen. Außerdem ist nicht klar, ob Fokker nun 350 oder 450 Satz Flächen bauen soll. Er bittet das RLM nun endgültig festzulegen, wie viele Flächen Fokker bauen soll.

18.12.1940 Besprechung von GL 1/Genst.6.Abt. [7]
LE 2 macht darauf aufmerksam, dass durch die erhöhte Ausbringung LS (DFS 230) erhebliche Schwierigkeiten in der Stockierung dieser Flugzeuge entstanden sind. Genst. wird gebeten, zu untersuchen, ob bei der Truppe Abstellmöglichkeiten bei den betreffenden Verbänden zur Verfügung gestellt werden können.

10.1.1941 Besprechung von GL 1/Genst.6.Abt. [7]
Genst. bittet um Bestätigung, dass ab Februar die gesamte Ausbringung LS 230 mit Doppelsteuer versehen ist.

11.1.1941 Reparaturwerk Erfurt [8, RL 3/556]
Kalkert (Beauftragter des Gl für Industrieprogramm 230) schreibt an GWF, das prinzipiell zwei Festlegungen zwischen ihm und dem RLM (Obersting. Reidenbach bezüglich der DFS 230 getroffen wurden:
1. Falls Anschlussauftrag Go 242 nicht erfolgt soll GWF in Januar 1941 acht Stück DFS 230 liefern, in Februar 15, im März 25, im Mai 22, im Juni 19, in Juli 15, und abschließend im August zehn.
2. Falls das Nachfliegen der Go 242, das am 21.1. erfolgen soll, erfolgreich ist, und ein Anschlussauftrag erfolgt, dann soll GWF im Anschluss an die ausgelieferte Nullserie monatlich zehn Go 242 als Überbrückungsauftrag fertigen, und zwar so lange, bis andere Lizenzfirmen mit der Type anlaufen können. In diesem Fall läuft die Fertigung der DFS 230 Ende März 1941 aus, mit folgenden Stückzahlen: Januar acht Stück, Februar 15 und März 25. Die dann ausfallenden Rümpfe sollen voraussichtlich bei der Firma Böhmisch-Mährische Maschinenfabriken AG Prag (vormals CKD) in Auftrag gegeben werden, und zwar solange, bis das Werk in Konstanz angelaufen ist.

19.1.1941 Gotha [24]
Flugkapitän Franke aus Rechlin nimmt die DFS 331 durch einen Probeflug ab, und ist von den Flugeigenschaften begeistert.

21.1.1941 Gotha [15]
Nach Regel wird auch die Go 242 im Januar 1941 von der E-Stelle nachgeflogen.

Regel gibt zwar kein Ergebnis dieser Abnahme an, aber aus der Tatsache, dass schon einen Monat später Vorbereitungen für die Produktion der Go 242 in die Wege geleitet werden, kann man auf den Erfolg des Nachfliegens schließen.

22.1.1941 Besprechung von GL 1/Genst.6.Abt. [7]
LC 2 teilt mit, dass sowohl Bf 110 C/D wie He 111 H 3/H 5 als Schleppflugzeuge für Warschau geeignet sind. Die Entscheidung seitens Generalstab, wie viele von jedem Muster verwendet werden, ist dringend.

LC 2 bestätigt, dass ab Februar die gesamte Ausbringung LS 230 mit Doppelsteuer versehen ist.

30.1.1941 Besprechung von GL 1/Genst.6.Abt. [7]
LC 2 gibt Anliefertermine für Nachrüstungsflugzeuge (zum Schlepp von Warschau) umgehend an Generalstab. Nach

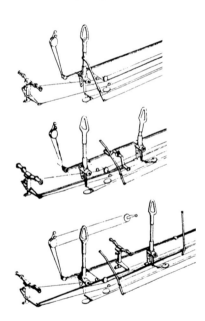

Die obere Zeichnung zeigt die Einfachsteuerung der DFS 230 A-1 aus dem Handbuch von 1939, die mittlere die der A-2 mit Hilfssteuer, und die untere das Doppelsteuer der B-2, beide aus der Bedienvorschrift für die DFS 230 A-1, A-2 und B-2 von 1942. An der linken Rumpfseite befinden sich die Hebel für die Betätigung der auf den Flügeln angeordneten Störklappen. Nach Aussagen ehemaliger DFS 230-Piloten hatte die Baureihe A-2 kein Hilfssteuer. (Handbuch)

Eingang des Terminplans wird der Generalstab die Stück-zahlen Bf 110 und He 111, die für den Verwendungs-zweck vorgesehen sind, festlegen. Die nächsten sechs Bf 110 E-Flugzeuge aus der Neufertigung werden dem XI. Korps für Versuche zugewiesen. Die Flugzeuge sind für den Sonderzweck herzurichten. GL schlägt vor, aus Geheimhaltungsgründen für die Erprobung einen abseits liegenden Platz zur Verfügung zustellen (z.B. Fassberg). Benötigt werden zwei große Hallen und dazugehöriges Bodenpersonal, ferner ein Starthilfszug.

Anfang 1941 Junkers [28]
Laut Gropler erhält das Entwurfsbüro erst zu diesem Zeit-punkt Kenntnis von der Ju 322, und den Auftrag, brauch-bare Flugeigenschaften sicherzustellen. Eine Nachrech-nung ergibt dynamische Seiteninstabilität, d.h. Neigung zu seitlichen Taumelschwingungen bei losen Rudern. Da der Schwerpunkt ohnehin schon weit hinten liegt, lässt sich das Heck nicht wesentlich verlängern, und das Sei-tenruder nicht vergrößern. Lediglich die Ruderkräfte kön-nen noch in Ordnung gebracht werden. Da es nicht aus-geschlossen ist, dass der Pilot die Taumelschwingungen per Hand und unter Zuhilfenahme einer Rudermaschine ausgleicht, soll die Ju 322 mit der gebotenen Vorsicht er-probt werden.

1.2.1941 C-Amts-Programm [8]
Die DFS 331 V1 wird auf Anweisung der DFS im Febru-ar für allgemeine Erprobung nach Darmstadt überführt. Die V2 befindet sich im Reparaturwerk Erfurt und soll im März fertig werden. Die V3 ist noch nicht gebaut und un-geklärt. Die Go 242 V1 ist in Gotha in Erprobung und soll auf Motorversuchsträger umgebaut werden. Die V2 ist für allgemeine Erprobung in Rechlin bestimmt und fertig. Die V3 soll im Februar fertig und von der Truppe allgemein er-probt werden. Die Nullserienplanung entspricht der vom 1.11.1940. Der Großlastensegler wird im Programm nicht aufgeführt.

Mir liegt keine Information vor, welche Motorisierung zu diesem Zeitpunkt für die Go 242 V1 vorgesehen war. Da dieses Vorhaben aber nicht realisiert wurde, und die ersten Prototypen der Go 244 später aus anderen Flug-zeugen umgebaut wurden, vermute ich, dass hier an die Version mit einem zentralen Hilfsmotor (As 10 C) gedacht war. Da diese Version schon rechnerisch keine Vorteile bot, ist dann von einem Bau eines Prototypen abgesehen worden, und die Go 242 V1 wurde für andere Erprobun-gen verwendet.

6.2.1941 Ernst Heinkel Flugzeugwerke Rostock/ Marienehe
Nach einem internen Schriftstück der Heinkelwerke (Heinkelarchiv) liegt der Firma ein Auftrag vor, 200 Flug-zeuge He 111 H 3 bis H 5 mit einer 10 t-Schleppkupplung auszurüsten; gleichzeitig Einbau eines Rückspiegels. Der Einbau wird mit größter Beschleunigung durchgeführt.

6.2.1941 Gothaer Waggonfabrik [8, RL 3/556]
Die Gothaer Waggonfabrik schreibt an den Beauftragten des Generalluftzeugmeisters für Industrieprogramm 230, dass die DFS 230 im April auslaufen und die Go 242 über die Nullserie hinaus gebaut werden soll. Für 1941 ist fol-gende Produktion DFS 230 vorgesehen: Januar bis März je acht, und vier im April. Die Vorrichtungen sind in ord-nungsgemäßem Betrieb und werden Ende Februar frei. Falls die Vorrichtungen nachkontrolliert, auf Doppelsteuer umgestellt und überholt werden sollen, kann dies nicht vor Ende April geschehen, da GWF bis zu diesem Zeit-punkt zu 100% mit den Vorrichtungen Me 210 belegt ist.

6.2.1941 Besprechung von GL 1/Genst.6.Abt. [7]
Zusätzlich zu den sechs Bf 110 für das XI. Korps werden sofort aus der Neufertigung sechs He 111 H 5-Flugzeu-ge für den Zweck Warschau zugewiesen. Chef General-stab kann vor Vorliegen des Erprobungsberichtes des XI. Korps Entscheidung über die vorzusehenden Verbände sowie die vorzusehenden Muster nicht fällen.

10.2.1941 Gothaer Waggonfabrik [8, RL 3/556]
Die GWF teilt dem Beauftragten des GL f. Industriepro-gramm 230, Herrn Dir. Kalkert folgende von ihr vergebene Werknummern mit:

Gotha	230.01.20 137	bis	230.01.20 176
	230.01.21.397	bis	230.01.20 405
	230.02.20.406	bis	230.02.20.723
Sonneberg	230.01.2.2.803	bis	230.01.2.2.922
	230.01.2.2.667	bis	230.01.2.2.694
Erla	230.01.2.5.112	bis	230.01.2.5.151
	230.01.2.5.347	bis	230.01.2.5.358
	230.02.2.5.359	bis	230.02.2.5.833
C.K.D.	230.01.2.7.017	bis	230.01.2.7.050
	230.01.2.7.194	bis	230.01.2.7.575
Bücker	230.01.2.1.016	bis	230.01.2.1.040
	230.02.2.1.041	bis	230.02.2.1.065
	230.02.2.1.216	bis	230.02.2.1.545

Die »7« in der Werknummer weist diese DFS 230 als eine von C.K.D. bzw. BMM produzierte Maschine aus. (Mankau)

Die Werknummer 22077 passt nicht in die obige Liste, die 22 könnte allerdings als Hinweis auf Hartwig interpretiert werden. (Aders)

Die Werknummern der Firmen Hartwig, Sonneberg und Böhmisch-Mährische Maschinenfabrik AG Prag ändern sich insofern noch, als von diesen Firmen DFS 230-Flugzeuge mit Doppelsteuer abgeliefert werden.

Die Liste ist so abgeschrieben, wie sie im Dokument steht. Man kann vermuten, dass die Werknummern der Firma Gotha eigentlich auch dem Muster der anderen folgen sollten. Dann müssten zusätzliche Punkte eingefügt werden, und die viertletzte Zahl grundsätzlich »0« lauten. Dann wären die Produktionsfirmen durch diese Zahl gekennzeichnet (0 = Gotha, 1 = Bücker, 2 = Hartwig; 5 = Erla und 7 = C.K.D. Da auf den Flugzeugen häufig nur die letzten drei Ziffern aufgemalt waren, lässt sich daraus weder die Firma, noch die Baureihe ableiten.

12.2.1941 Firma PRAGA, Prag [8, RL 3/556]

Bei der Firma Praga findet eine Besprechung statt. Aus der Niederschrift geht hervor, dass Praga 34 DFS 230 A-3 und 29 DFS 230 A-2 geliefert und noch einen Auftrag für 503 DFS 230 B-2 hat. Unter diesen 503 B-2 befinden sich 105 komplette Rümpfe, zu denen die Miag die Flächen zuliefern soll. Das Material für die 105 Rümpfe soll von Gotha durch Praga übernommen werden. Es soll noch mit dem RLM geklärt werden, ob auch die Flächen von der Miag zur Firma Praga gelegt werden können.

17.2.1941 Reparaturwerk Erfurt [8, RL 3/556]

Kalkert schreibt an das RLM LC 2 IA, dass die Fa. Böhmisch-Mährische Maschinenfabriken AG Abt. Flugzeugbau in Prag nur in die Lieferung von 105 Rümpfen an Stelle der GWF eintreten kann, da die Flächen bis zum Anlauf der Fa. Schwarzwald-Flugzeugbau in Donaueschingen noch durch die Fa. Miag gefertigt werden müssen. Er wünscht die Klärung der Frage, ob künftig sämtliche zu bauenden Flugzeuge Doppelsteuerung erhalten sollen. Für die geplante Gesamtlieferung DFS 230 gibt Kalkert folgende Zahlen an:

Muster	Ges.	Davon bis 31.10.40
1) Gothaer Waggonfabrik AG, Gotha		
A-3 Sofortprogramm	40 bis 12. 40	23
A-2 Serie	9 bis 1. 41	0
B-2 Serie	23 bis 4. 41	0
2) Erla Maschinenwerk GmbH, Leipzig		
A-3 Sofortprogramm	40	20
A-2 Serie	12	
B-2 Serie	195	
3) Bücker-Flugzeugbau GmbH, Rangsdorf		
A-2 Serie	25	9
B-2 Serie	397	0
4) Böhmisch-Mährische Maschinenfabriken AG, Prag		
A-3 Sofortprogramm	34	
A-2 Serie	29	
B-2 Serie	503	
5) Robert Hartwig, Sonneberg		
A-0 Serie	18 bis 30.9. 38	18
A-1 Serie	30 bis 24.1. 40	30
A-2 Serie	357 bis 15.3. 41	
B-2 Serie	566 ab 16.3. 41	

Start mit Raketenschub. (DFS Film) ▲

DFS-Einflieger Anderle in einer in Prag ▷
hergestellten DFS 230. (Petrick)

Auch in diesem Dokument taucht die DFS 230 A-3 auf. Danach sind mit Sicherheit bis zum 31.10.1940 43 von GWF und Erla geliefert worden. Weitere 37 haben die beiden bis zum Jahresende mit großer Wahrscheinlichkeit abgeliefert. 34 DFS 230 A-3 sind in Prag gebaut worden. Als Herstellerfirma wird C.K.D., Praga und BMM genannt. Es handelt sich dabei immer um die gleiche Produktionsstätte, die aber in der fraglichen Zeit verschiedene Namen führte.

18.2.1941 Reparaturwerk Erfurt [8, RL 3/556]
Kalkert schreibt an Gothaer Waggonfabrik, dass die Fa. Böhmisch-Mährische Maschinenfabriken AG, Prag (BMM) die im Übergang verloren gegangenen Flugzeuge bauen wird, und zwar 105 komplette Rümpfe DFS 230 für die GWF. Die dafür nötigen Flächen soll die Firma Miag weiter liefern und die Leitwerke die Firma Eka-Werk Friedrichsroda. Da das Programm Gotha anschließend auf die Firma Schwarzwald-Flugzeugbau Wilhelm Jehle, Donaueschingen übergeht, die jedoch nach Angabe des Amtes LC 2 IA komplette Flugzeuge bauen soll, muss mit einer Stornierung weiterer Aufträge an die Firmen Miag und Eka-Werk gerechnet werden. GWF soll für die 105 Rümpfe bei ihr lagerndes Material an BMM und übriges Material an Fa. Schwarzwald-Flugzeugbau überleiten.

25.2.1941 Messerschmitt [4]
Die Me 321 V1 fliegt erstmals, und wird von einer Ju 90 geschleppt. Sie hat ein Leergewicht von 11.290 kg und ist mit 3590 kg Ballast beladen.

In den folgenden Flügen nimmt die Me 321 3910 kg und mehr Ballast mit. Leer kann sie überhaupt nicht fliegen, da sie dann viel zu hecklastig ist. Dies sieht man anschaulich an den leeren Großseglern, die auf dem Sporn ruhen.

27.2.1941 Ainring / Seethaleralpe [9]
Zum Nachweis, dass eine Truppenversorgung mit Lastenseglern im Hochgebirge möglich ist, startet ein Schleppzug mit einer DFS 230 auf dem Truppenübungsplatz Schmelz, und die DFS 230 landet mit Hilfe eines Bremsschirms auf einer 250 x 80 m großen Fläche auf der Seethaleralpe. Die Maschine wird unmittelbar nach der Landung umgedreht, und startet mit Hilfe von zwei Rheinmetallraketen.

Am 28. 2. wird der Versuch wiederholt. Die DFS beurteilt das Verfahren als einsatzfähig, und sagt, dass ein Landeplatz der Größe 40 x 60 m ausreicht. Zum Raketenstart sind drei bis fünf Mann Bodenpersonal, insbesondere zum Ausrichten des Seglers nötig. Mit einem Lastensegler DFS 230 können an einem Tag sechs Flüge ausgeführt werden, so dass damit der Nachschub für ein Bataillon in Stärke von 500 Mann für zweieinhalb Tage versorgt werden kann (vgl. Kapitel DFS 230: Forschungsflugzeug).

1.3.1941 C-Amts-Programm [8]
Die Go 242 V1 und V3 sind zur Erprobung beim Luftlandegeschwader Hildesheim, die V2 befindet sich in der Erprobungsstelle Rechlin.

Dieses Bild aus einem Messerschmitt-Film zeigt vermutlich den Prototypen mit kleinem Balkenkreuz und ohne Kennung. (Pawlas)

8.3.1941 Messerschmitt [4]
An diesen Tag findet der erste Flug der Me 321 V1 im Schlepp von drei Me 110 mit N-Motoren statt.

7.3.1941 Erfurt [8, RL 3/556]
Dir. Kalkert schreibt an das RLM LC 2 bezüglich des Fertigungsprogramms DFS 230 und Go 242 und unter Bezug auf Besprechungen 1. mit Generalstabsing. Alpers und 2. zwischen RLM und den Firmen Gotha, Messerschmitt-AG und Junkers.

Aus der Besprechung mit Alpers geht hervor, dass die DFS 230 zugunsten der Go 242 abgelöst, und ihre Fertigung um 1000 Stück reduziert werden soll. Es ist zu prüfen, welche Kapazität dadurch für die Go 242 freigemacht werden kann. Die Firma Schwarzwald-Flugzeugbau soll mit der Fertigung DFS 230 möglichst nicht anlaufen. Die Firma Böhmisch-Mährische Maschinenfabriken AG kommt für die Fertigung der Go 242 nicht in Frage, und die Fertigung der DFS 230 soll bei ihr weiterlaufen. Alpers hat weiter festgelegt, dass Erla im Oktober mit der Fertigung DFS 230 ausläuft. Ebenso sollen die Firmen Bücker, Hartwig und Gotha mit der Fertigung der DFS 230 voll auslaufen, wie auch die Firma Miag, die für Gotha Flächen baut.

Laut GWF hat das RLM das Gesamtprogramm Go 242 an Gotha in Auftrag gegeben. Die Kapazitäten des Auftrages Warschau-Nord (Ju 322) und Warschau-Süd (Me 321) werden entsprechend der Bauweise (Holz und Stahl) in Anspruch genommen. Die Organisation Warschau-Nord und -Süd soll monatlich 100 Flugzeuge fertigen. Zusätzlich sollen Gotha und Hartwig je eine Serie Go 242 mit kleinen Stückzahlen zur Reserve anlaufen lassen. Hierzu wird die Kapazität von Hartwig und Eckardt Sonneberg etwa ab Juli 1941 voll benötigt. Für Rumpfbug und Steuerteile glaubt Gotha auch die Kapazität Bücker ab Juli 1941 fordern zu müssen. Auf die Kapazität Erla werde kein Wert gelegt, und auch nicht auf Schwarzwald-Flugzeugbau, da die Holzarbeiten von Warschau-Nord verteilt werden.

Dazu merkt Kalkert an, dass der Auslauf DFS 230 bei Hartwig sorgfältig auf die Möglichkeiten von Gotha abgestimmt werden muss, um Leerlauf zu vermeiden. Kalkert hält es auch für fraglich, ob Bücker bei Fortfall der DFS 230 Metallarbeiten durch Beschlagfertigung für die Go 242 ausgelastet werden kann. Insgesamt hält Kalkert die Vorteile für die Go 242 durch Auslauf der DFS 230 für äußerst gering, da weder die Fertigungskapazität, noch die Werkstoffeinsparung einen erheblichen Gewinn für die Go 242 bedeuten würden. Vom für die DFS 230 bevorrateten Material können nur einige Positionen Stahlrohr für die Go 242 verwendet werden, und Holz steht genügend zur Verfügung. Nach Kalkerts Kenntnis soll die Go 242 die gesamte Fertigungskapazität von Warschau-Nord und -Süd und die der DFS 230 übernehmen. Dies müsste überprüft werden, da die Go 242 nach angestellten Erhebungen nur ein Drittel der zurzeit erzeugten Sperrholzkapazität und 1/3 der für Warschau-Süd vorhandenen Stahlrohrkapazität benötigt.

Die Luftwaffe ließ für effektvolle Angriffe hinter den feindlichen Linien die großen Lastensegler Me 321 und Ju 322 entwickeln, die lange Zeit unter den Tarnbezeichnungen Warschau Süd (Me 321) und Warschau Nord (Ju 322) liefen. Die Ju 322 sollte vorwiegend in Holzbauweise gefertigt werden. Da die Ju 322 nicht vernünftig flog, stand die Holzkapazität Warschau Nord (d.h. verschiedene Holz verarbeitende Firmen) für die Go 242 zur Verfügung. Von der Me 321 und ihrer motorisierten Abwandlung war am 23.5.1941 vom Generalluftzeugmeister eine Gesamtstückzahl von 250 Stück (110 Segler, 100 viermotorig, 40 sechsmotorig) geplant. Nach Abarbeitung dieses Auftrags schien auch die Kapazität Warschau Süd für die Go 242 frei zu sein.

10.3.1941 Erfurt [8, RL 3/556]
Dir. Kalkert in Firma Reparaturwerk Erfurt erhält ein Telegramm vom RLM LC 2/IA mit der voraussichtlich endgültigen Programmgestaltung DFS 230.

Firma	April 41	Mai 41	Juni 41	Juli 41	Aug. 41	Sep. 41	Okt. 41	Nov. 41	Dez. 41	Jan. 42	Feb. 42
Gotha	Läuft gemäß Plan 19 aus										
Hartwig	40	25	10								
Bücker	25	25	25	25	25	25	25	20	15		
Erla	25	25	25	25	20	10	5				
BMM	30	30	30	30	30	30	30	30	30	20	10

12.3.1941 Junkers [28], [19]

Flugkapitän Hesselbach und Alfred Funke führen in Merseburg den Erstflug der Ju 322 im Schlepp der Ju 90 (KB+LA) durch. Der Verband kommt erst am Platzende in die Luft. Die Ju 322 hebt nicht richtig aus dem 8 t schweren Startwagen ab, so dass der beim Aufprall schwer beschädigt wird. Infolge des zu kleinen Seitenruders pendelt der Segler im Schleppflug unzulässig um die Hochachse, und er scheint auch hecklastig beladen zu sein. Obwohl er zunächst nicht recht vom Boden freikommt, wird berichtet, dass er nach dem Start so stark steigt, dass er den Schwanz der Ju 90 hochzieht, und ein Unfall nur vermieden werden kann, indem das Schleppseil gelöst wird. In Gleitflug ist das Pendeln beherrschbar, und die Ju 322 landet unbeschädigt auf einem Acker. Sie muss, nach dem Ausladen von ca. 4 t Ballast, 14 Tage später durch zwei Panzer zum Flugplatz zurückgezogen werden. Die weitern Versuche, die Ju 322 flugtauglich zu machen bezeichnet der Leiter des Projektbüros, Gropler, als Verlegenheitsmaßnahmen.

13.3.1941 Besprechung RLM [18]

Das RLM legt für die motorisierte Variante der Me 321 die Typennummer Me 323 fest, und erteilt der Firma einen Vorbescheid für die Entwicklung der Maschine.

14.3.1941 Besprechung von GL 1/Genst.6.Abt. [7]

Der Generalstab hat vom XI. Korps die Nachricht bekommen, dass die Firma Messerschmitt die Behauptung aufstellt, dass die Hansa-Ausführung Ju 90 (BMW 132) doch zum Schleppen von Warschau verwendet werden kann. Generalstab bittet um umgehende Stellungnahme.

20.3.1941 Besprechung von GL 1/Genst.6.Abt. [7]

Da der Lufthansa-Betrieb nicht aufgegeben werden soll, ist die Forderung auf Ju 90 zum Schlepp von Warschau seitens Generalstab fallengelassen worden.

Fritz Buchwald, Angehöriger einer Flak-Scheinwerferstellung in Blösien bei Merseburg fotografierte die Ju 322 unmittelbar nach der Außenlandung. DasBild zeigt die von Heumann retuschierte Erstveröffentlichung. In den Gondeln vor dem Flügel befanden sich die 4 t Ballast. Es waren keine Waffenstände. (Flugrevue)

In Einzelfällen hat die mit BMW 132 ausgerüstete Ju 90 V5 Me 321 geschleppt. (Kössler)

18.3.1941 Lärz [15]

Beim Erfliegen der Höchstgeschwindigkeit einer frühen Go 242 (im Rahmen der Erprobung durch die E-Stelle Rechlin) bricht zunächst das Höhenleitwerk ab, danach brechen auch die Leitwerksträger und eineTragfläche. Der Pilot Harmens der GWF kann sich mit dem Fallschirm retten, Bordwart Thomas verunglückt tödlich.

Es handelt sich vermutlich um die Go 242 V2, die sich nach dem C-Amts-Programm vom 1.3.1941 in Rechlin

Beim Erfliegen der Höchstgeschwindigkeit zerlegt sich die Go 242 als Folge von Schwingungen um die Hochachse. (Erprobungsstelle Rechlin)

befindet. Regel [15] berichtet von einem weiteren Vorfall während der Erprobung in Rechlin, bei dem während der Landung die Leitwerksträger einer Versuchsmaschine abbrechen.

24.3.1941 Reparaturwerk Erfurt [8, RL 3/556]

Das RLM/LC 2/IA schickt an den Leiter des Reparaturwerkes, Dir. Kalkert, ein Fernschreiben mit der Mitteilung: »Sämtliche Arbeiten an der DFS 331 sind einzustellen. Die entsprechenden Benachrichtigungen an die einzelnen Fertigungsteilnehmer einschließlich DFS-Darmstadt ist von dort aus vorzunehmen.«

27.3.1941 Besprechung GL 1/Gensta.6.Abt. [7]

Genst. fragt an, ob Go 242 mit Schleppgestell an Ju 52 geflogen werden muss, oder genügt Sporn 3000. Wegen Vorbereitung der Flugzeuge ist Anfrage dringend.

3.4.1941 Besprechung GL 1/Gensta.6.Abt. [7]

Es wird von LC 2 z.Zt. untersucht, ob mit geringen Mitteln in Ju 52 mit Sporn 3000 der Sporn 6000 angebracht werden kann. Damit wäre Schlepp Go 242 mit Ju 52 kurzfristig möglich.

10. und 17.4.1941 Besprechung GL 1/ Gensta.6.Abt. [7]

Es ist ein Versuchsträger Ju 52 mit Sporn 6000 ausgerüstet. Bericht wird nach Erprobung bekannt gegeben.

14.4.1941 Messerschmitt [4]

Die Firma Messerschmitt legt eine Angebotsmappe für die vier- und sechsmotorige Me 323 vor. Die Me 323 wurde aus dem Großlastensegler Me 321 entwickelt, und unterscheidet sich von diesem durch die zusätzliche Ausrüstung mit Triebwerken und Anbringung eines festen bremsbaren Fahrwerks statt der Kufen. Die Me 321 kann nachträglich mit Triebwerken und auch mit Radfahrwerk ausgerüstet werden.

Das Flugzeug soll mit 22-t-Panzerkampfwagen oder anderen Lasten bis 22 t beladen werden können.

Die Mappe erwähnt zwar auch die sechsmotorige Version, befasst sich aber hauptsächlich mit der viermotorigen Variante. In der Folgezeit werden von RLM auch deutlich mehr viermotorige Me 323 verlangt. Die Lastenangaben werden sich jedoch als reichlich optimistisch erweisen, und mit vier Triebwerken sind die Startleistungen selbst mit reduzierter Last schlecht.

17.4.1941 DFS Ainring [8, RL31860]

In einem Schreiben an das RLM nimmt die DFS zu dem Vorwurf Stellung, sie hätte durch nicht termingemäße Lieferung von Fertigungsunterlagen (Zeichnungen) zu Fertigungsschwierigkeiten der DFS 331 A-0-Serie beigetragen. Die DFS hat die Zeichnungen termingemäß an die Firma REWE (Reparaturwerk Erfurt) geliefert. REWE hat aber nicht, wie von der DFS erwartet, die 0-Serie selber produziert, sondern sie an sechs bis acht Unterlieferanten verteilt, die zum größten Teil noch keine Flugzeugbauarbeiten durchgeführt hatten. Weiter hat REWE den ersten von der DFS gelieferten Satz Zeichnungen nicht an die Unterlieferanten weitergeleitet, so dass die DFS mit ca. sechs Wochen Verzögerung die Zeichnungen erst an die Unterfirmen liefern musste. Weiter hat die E-Stelle Rechlin nach der Besichtigung der DFS 331 V 1 am 21.1.1941 verschiedene Forderungen gestellt, die eine weitere Verzögerung ergaben, z.B. doppeltes Fußsteuer, Panzerung der Führerraumes, Änderung der Haube usw. Letztlich wurden vom RLM zehn Konstrukteure, die die DFS von Fieseler ausgeliehen hatte, für dringlichere Arbeiten zur GWF nach Gotha kommandiert.

Die DFS ist der Ansicht, dass die aufgetretenen Fertigungsschwierigkeiten auf folgende Ursachen zurückzuführen sind:

1. Seit Auftragserteilung ständig zunehmende Schwierigkeit in der Materialbeschaffung

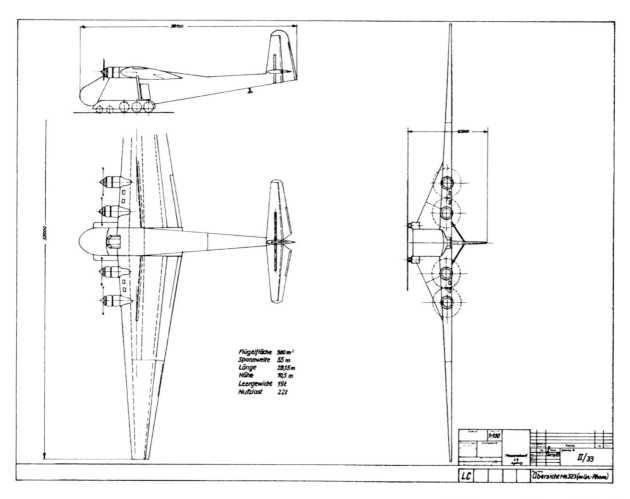

Flügelfläche 300 m²
Spannweite   55 m
Länge   28,15 m
Höhe   10,5 m
Leergewicht 19 t
Nutzlast   22 t

Zeichnung aus der Mappe. (Mankau)

2. Für vorliegenden Auftrag unmögliche Verzettelung der Arbeiten an viele einzelne Firmen
3. Schwierigkeiten in der Unterbringung der Arbeiten in geeignete Firmen in Folge der heutigen Überbelastung aller Firmen

Das RLM hat also die DFS 331 nicht verworfen, weil die Go 242 besser war, sondern weil die Fertigung der DFS 331 A-0 nicht in Gang kam. Dadurch, dass die GWF selbst Hersteller der Go 242 war, hatte man den Fabrikationsprozess viel besser im Griff, als die DFS, die sich mit einem unfähigen bzw. unwilligen Haupt- und vielen, zum Teil unerfahrenen Subunternehmen herumplagen musste.

Pikanterweise war der Vater der Go 242, Albert Kalkert genau zu dieser Zeit, d.h. seit dem 1.10.1940 Leiter

der REWE. Ihm bot sich die einmalige Gelegenheit, einfach durch Liegenlassen der Zeichnungen der DFS 331, der Go 242 zum Durchbruch zu verhelfen. Kalkert gilt allgemein als Verantwortlicher Konstrukteur der Go 242. Er war auch Chef der zuständigen Konstruktionsabteilung. Der eigentliche Konstrukteur war aber ein Herr Laiber.

Da die Go 242 die Erwartungen des RLM erfüllte, und die Fertigung gesichert war, ist der Entscheid gegen die DFS 331 nachvollziehbar.

21.4.1941 Leipheim
Laut Flugbuch Baur führte er an diesem Tag den ersten Flug mit der viermotorigen Me 323 a V1 durch. Die Maschine hat noch kein Kennzeichen, und wird noch bis zum 20.6.1941 ohne Kennzeichen im Flugbuch geführt. Der Erstflug der 323 erfolgt knapp zwei Monate nach

Der »Rote Berg« im Hintergrund des Flugplatzes Erfurt/Nord, der in der unteren Hälfte hellblaue Rumpf und die Kennung CB+?? weisen die Maschine als DFS 331 V2 aus. (Krieg)

Diese Filmausschnitte zeigen die Me 323 a V1 zwischen diversen Me 321, bzw. vor einer startenden Me 321. (Messerschmitt-Film)

Diese Maschine wird in der Literatur häufig als Go 244 V 1 mit BMW 132 bezeichnet. Es ist die Go 244 V1 (W.Nr. 2420000018, VC+OR), allerdings mit Gnôme et Rhône 14 M Triebwerken, denen die Verkleidungen abgenommen wurden. (Deutsches Museum)

dem der 321. Zu diesem Zeitpunkt hat die Me 321 V1 sieben Flüge gemacht, und ist beim letzten am 14.3. verunglückt. Die Me 321 V2 hat zwei Flüge hinter sich und die V3 bis V5 je einen. Ein Einfliegen der Serienmaschinen hat noch nicht stattgefunden. Das Fahrwerk des Prototypen ist provisorisch, denn im April 41 legt Messerschmitt eine Angebotsmappe für die Me 323 vor, in der das Fahrwerk gänzlich anders aussieht. Die zweisitzige Kanzel ist zu diesem Zeitpunkt ebenfalls noch ein Prototyp, denn deren Serienfertigung ist noch nicht angelaufen.

24.4.1941 Besprechung von GL 1/Genst.6.Abt. [7]

Genst. bittet um Untersuchung der Beschaffungslage (Ju 52 Sporn 6000 für Go 242), der Einbauzeit und ob Möglichkeit des Einbaus durch die Truppe besteht. Stellungnahme erbeten.

Der Generalstab fordert, 400 Satz Umbauteile für Bf 110 (einschließlich Kühler) vorzubereiten. Terminlage erbeten. LE 2 meldet, dass beim Einbau der Schleppeinrichtungen große Schwierigkeiten aufgetreten sind. LE 2 kann den Umbau nicht durchführen.

25.4.1941 MIAG Braunschweig [8, RL 3/556]

In der MIAG wird eine Aktennotiz angefertigt, laut der die MIAG ursprünglich 337 Satz Flächen DFS 230 B im Auftrag der Fa. Gotha bauen sollte. Davon wurden 125 Satz vor dem 27.3.41 annulliert. Am 23.4.1941 erhielt die MIAG ein Telegramm von Kalkert, nach dem eine Mehrauslieferung als insgesamt 110 Satz Flächen nicht möglich sei. Zu dem Zeitpunkt waren 110 Satz abgeliefert, sieben fertig und bis zum Satz 212 Material in verschiedenen Stadien der Fertigung.

26.4.1941 Korinth

In Zuge des Griechenlandfeldzuges landen Lastensegler an der Kanalbrücke von Korinth.

Ende April 1941 Junkers [19]

Nach Reparatur, Anbau eines neuen Leitwerks und Verstärkung des Startwagens, macht die Ju 322 ihren zweiten Flugversuch, diesmal hinter drei Bf 110. Die Ju pendelt erneut, was eine Kollision zweier Bf 110 hervorruft, und der Flugversuch endet mit einer Bruchlandung der Ju 322 und einer Bf 110. Das RLM beendet daraufhin die

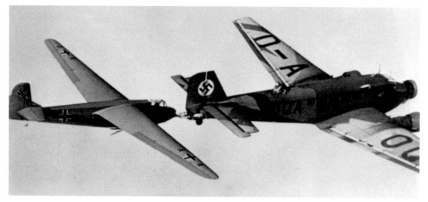

Mit dieser Flugzeugkombination wurde der Starrschlepp mit der DFS 230 erprobt. Das Schleppgeschirr der Ju 52 ist noch ein sehr schweres Fachwerk. (DFS)

Erprobung eines Bremsschirms. Die Serienlösung sah anders aus. (DFS)

Weiterarbeit an diesem Unglücksvogel. Das bereitgestellte Holz, und die Bearbeitungskapazitäten werden anderer Verwendung zugeführt.

1.5.1941 Besprechung von GL 1/Genst.6.Abt. [7]

Der Generalstab fordert weiterhin 400 Satz Umbauteile für die Bf 110 als Schleppflugzeug für Warschau. Der Umbau wird nunmehr bei der Firma Hansen & Co., Schneidemühl, durchgeführt. Um bis zum 1.6. 80 Bf 110 umzurüsten, müssen ab sofort 40 Flugzeuge pro Woche zum Umbau angeliefert werden.

1.5.1941 C-Amts-Programm [8]

Die DFS 331 befindet sich zur allgemeinen Erprobung bei der DFS in Darmstadt. Die V2 wurde zu 80% in Gotha gebaut und ist jetzt in Erfurt.

Von der Go 242 wird die Werknummer 2420000018 mit 2 Gnôme et Rhône 14 M in Gotha erprobt.

In Unterlagen der E-Stelle Rechlin wird die 00019 mit G&R als Go 244 V2 bezeichnet, womit die 00018 wohl die V1 war.

6.5.1941 Reparaturwerk Erfurt [8, RL 3/556]

Kalkert teilt dem RLM LC 2 IA mit, dass die Miag 128 Satz komplette Flächen, die für die Produktion der DFS 230 bei Gotha vorgesehen waren, und wovon Gotha schon 47 verwendet hat, zu Ende fertigen soll. Die restlichen sollen Bücker und Erla zugewiesen werden. Die Firma Fokker soll die Fertigung von Vorrats- und Reparaturflächen übernehmen. Die Firma Eka-Werk Friedrichsroda hat Leitwerke für Gotha gebaut. Davon sind 23 überzählig und sollen Fa. Bücker zugewiesen werden.

14.5.1941 [6]

Die Deutsche Akademie für Luftfahrtforschung gibt die Beiträge zur Geschichte der Deutschen Luftwissenschaft und -technik heraus. Darin beschreibt Prof. Walter Georgii die Deutsche Forschungsanstalt für Segelflug und dort durchgeführte Arbeiten. Darin wird das LS-Flugzeug DFS 331 für 2,5 t Nutzlast erwähnt, das im November 1940 seine Erprobungsflüge ausführte.

Weiter wird die Entwicklung einer Blindflugmethode für geschleppte Segelflugzeuge, der Starrschlepp, er-

Eine DFS 230 startet bei der Erprobung im Hochgebirge von der Seethaleralpe mit zwei Pulverraketen. Ein Start vom Schneefeld wird in [37] gezeigt. (DFS)

Georgii erwähnt neue Schleppverfahren, bei denen entweder eine Ju 52 bis zu drei DFS 230 schleppt oder umgekehrt mehrere Schleppflugzeuge einen Lastensegler. Die DFS war an der einsatzmäßigen Erprobung des Schleppzuges mit drei Me 110 und einem LS-Flugzeug größten Fluggewichts *(gemeint ist die Me 321)* in engster Zusammenarbeit mit dem Fliegerkorps XI beteiligt.

14.5.1941 Messerschmitt [4]
Die Firma teilt dem RLM LC2 folgende (geplante) Liefertermine für 200 Segler 321 mit.

	1-sitzige Kabine		2-sitzige Kabine	
	Leipheim	Obertraubling	Leipheim	Obertraubling
April	8	4		
Mai	16	15		
Juni	26	31	8	2
Juli			36	36
Aug.			6	12

14.5.1941 RLM LC2 Nr. 6121/41 [4]
Das RLM schreibt an Professor Messerschmitt, dass die Produktionsplanung der Me 321 mit einsitziger und zweisitziger Kabine in keiner Weise den früher gemachten Zusagen entspricht. Er soll die Termine noch einmal überprüfen lassen, damit die Truppe, gemäß einen Ferngespräch von Generaloberst UDET und ihm, das Doppelsteuer so früh wie möglich bekommt. Gleichzeitig soll auch der Umbau der Me 323 in die Planung der Me 321 einbezogen werden.

15.5.1941 Besprechung von GL 1/Genst.6.Abt. [7]
Der Generalstab wird um Entscheidung gebeten, ob die Triebwerke der bei Chef AW im Einsatz befindlichen etwa 20 Bloch 175 sofort (für die Me 323) zur Verfügung gestellt werden.

Zurzeit werden von den 80 Flugzeugen zunächst 24 Bf 110 für den Zweck Schlepp Warschau umgebaut. Von den geforderten 400 Satz Umbauteile werden je nach Bedarf für einen eventuellen weiteren Umbau zeitgerecht weitere Teile zur Verfügung stehen.

Einbauzeit und Beschaffungslage Sporn 6000 (in Ju 52) wird noch bekannt gegeben.

Nach bisher günstigen Versuchsergebnissen ist Beschaffung von zunächst 50 Pulverstarthilfen für DFS 230 vorgesehen für Versuche auf breiter Basis. Terminlage noch nicht geklärt.

wähnt, bei dem das Segelflugzeug kardanisch drehbar an das Motorflugzeug angelenkt ist. Zusätzlich ist eine Kombination von Starr- und Langschlepp aufgeführt, bei dem durch Einbau einer Seilholwinde im Schleppflugzeug je nach taktischem Einsatz oder Wetterlage das zweckmäßige Verfahren gewählt werden kann.

Für Transportmöglichkeiten im Hochgebirge hat die DFS zusammen mit dem flugtechnischen Institut Stuttgart einen Bremsfallschirm entwickelt, der es ermöglicht, mit vollem Fluggewicht, einer Geschwindigkeit von 150 km/h und einer Bahnneigung von 45° gegen das Ziel zu stürzen. Bei gleichzeitigem Einsatz von Störklappen ist sogar ein Bahnneigungswinkel von 70° bei 190 bis 200 km/h möglich. Dadurch können eng begrenzte Landeflächen angeflogen werden.

Um anschließend auch wieder aus kleinstem Feld mit dem LS-Flugzeug herausstarten zu können, wurde das Flugzeug mit zwei beiderseits des Rumpfes eingebauten Starthilfen – Pulverraketen mit je 500 kg Schub – versehen, die es ermöglichten, auf kürzester Strecke zu starten und selbst Hindernisse nach dem Freikommen zu überfliegen. Georgii weist auf die durch diese Start- und Landehilfen erheblich gesteigerten Einsatzmöglichkeiten des LS-Flugzeuge hin.

Diese Pulverstartraketen sind nicht zu verwechseln mit den Argus-Schmidt-Rohren, die auch an der DFS 230 erprobt wurden, und an ähnlicher Stelle angebracht waren. Die waren aber nicht als Starthilfe vorgesehen, sondern sollten lediglich im Flug erprobt werden.

Eine Ju 52 schleppt drei DFS 230. (DFS)

Fünf He 72 ziehen eine DFS 230. (DFS)

Der zweite Mann diente nur als Kraftverstärker, und hatte keine eigenen Instrumente. (Nowarra)

15.5.1941 Reparaturwerk Erfurt [8, RL 3/556]

Kalkert schickt der Miag die endgültige Festlegung, dass diese 128 Satz Flächen DFS 230 abzuliefern hat. Davon sind 47 Satz an Gotha geliefert. 35 sollen der Firma Bücker zugewiesen werden, und 46 Satz Erla. Das weiter vorbereitete Material ist der Firma Fokker abzugeben.

16.5.1941 Messerschmitt [4]

In einem Erprobungsbericht wird über die ersten Flüge der Me 321 V1 bis V5 im Zeitraum 25.2. bis10.4.1941 berichtet. Die V1 machte sieben Flüge, davon sechs im Schlepp der Ju 90, und nur den sechsten hinter drei Bf 110. Beim siebten Flug, der erstmals mit einer Besatzung der Luftwaffe durchgeführt wurde, riss eine Schleppkupplung heraus. Das Flugzeug machte bei einer Außenlandung einen Überschlag, der ohne Verletzte ablief.

Die V2 hat fünf Flüge absolviert, alle hinter Bf 110. Drei Starts erfolgten mit Unterstützung durch R-Geräte, davon zwei mit 21.890 kg Ballast. Die V3 bis V5 machten jeweils nur einen Flug, ebenfalls hinter Bf 110. Die V2 und V3 sind dann auf Serienstand gebracht worden und haben in dieser Form am 7.5. und 10.5. jeweils einen Flug absolviert.

Laut Versuchsbericht ist die Me 321 nach zehn Erprobungsflügen so in Ordnung, dass sie ohne Schwierigkeiten von jedem Segelflieger mit LS-Erfahrung geflogen werden kann. Auch Volllaststarts mit acht Schubgeräten und drei Me 110 sollen kaum schwieriger sein, als mit leerer Maschine.

Es wird von häufigen, anfänglichen Fehlstarts geschrieben, die darauf zurückzuführen sind, dass die linke Schleppmaschine vom Propellerabwind der Führungsmaschine getroffen wird, und dadurch leicht ausbricht.

Unter dem Leitwerk ist der Ausleger sichtbar. Man beachte die vergrößerten Kühler und den Rückblickspiegel. (Schlaug)

Zahlreiche DFS 230 zerbersten bei der Landung auf dem felsigen Grund Kretas. (Schlaug)

Um diesem Übel abzuhelfen, wird am Rumpfende der linken Maschine ein Ausleger so angebaut, dass der Seilzug annähernd durch den Schwerpunkt geht. Auf diese Weise fällt das Moment am Rumpfende, das die Maschine nach außen zu drängen versucht, weg, und die Ausbrechgefahr ist wesentlich herabgesetzt.

20.5.1941 Messerschmitt [4]

Messerschmitt antwortet auf den Brief des RLM vom 14.5. dass die Produktion der Me 321 wegen der Erprobungsergebnisse und zusätzlicher Ausrüstungswünsche der Truppe nicht beschleunigt werden könne. Die Herstellung der zweisitzigen Panzerkästen laufe beim Unterlieferanten gerade erst an, so dass man nicht früher umschalten könne. Es seien aber 200 zweisitzige Kabinen bestellt, so dass später eine Umrüstung einsitziger Flugzeuge erfolgen könne. Im Übrigen habe man ab der ersten Maschine einen zusätzlichen Knüppel für die Höhensteuerung angebracht, der auch bei der einsitzigen Kabine durch Mithilfe des zweiten Mannes eine ausreichende Herabsetzung der Höhenruderkräfte ermögliche.

Bezüglich der Me 323 seien die außerordentlichen Schwierigkeiten der Materialbeschaffung noch nicht überwunden, und es fehlten noch Klärungen über die zur Verfügung zu stellenden Motoren bzw. deren Muster und Bauausführungen. Eine Planung könne daher noch nicht erfolgen.

20.5.1941 Kreta

Beim Unternehmen Merkur, dem Luftlandeeinsatz Kreta, werden auch 69 DFS 230 des LLG1 eingesetzt.

23.5.1941 Besprechung von GL 1/Genst.6.Abt. [7]

Bei den bei Chef AW befindlichen Bloch 175 werden sämtliche Triebwerke ausgebaut, und für das Programm Warschau verwendet. Sofern die Flugzeuge bei Chef AW flugklar sind, sind sie nach einem von Chef AW noch festzulegenden Platz zu verlegen. Dorthin wird von LC 2 eine Kolonne zum Triebwerksausbau geschickt. Die übrigen Flugzeugstandorte sind von Chef AWS anzugeben. Der Triebwerksausbau findet dann am Ort des unklaren Flugzeugs statt.

Zurzeit sind von Warschau folgende Bauten geplant: 250 Flugzeuge Warschau Süd, davon 100 motorisiert, viermotorig und 40 Flugzeuge motorisiert, sechsmotorig, mit Triebwerk Gnôme et Rhône 48/49.

Der Generalstab fordert im Anschluss an die bisher für das XI. Korps vorgesehene Serie die Auflage einer Serie von zunächst 50 motorisierten Flugzeugen in verbesserter Ausführung für Nachschubzwecke. Es wird gebeten zu klären, ob diese Serie zwischenzeitlich fertig gestellt werden kann.

Das RLM rechnet also zur dieser Zeit nur mit 110 Seglern, und nicht, wie Messerschmitt wenige Tage vorher, mit 200. Dafür sind aber 100 viermotorige und 40 sechsmotorige Me 323 mit Gnôme et Rhône Motoren geplant, die zunächst mit Triebwerken aus erbeuteten Bloch 175 ausgerüstet werden sollen. Für die 110 Segler sollen 400 Bf 110 als Schleppmaschinen umgerüstet werden.

Neben der Bf 110 kann nach neuesten Versuchsergebnissen auch He 111 H 3 bis H 6 als Schleppflugzeug eingesetzt werden. Die Leistungen sind besser als Bf

110. Generalstab wird um Klärung gebeten, ob für den Einsatzfall statt Bf 110 auch mit He 111 geplant werden muss. Vorsorglich sind von GL 200 Satz Schleppteile in Auftrag gegeben.

Die Bf 110 ist für die geringe Schleppgeschwindigkeit des Gespanns wenig geeignet. Die Schleppgeschwindigkeit von ca. 230 km/h liegt nur wenig über der Landegeschwindigkeit des Zerstörers, und, um bei der unter hoher Last fliegenden Bf 110 überhaupt genügend Kühlwirkung zu erzielen, werden vergrößerte Kühler eingebaut. Bei der Bf 110 müssen auch Seile vom Heck, wo sich die Kupplung befindet, zum Krafteinleitungspunkt am Flügelholm geführt werden. Die He 111 kommt, wegen ihrer großen Tragflächen, mit der langsamen Schleppgeschwindigkeit viel besser zurecht, kann, da sie ausfahrbare Kühler hat, auf die Umbauten verzichten, und ist in der Lage, die Schleppkupplung gleich im Heck aufzunehmen.

Der programmmäßige Rückstand DFS 230 braucht nicht aufgeholt zu werden. Auslauf DFS 230 wie von LC 2 vorgeschlagen. Genst. bittet dafür um beschleunigte Ausbringung Go 242.

30.5.1941 Besprechung von GL 1/Genst.6.Abt. [7]

Es wird mitgeteilt, dass insgesamt z.Zt. nur 250 Flugzeuge Warschau-Süd gefertigt werden können. Davon werden 100 viermotorig und 40 sechsmotorig ausgerüstet. Terminanlauf richtet sich nach Anlieferung der Triebwerke. Geplant ist, die letzten 50 Warschau-Süd als Segler auszuliefern. Bis 1. Juni werden 20 Segler zur Ablieferung kommen. Generalstab fordert mit aller Dringlichkeit für Juni größtmögliche Stückzahl Segler und motorisiert.

Weiter bittet der Generalstab um Angaben, wie die Schleppflugzeuge Bf 110 und He 111 ausgerüstet sind, um einen einwandfreien Start mit der nötigen Reichweite sicherzustellen (Angabe des auszubauenden Geräts und er verbleibenden Kraftstoffmenge erbeten. Generalstab fordert, dass die Herrichtung der Schleppflugzeuge mit Truppenmitteln in geringstmöglicher Zeit durchgeführt wird.

12.6.1941 Besprechung GL 1/Gensta.6.Abt. [7]

Firma (Messerschmitt) verstärkt zurzeit die Höhenflosse. Daher sind die 28 Flugzeuge, die zur Abholung 1. Juni gemeldet waren, wieder unklar geworden. V1 bis V4 sind bereits geliefert. Warschau-Süd soll im Juni 45, im Juli 65, im August 70 und im September 19 Flugzeuge liefern. In den 45 Flugzeugen für Juni sind die 28 unklaren aus

der Mai-Lieferung enthalten. Zellen für Warschau motorisiert werden je nach Triebwerksanlieferung aus diesen Zahlen entnommen. Bis zum 1. September kann nur mit ganz geringen Stückzahlen gerechnet werden. Warschau-West soll in diesen Monaten 13, 40, 170 und 92 Flugzeuge liefern.

Hier sind zunächst ca. 200 Me 321/323 (Warschau Süd) bis September 1941 disponiert. Für die restlichen 50 gibt es noch keinen Plan. Die 315 Flugzeuge Warschau-West (steht so im Dokument) sind mir nicht klar. Möglicherweise sind damit Ju 322 (sonst als Warschau-Nord bezeichnet) gemeint.

Nach industrieseitig durchgeführtem Umbau der Schleppflugzeuge Bf 110 und He 111 (Bf 110 ca. acht Tage, He 111 ca. ein halber Tag) kann die Truppe die Flugzeuge für Schlepp- bzw. Kampfeinsatz selbst herrichten. Dauer ca. ein halber Tag. Für den Schlepp werden ausgebaut: Panzerung, PVC, Zusatztanks und teilweise die Waffen. Zurzeit beträgt die Reichweite 450 km, Eindringtiefe jetzt ca. 280 km (sparsamer Rückflug). Es wird versucht, die Reichweite auf 450 km zu vergrößern.

Im Protokoll befindet sich ein Schreibfehler, denn zweimal die Angabe 450 km Reichweite ist unsinnig. Aktuell ist die Reichweite geringer als 450 km.

Mit Abgabe einiger Flugzeuge (DFS 230) an Japan ist Genst. einverstanden.

27.6.1941 Besprechung GL 1/Gensta.6.Abt. [7]

Im Juni kommen nur 20 Warschau-Süd, da die Schlepp-Ju 90 truppenseitig zu anderen Zwecken eingesetzt werden musste. Reichweitenvergrößerung auf 450 km wird noch geklärt. 40 Sporn 6000 (Ju 52) stehen bis 10.7. zum Einbau bereit.

1.7.1941 C-Amts-Programm [8]

Die DFS 331 befindet sich zur allgemeinen Erprobung bei der DFS in Darmstadt. Zwei Go 242 (Werknummern 2420000018/19) mit je zwei Gnôme et Rhône 14 M werden in Gotha erprobt.

6.7.1941 C-Amts-Programm (Entwurf) [8]

Im Liefervorschlag A-1 ist vorgesehen, die DFS 230 von aktuell 55 Stück pro Monat auf zehn pro Monat herunterzufahren, und diese Fertigungsrate ab April 1942 konstant weiterzubauen. Die Go 242 ist nicht aufgeführt, und von der Go 244 mit Gnôme et Rhône 14 N ist geplant, die aktuelle Produktionsrate von 20 pro Monat bis März 1944 fortzuführen.

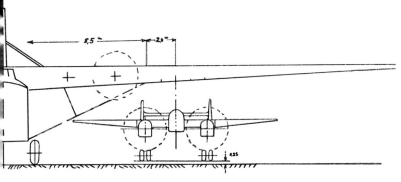

Me 321 + 2 + Ar 240
1 5/7/41

Chr. Tilenius dachte daran, z.B. zwei Ar 240 mit der zweimotorigen Me 321 zu starten. (Tilenius)

Die Go 242 steht beim Beginn des Russlandfeldzuges noch nicht zur Verfügung, wird sich dort aber gut bewähren. (Nidree)

Die zu diesem Zeitpunkt vorgesehen Starrschleppausrüstung war schon um 60 kg leichter als der ursprüngliche Entwurf. (DFS)

15.7.1941 Heinkel [9]

In einer Besprechung mit RLM-Mitarbeitern werden die Festigkeitsvorschriften für die He 111 Z festgelegt. Die He 111 Z ist ein Zwillingsflugzeug, das aus 2 He 111 H-6 durch Zusammenbau zweier Flächen entsteht. Die Fluggeschwindigkeit in Bodennähe wird 395 km/h betragen und in 6 km (Volldruckhöhe) 480 km/h. Der Verwendungszweck ist Schleppflugzeug, wobei das geschleppte Flugzeug maximal 35 t wiegen darf.

Dies ist die erste Erwähnung der He 111 Z, die ich im Heinkel-Archiv gefunden habe. Da hier schon Festigkeitsvorschriften festgelegt werden, muss die Idee zur He 111 Z älter sein. Zum aktuellen Zeitpunkt sind nur ca. 20 Me 321 ausgeliefert. Somit stammt die Idee zur He 111 Z aus der Erprobungszeit der Me 321. Nach Koos [17] geht die Entwicklung der He 111 Z auf einen Vorschlag von Flugbaumeister Tilenius des RLM vom Frühjahr 1941 zurück.

17.7.1941 Abhandlung Tilenius R. u. Ob.d.L. LC2 [9]

Tilenius schlägt vor, Warschau Süd als Starthilfe für Jäger, Zerstörer und Stuka zu verwenden. Dabei sollen vier Me 109, oder zwei Me 110, oder zwei Ar 240 oder zwei Ju 87 unter die Flügel einer Me 321 mit zwei Motoren gehängt, und von dieser vom Flugplatz hochgetragen werden. Da die Jäger und Zerstörer keinen Kraftstoff für den Start verbrauchen, ist ihrer Reichweite bedeutend länger.

Als weitere Verwendung schlägt Tilenius am 1.9.1941 vor, die Me 323 als Tankflugzeug für He 177, He 111 Z oder BV 222 speziell unmittelbar nach dem Start einzusetzen. Die He 177 als Fernaufklärer könnte auf diese Weise z.B. 9000 Liter Kraftstoff zusätzlich mitnehmen, was die Flugdauer auf 25 Stunden verlängern würde.

17.7.1941 Besprechung GL 1/Gensta.6.Abt. [7]

Die Forderung Genst. auf Schneekufen wird in zwei Beschaffungsabschnitten für Winter 41/42 und für Winter 42/43 erstellt, wobei beide Beschaffungsabschnitte mengen- und typenmäßig gleich sind. Für Programm Warschau werden bereitgestellt:

Je 30 Sätze für Go 242 und Go 244 und je 10 Sätze für Me 321 und Me 323.

Hier taucht erstmals in den Besprechungen des Generalluftzeugmeisters die Bezeichnung Me 321 statt der Tarnbezeichnung Warschau auf.

Starrschlepp wird zunächst mit DFS 230 beim XI. Korps eingeführt. Genst. fordert sofort Starrschleppversuche mit Go 242. Die für Starrschlepp eingerichtete Ju 52 (z.Zt. in Hildesheim) wird hierzu DFS zur Verfügung ge-

Die erste sechsmotorige Me 323 hatte zunächst die Bezeichnung Me 323 B V1. (Radinger)

stellt. Falls Starrschlepp sich als unzweckmäßig erweist, ist <u>Langstarrschlepp</u> zu untersuchen. Z.Zt. laufen Versuche mit verschiedenen Seillängen in Ainring. Genst. fordert gegebenenfalls Starrschleppausrüstung als Rüstsatz.

22.7.1941 Russland
Hitler beginnt den Russlandfeldzug. Die Lastensegler werden darin nahezu ausschließlich für Versorgungseinsätze benutzt.

24.7.1941 Besprechung GL 1/Gensta.6.Abt. [7]
Da Starrschleppausrüstung bei Ju 52 eine wesentliche Gewichtserhöhung (mindestens 200 kg) bedeutet, wird LC 2 mit XI. Korps Verbindung aufnehmen, für wie viele Flugzeuge Starrschleppausrüstung für besonderen Einsatz vorgesehen werden soll.

31.7.1941 Besprechung GL 1/Gensta.6.Abt. [7]
Die Umrüstung auf Starrschlepp bedingt 205 kg Mehrgewicht. Bei Ausbildung als Einbausatz müssen an festen Einbauteilen 64 kg eingebaut werden. Mit XI. Korps ist vereinbart, dass für vorläufigen Einsatz nur acht Flugzeuge für Starrschlepp umgerüstet werden.

8.1941 Gothaer Waggonfabrik [8, RL 3/1122]
Im August 1941 übernimmt die Luftwaffe die ersten Go 242 A-1 aus der Produktion bei AGO und der GWF.

2.8.1941 RLM/LC 2 [4]
Der Generalluftzeugmeister hat auf Grund der Materi-al- und Personallage bezüglich der Me 321 und 323 entschieden, dass von der Baureihe 1 200 Me 321, fünf Me 323 sechsmotorig und zehn Me 323 viermotorig gebaut werden sollen. Von der Baureihe 2 sind 300 Me 323 vorgesehen, davon 100 Me 323 viermotorig mit N 48 und 40 sechsmotorig N 48. Der Rest soll russische Beutemotoren bekommen, davon möglichst viele sechsmotorig.

Jetzt will das RLM wieder 200 Segler Me 321 haben. Vermutlich spielen dabei das Versagen der Ju 322 und der schleppende Anlauf der Me 323 eine Rolle. Bei den 15 Me 323 des ersten Bauloses dürfte es sich um die geplanten Prototypen handeln (vgl. 1.11.1942).

4.8.1941 Deutsche Forschungsanstalt für Segelflug, Ainring [9]
Prof. Georgii gibt die Mitteilungen Nr. 638: »Landung und Start von LS-Segelflugzeugen im Hochgebirge« heraus. Darin wird über Versuche berichtet, die den Nachweis erbringen, dass Lastensegler mit Vorteil zur Versorgung von Hochgebirgstruppen und zum Transport verschiedener Materialien in Bergregionen eingesetzt werden können. Der Bericht beschreibt zunächst die Versuche, die mit der DFS 230 V1 am 19.10.1940 auf dem Gletscher des Großvenedigers in 3500 m Höhe stattfanden. Danach wird über die Versuche vom 27. und 28.2.1941 auf der Seethaleralpe berichtet, die sich mit dem Raketenstart befassen (vgl. Kapitel DFS 230: Raketenstart).

6.8.1941 Messerschmitt Leipheim
Laut Flugbuch Baur führt er an diesem Tag den ersten Er-

Von Italien und Kreta aus flog die Go 242 Nachschub nach Afrika. (Petrick)

Die Schneekufe glich der normalen Kufe, sie war nur breiter. (JET & PROP)

Nach anfänglichem Einsatz der Ju 52 als Schleppflugzeug übernahm die He 111 die Rolle. (ECPA)

probungsflug mit einer sechsmotorigen Me 323 (W9+SA) durch.

7.8.1941 Besprechung GL 1/Gensta.6.Abt. [7]

Es werden nach wie vor nur acht Flugzeuge für Starrschlepp DFS 230 umgerüstet. Die Flugzeuge werden vom XI. Korps gestellt. Z.Zt. läuft Untersuchung für Starrschlepp Go 242.

14.8.1941 Besprechung GL 1/Gensta.6.Abt. [7]

In Folge ungünstiger Beschaffungs- und Kapazitätslage können nur drei Flugzeuge für Starrschlepp DFS 230 umgerüstet werden. Die Flugzeuge werden vom XI. Korps gestellt. Truppenerprobung erbeten.

Für Starrschlepp-Untersuchungen Go 242 ist Bereitstellung einer Go 242 erforderlich, da Untersuchung nur mit Flug- und Leistungsversuchen durchgeführt werden kann.

Durch Anbringen einer breiteren Kufe (Schneekufe) an die drei Anschlusspunkte der bisherigen Gleitkufe kann DFS 230 schneestartfähig gemacht werden. Genst. wird um Stellungnahme gebeten, in welchem Umfang solche Schneekufen gefordert werden.

Genst. wird um Mitteilung gebeten, wie viel Bremsschirme für DFS 230 zu beschaffen sind.

21.8.1941 Besprechung GL 1/Gensta.6.Abt. [7]

Genst. gibt Forderung über Schneekufen (DFS 230) bekannt.

Als erste Auflage fordert Genst. 500 Bremsschirme (DFS 230) für XI. Korps. Auftrag ist in Arbeit. Mitteilung erbeten, ob schwanz- oder schwerpunktgefesselte Bremsschirme kommen.

Herbst 1941 Mittelmeerraum

Die ersten Go 242-Schleppzüge des Go-Kdo/X. Fliegerkorps werden in den Mittelmeerraum verlegt, und fliegen Versorgungseinsätze nach Afrika.

25.9.1941 Besprechung GL 1/Gensta.6.Abt. [7]

Die bestellten 200 Satz DFS 230-Schneekufen werden in den Monaten Dezember bis Februar ausgeliefert. Monatliche Auslieferung wird noch bekannt gegeben.

16.10.1941 Besprechung GL 1/Gensta.6.Abt. [7]

Die bestellten 200 Satz DFS 230 Schneekufen werden größtenteils im Februar ausgeliefert.

Serienbau der Me 321. Im Vordergrund Ballastkisten, die zu jedem der Segler gehörten. (Messerschmitt)

Im Hintergrund schwebt die Me 321 a V1 (W1+SZ) ein, in der Mitte steht die W1+SY, und das Leitwerk im Vordergrund zeigt ein nicht kraftgesteuertes, schmales Flettnerruder am Seitenruder. (Petrick)

28.11.1941 Messerschmitt Leipheim
Flugzeugführer Fries führt mit der Me 323 B V 1 Rollversuche über Hindernisse aus, um das Fahrwerk zu erproben.

12.12.1941 Amtschefbesprechung bei St/GL [7]
Der Führungsstab bittet um Prüfung, wieweit es möglich ist, die Termine der bisherigen Planung für die Behelfstransporter bis zum Mai 1942 vorzuziehen. Eine Vorverlagerung der Termine für die Go 244 ist voraussichtlich möglich. Bei der Me 323 bestehen dagegen keine Aussichten. Vorgeschlagen wird die Go 242 mit Schlepp durch He 111 H 6. Das technische Amt klärt die Möglichkeiten und meldet das Ergebnis an St/GL.

12.1941 GL/C 2 C-Amts Monatsmeldung 4105/41 - 4111/41 [4]

Lieferzahlen Me 321	
Mai 1941	4
Juni 1941	21
Juli 1941	4
August 1941	50
September 1941	34
Oktober 1941	36
November 1941	17
Summe	166

7.1.1942 E-Stelle Rechlin [15], [9]
Die Go 244 V2, W.Nr. 00019, wird von Gotha nach Rechlin zur Flugerprobung im Rahmen der Musterzulassung überführt. Nach erfolgter Eingangskontrolle beginnt die Flugerprobung an 10.1.1942.

17.1.1942 Messerschmitt AG Obertraubling [4]
In einer »Beschreibung des kraftgesteuerten Flettners Me 323« wird erwähnt, dass die anfänglich hohen Steuerkräfte am Knüppel dadurch erheblich gesenkt werden konnten, dass man nur das Hilfsruder antreibt, das dann seinerseits das Ruder zum Ausschlag bringt.

Die Ruder der Me 321/323 waren ungeschickt konstruiert. Statt, wie bei der alten Ju 52, die Drehachse der Ruder in diese zu verlegen, versuchte man es bei Messerschmitt nach Art der Me 109 mit an den Kanten angeschlagenen Rudern. Dadurch, und nicht durch die Größe, entstanden erst die hohen Kräfte, die einen Mann überforderten. Die Zweimannsteuerung war nur ein Behelf. Auch die kraftgesteuerten Flettnerruder waren nur die zweitbeste Lösung. Die endgültige Lösung mit innen ausgeglichenen Rudern nach Art der Ju 52 sollte 1943 in das Ruder der Me 323 F einfließen.

Das Ruder der Ju 52 erfordert konstruktionsbedingt wenig Kraftaufwand. (Mankau)

So sah der Pilot der Go 242 die vor ihm fliegende He 111. (Nidree)

17.1.1942 Messerschmitt AG Augsburg [22]

Die Messerschmitt AG schlägt folgendes Lieferprogramm für die Me 323 vor:

Baureihe	Anzahl	Produktionsort	Lieferzeitraum
1 Me 323 GR 14 N 48/49	24	Leipheim	Juli 42- Okt. 42
	30	Obertraubling	Juli 42 - Nov. 42
2 Me 323 GR 14 N 48/49	64	Obertraubling	Okt. 42 - März 43
3 Me 323 Jumo 211	70	Leipheim	Okt. 42 - Juni 43
	105	Obertraubling	Jan. 43 - Aug. 43
4 Me 323 Alfa Romeo	24	Leipheim	April 43 - Sept. 43
5 Me 323 Jumo 211	116	Leipheim	Juli 43 - März 44
	20	Obertraubling	Aug. 43 - Nov. 43
Summe	453		Juli 42 - März 44

20.1.1942 Amtschefbesprechung bei St/GL [7]

Für den Einsatz der in Aussicht genommenen Kommission und die Durchführung der Ausschlachtung Me 322 zugunsten der motorisierten LS erhält LC-Chef die erforderlichen Vollmachten.

Me 322 ist sicher ein Schreibfehler im Protokoll und steht für Me 321. Die Erfahrungen im ersten halben Jahr Einsatz der Me 321 scheinen so schlecht zu sein, dass man das Ausschlachten in Betracht zieht.

20.1.1942 Messerschmitt AG Obertraubling [4]

Erstflug der ersten viermotorigen Me 323 aus Obertraubling.

Vermutlich Me 323 V4 mit Leo-Triebwerken.

27.1.1942 E-Stelle Rechlin [15], [9]

Die E-Stelle Rechlin fasst die ersten Erprobungsergebnisse an der Go 244 V2 zusammen, und kommt zu dem Ergebnis, dass die Go 244 ein am Boden und in der Luft leicht zu handhabendes Flugzeug sei. Start und Landung sind denkbar einfach, und die Flugeigenschaften, von kleinen Fehlern abgesehen, gut. Die Maschine ist angenehmer zu fliegen als die Ju 52. Einmotorenflug mit 1,2 t Zuladung ist allerdings leistungs- und eigenschaftsmäßig für geübte Flugzeugführer gerade noch durchführbar. Einmal ist seitens der Motorleistung eine Grenze erreicht. Gleichzeitig sind die Seitenruder in Folge zu hoher Fußkraft vollständig ausgenutzt. Die Seitenrudertrimmung ist für Einmotorenflug nicht ausreichend. Über 6,8 t Fluggewicht (also auch mit der höchstzulässigen Zuladung von 2,5 t) ist Einmotorenflug nicht mehr möglich.

28.1.1942 E-Stelle Rechlin [15], [9]

Die E-Stelle berichtet über den Erprobungsstand der Go 244 V2 nach 45 Flugstunden. Größere Beanstandungen traten mit 1,3 t Zuladung nicht auf, allerdings brach bei einer normalen Landung die Bugradlagerung aus. Der Anschlusspunkt ist von GWF schon umkonstruiert worden.

1.2.1942 C-Amts-Programm [8]

Die DFS 331 und Go 242 werden nicht mehr erwähnt. Die Maschine 2420000018 heißt jetzt Go 244 und wird in Gotha mit Holzluftschrauben erprobt.

7.2.1942 E-Stelle Rechlin [4]

In einem Erprobungsbericht der E-Stelle Rechlin wird festgestellt, dass die zweiflügelige Heine-Festschraube die Me 323 durch Unwucht zu unzulässig großen Schwingungen anregt, so dass die Schraube nicht serienmäßig eingesetzt werden kann. Der Einsatz ist eventuell nach Änderung der Motoraufhängung möglich.

10.2.1942 E-Stelle Rechlin [15]
Die erste 100-Stunden-Dauererprobung der Go 244 wird ohne wesentliche Beanstandung an Triebwerk und Zelle abgeschlossen. Der einzige wesentliche Beanstandungspunkt resultiert aus den schlechten Rolleigenschaften, was aber schon zu Änderungsmaßnahmen in Gotha geführt hat. Die Maschine ist bis zu einem Fluggewicht von 6,8 t einsatzfähig.

10.2.1942 GL/-B2 Flugzeug-Programm [8]
Im Entwurf 1009 ist vorgesehen, die Go 244 A-1 mit zwei Gnôme et Rhône 14N mit durchschnittlich 15 Stück pro Monat bis Mai 1943 zu bauen. Parallel dazu soll die Variante Go 244 A-2 mit zwei M 25 gebaut werden, so dass bis Mai 1943 ca. 35 Maschinen pro Monat entstehen. Ab Juni sollen nur noch je 20 Go 244 A-2 gebaut werden, wobei ab 12.1943 die Motorenlage ungeklärt ist. Bezüglich der Me 323 ist die Motorenlage z.Zt. ungeklärt. Nach einer Anfangslieferung von ca. 100 Stück in den Monaten Oktober/November 1942 soll die Produktion mit zehn pro Monat weiterlaufen.

Es gibt zu dieser Zeit noch andere Planungen, die aber ähnlich Größenordnungen der vorgesehenen Produktionsmengen aufweisen. Die Lieferlage des russischen Motors M 25 wird sich aber als so unsicher herausstellen, dass man von der Variante absieht. Mir ist bisher keine Unterlage bekannt, die den in der Literatur behaupteten Versuchseinbau des M 25 in einer Go 244 bestätigt.

27.2.1942 Messerschmitt AG Augsburg
In einem Lagebericht wird vermerkt, dass die Me 323 V1 und V 11 1941 fertig gestellt wurden. Zwischenzeitlich sind zusätzlich fünf viermotorige Flugzeuge und drei sechsmotorige Maschinen flugklar. Die restlichen drei sechsmotorigen Exemplare sollen bis April flugklar sein. Die Me 323 mit Ju 88-Triebwerken wird wegen verspäteter Lieferung der Motoren erst im April flugklar, und die Arbeiten am V-Muster mit Alfa Romeo-Triebwerken sind wegen erheblicher Verzögerung der Motoranlieferung und der fraglichen Lieferung der Serientriebwerke abgebrochen.

Bezüglich der Serienfertigung ist nur die Triebwerksausrüstung von 54 Flugzeugen mit Bloch-Triebwerken

geklärt. Für die weiteren 65 mit Leo-Triebwerken geplanten Maschinen ist unklar, welche Propeller eingebaut werden sollen, und ob ausreichende Kühlung erreicht werden kann. Flugversuche sind durch den Einbau eines Leo-Triebwerks in die V11 vorbereitet.

11.3.1942 Messerschmitt AG Obertraubling [4]
Laut einer Aktennotiz der Mtt-AG wurden von der E-Stelle Rechlin Schüttelversuche an der Me 323 V4 mit Bloch-Motoren mit Heine-Festschrauben durchgeführt.

16.3.1942 Messerschmitt AG Augsburg
Zum Fertigungsstand wird berichtet, dass sich die Me 321 mit sechs Flugzeugen im Lieferrückstand befindet. Die Flugzeuge sind flugklar. Gegenüber dem 27.2. ist ein weiteres sechsmotoriges Me 323 V-Flugzeug fertig geworden, und die beiden restlichen sollen Anfang April flugklar sein. Die V-Flugzeuge mit Alfa Romeo- und Ju 88-Triebwerken haben sich wegen verspäteter Motorenlieferung verzögert und werden im April flugklar erwartet. Für die 65 mit Leo-Triebwerken auszurüstenden Me 323 bestehen noch Kühlungsschwierigkeiten.

Die frühe Zeichnung zeigt die Leo 451-Triebwerke mit kleinem Kühllufteintritt und entsprechenden Kühlungsproblemen. (Messerschmitt)

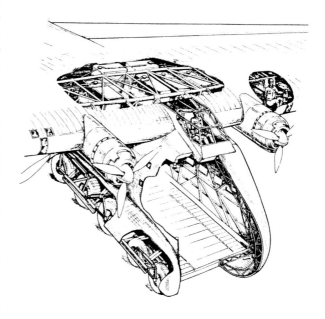

Dies könnte eine der genannten Attrappen gewesen sein. (Messerschmitt)

Das Achsfahrwerk der Go 244 B-1 ließ nur eine Nutzlast von 1,2 t zu. (Deutsches Museum)

21.3.42 Besprechungsnotiz Nr. 58/42 g.Kdos., Rominten [8]

Feldmarschall Milch: »Der Lastensegler 321 (Gigant) von Messerschmitt ist ein Betrug. Feldmarschall Milch hat eine eingehende Untersuchung durch Oberstleutnant Dinort angesetzt. Beim Einfliegen sind bereits 36 Leute ums Leben gekommen. Die Maschine ist schlecht gebaut, die Trimmung ist unmöglich, Steuerdrücke sind zu hoch. Messerschmitt hat sogar einen Film zum Geburtstag des Führers mit Attrappen gedreht. Direktor Tank, Focke-Wulf, hat den Auftrag, einen Lastensegler zu entwickeln, der den neuen 32 t-Tank trägt.«

Reichsmarschall Göring: »Was haben die Lastensegler bisher im Einsatz geleistet?«

Generaloberst Jeschonnek: Vier Einsätze, zwei bei der Flotte vier und zwei bei Ösel. Der Aufwand, wie ihn Feldmarschall Milch schildert, steht jedoch in keinem Verhältnis zum Ergebnis. Das Schleppen mit drei Flugzeugen bedeutet eine zu große Schwierigkeit, 50–80% aller Starts gehen schief.«

Reichsmarschall Göring: »Entschluss?«

Feldmarschall Milch: »Untersuchung durch Oberstlt. Dinort abwarten, dann entscheiden.«

14.4.1942 Amtschefbesprechung bei St/GL [7]

Die Me 321 wird verschrottet. Der Reichsmarschall hat die Verschrottung genehmigt. Zwei bis drei Flugzeuge sollen erhalten bleiben und für die Erprobung Schlepp durch He 111 Z hergerichtet werden.

15.4.1942 E-Stelle Rechlin [15], [9]

Die Musterprüfung der Go 244 ist bis auf die FT-Anlage durchgeführt. Auch die Erprobung ist zu 80% abgeschlossen. Start-, Reichweitenmessungen und Bahnneigungsflüge sind erledigt. Die Ergebnisse stimmen mit den Firmenangaben überein. Zu ändern sind neben kleineren Beanstandungen noch die Einmotorenflugeigenschaften und die Tankschaltung. Die neue Tankschaltung soll auch erlauben, aus im Rumpf aufgestellten Fässern in der Luft nachzutanken. Das Fahrwerk wird nur bis zu einem Fluggewicht von 6,8 t freigegeben. Bei höherem Fluggewicht treten sofort Beanstandungen auf. Unter anderem treten bei fast allen Flugzeugen bei den Bugradgabeln an den Bolzenaugen erhebliche Risse auf. Der Termin, zu dem das neue Dreibeinfahrwerk in die Serie einlaufen kann, steht wegen der sehr späten Liefertermine der Zubehörfirmen noch nicht fest. Die E-Stelle fordert Nachrüstbarkeit des neuen Fahrwerks für alle bis zum Serienanlauf ausgelieferten Flugzeuge.

Die Truppeneinweisung (K.G.z.b.V. 106) auf die Go 244 durch die E-Stelle Rechlin in Hagenow läuft z.Zt.

K.G.z.b.V. heißt »Kampfgruppe zur besonderen Verwendung«. Es sind auch die Schreibweisen KG.z.b.V. und KGzbV aufgetreten.

Die schlechten Einmotorenflugeigenschaften führen zu Modifikationen an den Seitenrudern. Mit den alten Wölbungsrudern mit kleiner Hilfsklappe kann keine ausreichende Trimmfähigkeit erzielt werden (vgl. 12.1.1944). Darum werden von der GWF innenausgeglichene Seiten-

Nur solange beide Motoren laufen, sind die Flugeigenschaften in Ordnung. (Deutsches Museum)

ruder mit erheblich vergrößerten Trimmklappen entwickelt. Für die Go 244 kommen sie zu spät, werden aber in die Baureihe Go 242 B-5 eingeplant. Die Fahrwerksbeanstandungen führen vom Fahrwerk mit durchgehender Achse zum Auslegerfahrwerk, das aber auch nur für die Go 242 B-2 zum Einsatz kommt.

15.4.1942 Hagenow [27]
Die K.G.z.b.V. 106 erhält den Befehl, nach Hagenow zurückzuverlegen, ihre Ju 52 abzugeben, und auf der Go 244 zu schulen.

21.4.1942 Amtschefbesprechung bei St/GL [7]
Im Zusammenhang mit der Absetzung der Me 210 wird entschieden, dass freiwerdenden Arbeitskräfte für die Me 110 und Go 244 einzusetzen sind.

Stabsing. Volpert berichtet über die Fertigung Go 244. GL/C-B wird beauftragt, die Erfüllung der Fertigungsprogramme durchzusetzen. Die von der Firma vorgebrachten Entschuldigungen können nicht anerkannt werden. Für die nächsten zwei Jahre soll die Fertigung mit 60 Flugzeugen pro Monat weitergeführt werden. Fü Stab I T wird gebeten, zu klären, ob künftig auf die Go 242 zugunsten der Go 244 gänzlich verzichtet werden kann. Ab 1. Juni 42 sollen Ju 87 und Go 244 aus der Sonderdringlichkeitsstufe herausgenommen werden.

5.5.1942 Amtschefbesprechung bei St/GL [7]
Oberst Vorwald schlägt vor, dass die Firma Gotha (Direktor Berthold) von der Verantwortung für die Go 244 entlastet wird, damit die Firma sich ausschließlich auf die Fertigung der Me 110 konzentrieren kann. Die Verantwortung für Go 244 soll Direktor Tiedemann übertragen werden. Der Generalfeldmarschall (Milch) billigt den Vorschlag, Ju 52 und Go 244 mit Raumheizung zu versehen. Der technische Aufwand muss vertretbar sein.

15.5.1942 E-Stelle Rechlin [15], [9]
Die E-Stelle fasst die bisherigen Versuchsergebnisse zum Einmotorenflug der Go 242 zusammen. Der Einmotorenflug ist wegen der hohen Fußkräfte nicht gedeckt. Die an der Werknummer 39 erprobte Federentlastung im Seitenruder war in der Wirkung völlig unzureichend. GWF ist weiterhin bemüht, durch Änderung von Luftkraftausgleichen am Seitenruder den kräftemäßig nicht beherrschbaren Einmotorenflug sicherzustellen. Zusätzlich ist leitungsmäßig der Horizontalflug mit einem höheren Fluggewicht als ca. 6,3 t auch bei 30′ Leistung (650 PS Kampfleistung für maximal 30 Minuten) nicht gedeckt. Um Trimmballast zu ersparen lässt die E-Stelle das Fliegen mit vorderster Schwerpunktlage (Leergewicht, zwei Mann Besatzung, Tanks leergeflogen) noch zu.

19.5.1942 Amtschefbesprechung bei St/GL [7]
Unter der Voraussetzung, dass der Betriebsführer von Gotha von der Verantwortung für die Fertigung der Go 244 entlastet wird, bietet der Ringführer für das Werk eine monatliche Ausbringung von 75 Flugzeugen Me 110 an. Die Übernahme der Betreuung der Go 244 musste von Direktor Tiedemann wegen Arbeitsüberlastung abgelehnt werden.

GL/C-B wird beauftragt, festzustellen, wie viele Go

Die Erprobung in Dorpat durch die Erprobungsstelle Rechlin erfolgte mit der TE+DU. (Erprobungsstelle Rechlin)

242 aufgrund der Reduzierung der Go 244 geliefert werden können und Genst. Gen Qu 6 (Generalstab General Quartiermeister) Mitteilung zu geben.

Das von Direktor Croneiß vorgelegte Programm für die Me 323 sieht einen Anlauf im Juli 1942 mit fünf Flugzeugen und einer Steigerung auf 30 Flugzeuge pro Monat im Februar 1943 vor. Der planmäßige Anlauf für Juli hat zur Voraussetzung, dass die noch laufende 100-Stundenerprobung positiv verläuft. Es wird betont, dass eine Steigerung über das vorgelegte Programm hinaus nicht möglich ist.

Generaling. Hertel berichtet über Steigerungsmöglichkeiten der Ju 87 bei der Firma Weser. Dies erscheint unter gewissen Voraussetzungen möglich. Allerdings müsste die Ju 87 1943 auf kosten der Triebwerke für die Me 323 bevorzugt werden.

Hier ist von der Me 323 D-3 und D-5 mit Jumo 211 J die Rede.

20.5.1942 Erprobungsstelle Rechlin
Die E-Stelle Rechlin berichtet im Erprobungsbericht Nr. 1787 über die Erprobung des Lastenseglers Go 242 mit Schneekufen. Die Erprobung fand im Winter 1941/42 in Dorpat hinter einer He 111 H-6 (ebenfalls auf Schneekufen) statt. Die maximale Zuladung der Go 242 betrug 2500 kg. Die E-Stelle hat gegen den Einsatz des LS Go 242 mit Schneekufen keine Bedenken.

21.5.1942 Messerschmitt AG Obertraubling [4]
In einer Besprechungsniederschrift wird erwähnt, dass die Serie der Me 323 im Juli mit fünf Maschinen beginnt.

26.5.1942 Amtschefbesprechung bei St/GL [7]
Obersting. Platz übernimmt die Ringführerbetreuung für Go 244.

29.5.1942 Heinkel [9]
Nach einem Reisebericht war die He 111 Z V1 von Mitte Mai bis zum 27.5. zu Schleppversuchen in Leipheim und Obertraubling. Bei einer Zuladung der Me 321 von 16 bis 17 t hatte das Gespann noch eine Steigleistung von 1 m/sec, bei 20 t Zuladung nur noch 0,8 m/sec. Für einen Einsatz der He 111 Z V1 und V2 müssen vor Abgabe an die Truppe mit größter Dringlichkeit noch ein paar kleine Verbesserungen durchgeführt werden, da beide Flugzeuge in Kürze für einen Einsatz bereit stehen müssen.

1.6.1942 Besprechung GL/Genst. [7]
Der Exportantrag (Rumänien) auf Go 242 kann frühestens im August beantwortet werden; inzwischen können gegebenenfalls DFS 230 geliefert werden.

Stellungnahme Bremsschirme Go 242 dringend erforderlich.

Für die Muster Go 244 und Me 323 ist Fu G X P als Funkausrüstung vorgesehen. Da die Flugzeuge nur bedingt blindflugfähig sind, erscheint die Forderung zu weitgehend.

MG 15 für Bewaffnung Go 244 und Me 323 sind ausreichend vorhanden; Einbauuntersuchung läuft.

1.6.1942 GL/A-Rü [8, RL3/66]
Im RLM wird für den Generalluftzeugmeister eine Übersicht aller in Deutschland und im Ausland eingesetzten

Flugzeuge erstellt. Darin sind aufgeführt:

DFS 230 A-2	Lastensegler, Besatzung 1 + 6, Geschütz- oder Munitionsflugzeug
Go 242	Lastensegler, Besatzung 3, Nutzlast 3,3 t oder 33 Mann
Me 321	Lastensegler, Besatzung 2, Nutzlast 22 t oder max. 175 Mann
Go 244	Besatzung 2, 2 x Gnôme Rhône 14 M, Nutzlast 1 t oder 26 Mann
Me 321 D 1-2	Bes. 5; 6 x Gnôme Rhône 14 N, Nutzlast 12 t oder max. 175 Mann
Me 323	6 x Jumo 211 J, Nutzlast 19,5 t *(Bezeichnung fehlt, war Me 323 D-3)*
Me 323	6 x Alfa Romeo, Nutzlast 20 t *(Bezeichnung fehlt, vermutlich D-4)*
Me 323 D 5	Schleppflugzeug (neben He 111 H 5-6 und He 111 Z) für Me 321

Zu diesem Zeitpunkt ist offensichtlich die Bezeichnung Me 323 D-6 noch nicht vergeben. Die Schreibweise der Baureihen entspricht dem Original.

Die DFS 230 A-2 wird als Geschützflugzeug für einen Flugzeugführer und sechs Mann Besatzung sowie ein Geschütz mit 646 kg Gewicht bezeichnet. Die Lieferzahlen werden für 1942 mit 25 bis 30 pro Monat angegeben. 1943 ist keine Produktion mehr vorgesehen. Von der Go 242 werden demnach 1942 90 bis 100 pro Monat gefertigt, und 1943 ist ebenfalls keine Ausbringung geplant. Die Produktion der Go 244 lief im Januar 1942 mit 18 an, bis Juni auf 35 pro Monat hoch, und soll 1942 auf dem Niveau bleiben. Bis Mitte 1943 ist ein Absinken der Produktion auf 20 pro Monat geplant.

3.6.1942 Messerschmitt AG Obertraubling [4]

Da der Dreierschlepp große Schwierigkeiten macht, und andere Schleppmöglichkeiten (He 111 Zwilling oder Me 323 oder Ju 90) nur in sehr beschränktem Umfang zur Verfügung stehen, ist die Einsatzmöglichkeit der Me 321 beeinträchtigt. Daher macht die Messerschmitt AG den Vorschlag, die Me 321 mit Strahlrohren auszurüsten. Es sollen zwölf Argusrohre mit je 300 kg Schub, oder 24 mit je 150 kg Schub unterhalb des Mittelflügels am Gittermast angehängt werden. Zur Erreichung einer vernünftigen Startstrecke ist der Einsatz von R-Geräten oder Schleppflugzeugen nötig. Man erwartet eine Reichweite von 300 km bei einer Nutzlast von 14 t.

4.6.1942 Heinkel [9]

Der Heinkel-Mitarbeiter Beu berichtet E. Heinkel, dass sich die He 111 Z V1 z.Zt. wieder in Leipheim befinde, und nach Änderungen am Schleppgeschirr erprobt werde. Nach Rückkehr aus Leipheim soll noch eine Änderung an der Gerätetafel durchgeführt werden, und die Maschine danach zum Einsatz kommen. Die He 111 Z V2 wird ebenfalls in wenigen Tagen fertig sein.

9.6.1942 Amtschefbesprechung bei St/GL [7]

Die Heizung der Go 244 macht Schwierigkeiten wegen der Isolierung, da der Rumpf nur stoffbekleidet ist. Das Einziehen einer zweiten Wand soll, wenn irgend möglich, wegen des erforderlichen Aufwands vermieden werden. Es werden Versuche gemacht mit dem gleichen Heizgerät (nach Art eines Heißluftbläsers), das für die Ju 52 vorgesehen ist.

Für die Go 244 war ein neues Programm in Aussicht

Eine als Nachfolger der DFS 230 konzipierte Go 242 A-1 ist startklar. (Obermaier)

Trotz fehlender Nutzlastkapazität läuft die Produktion der Go 244 B-1 an. (Deutsches Museum)

Die R I 202 b der Firma Walter ist zwar funktionssicher, wird aber von der Versuchsstelle nicht empfohlen, da sie zwar die Rollstrecke verkürzt, aber die Steigleistung des Gespanns bis zur Abwurfhöhe der Raketen behindert. (Erprobungsstelle Rechlin)

4 x R I 502 von Rheinmetall am Heckgerüst vor dem Standversuch. Diese Lösung wird von der Versuchsstelle bevorzugt, vorausgesetzt, die Funktionssicherheit wird deutlich besser. (Erprobungsstelle Rechlin)

genommen. Der Generalfeldmarschall fordert, dass die Firma nicht aus dem Programm 21 ü entlassen und zur Aufstellung eines Aufholprogramms aufgefordert wird. Bei Klemm ist die Fertigung der Kl 35 zugunsten der Fertigung Go 244 mit Einverständnis des Generalstabs zurückgestellt worden.

12.6.1942 Amtschefbesprechung bei St/GL [7]
Gefordert werden 250 Bremsschirme für Go 244. Die Entwicklung liegt bei Prof. Madelung und ist noch nicht abgeschlossen. Das Material ist von der Beschaffung bereitgestellt.

12.6.1942 Versuchsstelle Peenemünde-West [9]
Im Bericht 1770/42 befasst sich die Versuchsstelle mit der Funktionserprobung der beiden in die Go 242, W.Nr. 24, eingebauten Starthilfenanlagen R I 202 b Waltergeräte und Rheinmetall-Pulverraketen R I 502 (vgl. auch Go 242: Kurzstartraketen).

19.6.1942 Amtschefbesprechung bei St/GL [7]
Die Go 242 wird mit 20 Stück vom Generalstab für das XI. Korps gefordert. Der Generalfeldmarschall bezweifelt, dass der Bau der Go 242 bis 1945 vorgesehen werden muss.

Oberstleutnant Petersen meldet, dass die Erprobung ergeben hat, dass der von Prof. Georgii entwickelte Starrschlepp besser ist, als der bisher verwendete Seilschlepp. Es wird vorgeschlagen, die Verbände für DFS 230 und Go 242 auf Starrschlepp umzustellen.

Die Go 244 hat sich in der Erprobung bewährt, und wird für den Fronteinsatz freigegeben. Eine Verstärkung des Fahrwerks und eine Vergrößerung der Kühler ist notwendig. Ein Mangel ist die geringe Reichweite von nur 400 km.

Oberstlt. Petersen meldet, dass die Me 323 fliegerisch im Höhen- und Querruder noch nicht in Ordnung ist. Die Fa. Messerschmitt bearbeitet die Behebung der bei der Erprobung festgestellten Mängel nicht mit dem genügenden Nachdruck. Oberst Vorwald teilt mit, dass Croneiß (Direktor bei Messerschmitt) um Abgabe der Me 323 gebeten habe. Der Generalfeldmarschall (Milch) entscheidet auf Vorschlag von Petersen und mit Zustimmung von Vorwald, dass die Frage geprüft und mit den betroffenen Firmen besprochen wird, die Me 323 mit dem Flugplatz und den Anlagen in Leipheim und der gesamten Belegschaft von der Fa. Messerschmitt an die Fa. Blohm & Voss abzugeben. Stabsing. Friebel meldet, dass die Me 321 mit dem Sturmgeschütz des Heeres einen halbstündigen Flug gemacht hat. Als Schleppflugzeug war die He 111 Zwilling eingesetzt.

Für die Entwicklung und Serie Me 321 und Me 323 sind bisher sehr hohe Kosten entstanden. Zu einem rich-

Im Juni 1942 wird die Go 244 B-1 für die Verwendung in der Luftwaffe freigegeben. (Deutsches Museum)

Die Reisefluggeschwindigkeit der Go 244 B-1 liegt in Bodennähe bei ca. 200 km/h. (Deutsches Museum)

tigen Einsatz ist das Flugzeug bisher noch nicht gekommen. Der Generalfeldmarschall bittet, die Kosten unter Berücksichtigung aller Umkonstruktionen, Verschrottung und Personalverluste aufzustellen. Außerdem erzwingt die Festlegung eines außerordentlich hohen Anteils des Stahlverbrauchs eine baldige Entscheidung über die Brauchbarkeit der Me 323.

22.6.1942 Hagenow [27]

Die K.G.z.b.V. 106 erhält den Befehl, mit ihren Go 244 nach Kiriwograd zu verlegen. Sie hat im April die ersten 13 Maschinen übernommen, und Ende Juni 37 Maschinen im Bestand. Der Bestand wird in den folgenden Monaten zwischen 32 und 37 Maschinen schwanken.

23.6.1942 E-Stelle Rechlin [15]

Bei der Erprobung des Bremsschirms für die Go 242 in Lärz findet ein Soldat in Folge einer Bruchlandung den Tod.

23.6.1942 Heinkel [9]

Der Vertreter des Berliner Heinkel Büros, Meschkat, fragt im Auftrag des RLM/LC 2 an, wann die in Auftrag gegebenen weiteren zehn He 111 Z geliefert werden. An diesen Maschinen besteht großes Interesse, nachdem in Leipheim der Schleppversuch mit der 321 mit 20 t Nutzlast erfolgreich durchgeführt worden ist. Es existieren noch 100 Stück Me 321, für die man schnellstens die ersten zehn He 111 Z benötigt. Heinkel antwortet, dass im August und September je eine, im Oktober zwei und im November und Dezember 1942 je drei ausgeliefert werden sollen.

Mit der He 111 Z als Schleppflugzeug konnte die Me 321 auch große Lasten relativ zuverlässig schleppen. Beim Panzer IV in der W7+SC könnte es sich aber um eine Verladeübung handeln. (Deutsches Museum)

Go 244 B-1 der K.G.z.b.V. 106 in Russland. Der Antennenmast zeigt, dass ein Funkgerät nachgerüstet wurde. (Petrick)

Auf dem Boden und bei Überlast brach häufig das Bugrad. (Petrick)

Um die Flügeloberfläche zu schützen, sind zwischen Rohr und Flügel Abschirmbleche eingebaut. Bei der DFS 230 B-2 handelt es sich um ein von der DFS mehrfach benutztes Forschungsflugzeug. (Aders)

24.6.1942 E-Stelle Rechlin [9]

Die E-Stelle nimmt Stellung zu vier Erfahrungsberichten (vom 15.4. bis 20.6.1942) der K.G.z.b.V. 106 über das Flugzeug Go 244.

Aus den Angaben geht unter Anderem hervor:
- Die Go 244 soll mit 4 x MG 15 bzw. 4 x MG 34 bewaffnet werden.
- Die zunächst ausgelieferten Go 244 werden von der KG 106 derart nachgerüstet, dass von Hand aus mitgeführten Behältern in die Flügeltanks umgepumpt werden kann. Firma Gotha baut bis zur endgültigen Ausführung mit elektrischer Umpumpanlage die behelfsmäßige Nachtankanlage in neue Flugzeuge ein.
- Wegen starker Ölschaumbildung kann das Flugzeug z.Zt. nur bis zu zweieinhalb Stunden Flugzeit (bei 1,2 t Zuladung) zugelassen werden.
- Die von der KG gewünschte Abwurföffnung ist zurzeit nicht möglich. Eine Luke im Boden ist ohne sehr große konstruktive Änderungen nicht möglich, Abwurf durch die Tür gefährdet das Fahrwerk. Es ist jedoch ein Rumpfheck mit Absprungluken, die auch zum Abwurf benutzt werden können, in Arbeit. Sperrige Lasten können in keinem Fall abgeworfen werden. Rechlin will Flug ohne Rumpfheck untersuchen.
- Die Bugradverstärkung wird ab 26. Maschine in endgültiger Form durchgeführt.

29.6.1942 Amtschefbesprechung bei St/GL [7]

Der Anlauf der Me 323 ist noch nicht zu übersehen. Messwerte liegen noch nicht vor.

1.7.1942 Lieferprogramm 222 [8]

Von der DFS 230 B-2 sind 963 Exemplare ausgeliefert, eine Produktion erfolgt z.Zt. nicht. Bis zu diesem Zeitpunkt sind 770 Go 242 ausgeliefert, 641 sind noch bestellt. Die Go 244 ist 99-mal geliefert und weitere 351 sind für die Zeit bis Mai 1943 bestellt. Von der Me 321 sind 200 geliefert, und es sollen keine mehr folgen. Eine Auslieferung der Me 323 mit GR 14 M ist noch nicht erfolgt, und der Auftragsbestand beläuft sich auf 143 Stück, die bis September 1943 geliefert werden sollen.

Die hier geplanten Zahlen von 1411 Go 242 und 450 Go 244 sind zu diesem Zeitpunkt noch nicht endgültig, sondern dienen der Planung der Materialbeschaffung für einen überschaubaren Zeitraum. Bei Bedarf können die Aufträge durch das RLM erweitert werden.

3.7.1942 Messerschmitt

Der Versuchspilot Bauer von Messerschmitt berichtet über zwei Flüge in der mit Argus-Rohren ausgestatteten DFS 230 in Ainring. Die Maschine hatte zwei mit Leichtmetallblechen zum Flügel abgeschirmte Argus-Rohre mit 150 kg Schub. Die DFS 230 wurde von einer He 45 auf 600 m geschleppt. Dort wurden bei 180 km/h die Rohre gezündet. Die Lautstärke entsprach der Me 110, aller-

Die Me 323 V 14 hatte vier Ju 88-Triebwerke. (Peter)

dings wurde die Zelle hart erschüttert. Nach fünf Minuten Betrieb glühten die Rohre rot. Statt der Sollleistung von 150 kg Schub lieferten die Rohre 90 kg, mit denen sich die Maschine bei 110 km/h gerade horizontal fliegen ließ.

7.7.1942 Amtschefbesprechung bei St/GL [7]
Kdr. E.St. schlägt vor, die Me 321 mit einer Begrenzung bis 11 t Nutzlast zum Einsatz freizugeben. Der Generalstab ist entsprechend zu unterrichten.

11.7.1942 Messerschmitt AG Augsburg [4]
In einer Besprechung zwischen Herrn Friebel und anderen von RLM und Prof. Messerschmitt, den Herren Croneiß, Fröhlich und anderen der Messerschmitt AG wird besprochen, dass das RLM Wert darauf legt, dass die Me 323 D-1 und D-2 wenn irgend möglich mit einer Einzellast von 20 t fliegen können sollen. Dies könne auch mit einer vorgespannten He 111 H 6 erzielt werden. Messerschmitt sagt den Einbau einer vorderen Schleppkupplung in die Me 323 V 12 bis zum 25.7.1942 zu. Die He 111 soll für die Erprobung von der E-Stelle Rechlin beschafft werden. Da die V 12 zurzeit beschädigt ist, wird der Versuch auf Ende August verschoben. H. Friebel will die Me 323 V 14 mit Jumo 211 J zu Sichtbeurteilung nachfliegen.

Ab Baureihe D-3 mit Jumo 211 J will Messerschmitt verstellbare Seitensteuerpedale verbauen. Die E-Stelle

Rechlin hat die Reichweite der Me 323 erprobt, und gefunden, dass die Angaben der Messerschmitt AG übertroffen werden. Die Me 323 erreicht in Bodennähe 755 km, in 2000 m Höhe ca. 850 km und in 4000 m Höhe ca. 950 km. Unter diesen Umständen wird für die Baureihen D-1 und D-2 auf den Einbau einer vergrößerten Reichweite (2 x 500 Liter-Behälter) verzichtet.

11.7.1942 E-Stelle Rechlin [9]
Da die Eigenschaften des von der Go 242 übernommenen Fahrwerks mit starrer Achse außerordentlich schlecht waren, wurde von der GWF ein neues Auslegerfahrwerk konstruiert und bei der E-Stelle Rechlin erprobt. Der Erprobungsträger BD+XM war ausgerüstet mit je einem Rad 1100 x 375 am Hauptfahrwerk und einem Spornrad 685 x 250 am Bugfahrwerk. Die bisherige Erprobung des Auslegerfahrwerks der Go 244 brachte keine befriedigenden Ergebnisse. Der Gesamteindruck des Hauptfahrwerks ergab verbesserte, aber noch nicht befriedigende Federungseigenschaften. Die Bremswirkung wurde als zu gering beanstandet.

Am Bugrad traten Brüche des Reifens, der Radgabel und der Federstrebe auf. Abhilfe erfolgt durch Verwendung eines größeren Rades (950 x 350).

Das Foto ist nicht zugeordnet, gehört aber vermutlich zu dem Bericht. (Erprobungsstelle Rechlin)

Der neue Schwenkarm mit Reibungsdämpfer, hier noch mit einem versuchsmäßigen Gitterfachwerk an der He 111 befestigt. Oberhalb der Reibkugel verläuft das Seil zum Öffnen der Kupplung. (DFS)

Starrschleppverbindung von He 111 und Go 242. (DFS)

18.7.1942 E-Stelle Rechlin

Die Abteilung E4-I erstellt einen Bericht »Flüchtiger Magnetismus in Flugzeugen induziert von der Vertikalintensität des Erdfeldes«. Darin wird die Go 242, W.Nr. 0024, TD+IN erwähnt.

21.7.1942 Amtschefbesprechung bei St/GL [7]

Die Entwicklung und der Bau von 200 Zellen Me 321 hat einen Kostenaufwand von 44,5 Millionen RM erfordert. Für die Me 323 ist für Entwicklung und Umbau auf vier bzw. sechs Motoren pro Flugzeug ein Betrag von 827.000,- RM aufgewendet worden. Der Großsegler von Junkers hat einen Aufwand von 32,5 Millionen RM erfordert. Dieser unerhörte Aufwand hat zu einem Ergebnis geführt, das in keiner Weise befriedigt, und zeigt, dass bei der Verfolgung neuer Ideen mit äußerster Vorsicht verfahren werden muss, wenn Fehlleitungen von Material und Arbeit in großen Ausmaß vermieden werden sollen.

1942/43 DFS Ainring [9]

Das ursprüngliche Starrschleppgestell war zu schwer, woran die Einführung bei der Luftwaffe letztlich gescheitert ist. Die DFS hat in der Zwischenzeit einen neuen Ausleger entwickelt, der nicht nur vertikal, sondern in begrenztem Bereich nach allen Seiten Schwenkbar ist.

24.7.1942 Institut für Flugversuche der Deutschen Forschungsanstalt für Segelflug. Ernst Udet; Ainring

Stamer berichtet in den Untersuchungen und Mitteilungen Nr.680 über Starrschleppuntersuchungen an He 111 mit DFS 230 und He 111 mit Go 242 bei Verwendung eines Kugelgelenk-Starrschleppträgers. Die Versuche erwiesen auf zahlreichen Versuchsflügen die volle Truppenreife des Verbandes He 111 H 5 und DFS 230 bis 1200 kg Zuladung.

Die Flugversuche mit der He 111 H 5 und der Go 242 mussten abgebrochen werden, da sich die Masse der unbeladenen Go 242 im Verhältnis zur He 111 als zu groß erwies, und der Schwenkarm bis zum Anschlag ausgelenkt wurde. Eine Truppenreife, insbesondere bei beladener Go 242, erschien nicht erzielbar.

24.7.1942 Chef Generalstab [2]

Der Generalstab stellt Forderungen an das Flugzeugbeschaffungsprogramm. Für die Go 244 wird eine Ablösung durch einen neu zu entwickelnden Behelfstransporter, der in seiner Zuladungsfähigkeit (1 Lkw) und Flugstrecke ver-

Die von der DFS oft benutzte CB+ZB im Starrschlepp hinter der He 111 mit der erleichterten Schleppvorrichtung. (DFS)

Start des Starrschleppverbandes He 111 / Go 242. (DFS)

Mit der unbewaffneten Me 323 V12 (DT+DU) wurde unter Anderem die 100 Stunden-Erprobung durchgeführt. (Deutsches Museum)

Hier sind die Motoren 2 und 5 stillgelegt, um Sprit zu sparen. (Dabrowski)

bessert ist, für notwendig gehalten. Aus Versorgungsgründen kann auf das Muster Go 242 nicht verzichtet werden.

Diese Forderung führt vermutlich zu den Gotha-Projekten P-35 und P-39 (vgl.12.8.1942).

28.7.1942 Amtschefbesprechung bei St/GL [7]
Während die Go 244 noch vor kurzem von der Truppe gut beurteilt wurde, liegen neuerdings sehr negative Berichte vor. Hierzu meldet Oberstleutnant Petersen, dass die Truppe erhebliches zusätzliches Gewicht eingebaut hat, und dass der Einsatz ohne Rücksicht auf die beschränkte Leistungsfähigkeit des Flugzeugs erfolgt. GL/C-TT wird beauftragt, durch eine T-GL Aufklärung über die Einsatzmöglichkeiten an die Verbände zu geben. Oberstabsing. Alpers legt ein Aufholprogramm für Go 244 vor. Der Generalfeldmarschall ist der Ansicht, dass die Go 244 spätestens im Jahre 1944 vom Programm abgesetzt und durch etwas Besseres ersetzt werden muss.

29.7.1942 Entwicklungsbesprechung beim GL [7]

Petersen berichtet, dass die Me 323 eine 100 Stunden-Erprobung gemacht hat *(vgl. Me 323 V 12)*. Eigenschaftsmäßig ist das Flugzeug jetzt so in Ordnung, wobei allerdings Blindflug ausgeschlossen ist. Das Fliegen ist auch von mittleren Flugzeugführern ohne weiteres möglich. Problem ist der Weiterlauf der Serie mit welchen Motoren. Es war als Forderung gestellt, das 20 t schwere Sturmgeschütz mitzunehmen. Das ist mit dem Gnôme et Rhône-Triebwerk nicht möglich.

Petersen schlägt vor, das Flugzeug zu belassen, wie es ist (mit Gnôme et Rhône-Triebwerken), mit 11 t Zuladung unter Ausschluss des Sturmgeschützes zuzulassen, und keinerlei Arbeitskapazitäten mehr hineinzustecken. Milch lehnt das ab, und fragt nach der geplanten Stückzahl. Alpers gibt sie mit 300 an, von denen aber noch keines abgeliefert ist. Die 300 könnten bis Sommer 1943 gebaut werden, allerdings sind nur für 180 Stück Motoren vorhanden. Für den Rest war der Jumo 211 vorgesehen, und das macht Schwierigkeiten.

Friebel berichtet, Messerschmitt habe vor kurzem gemeldet, dass die Me 323 im Gerüst um 2 t schwerer geworden ist als geplant, und somit ein Rüstgewicht von 26 t aufweist. Da aus Leistungsgründen das Fluggewicht nicht heraufgesetzt werden kann, ergibt sich eine Zuladung von 11 t. Mit 11 t hat die Me 323 eine Flugstrecke von 700 km, und für den Afrikafall 7 t auf 1500 km bei 200 km/h. Da man vor 1944 bestimmt nichts und danach nur sehr wenig an Transportern haben wird, wird die Me 323 an allen Ecken benötigt werden. Friebel hat für die Me 323, wie auch schon die Erprobungsstelle, das Ju 88-Triebwerk und sechs Motoren vorgeschlagen. Damit hat sie eine Gipfelhöhe von 4000 m. Allerdings müsste die Kabine in der jetzigen Form herausgerückt werden, was umfangreiche Gerüst- und Statikänderungen im Vorderteil des Flugzeuges bedeutet.

Milch will wissen, inwieweit der Flug mit weniger Motoren möglich ist. Nach Friebel fliegt die Me 323, wenn sie einmal in der Luft ist, mit vier Motoren ganz einwandfrei.

Auf Milchs Frage, wann die 180 Maschinen wirklich fertig sein könnten, erhält er die Antwort: Bis etwa Februar 1943. Vogt von Blohm & Voss hält die Stabilitätseigenschaften für nicht in Ordnung, aber wegen der Mitnahmemöglichkeit von 10 t bietet sich das Flugzeug an. Milch sagt von der Me 323, dass sie den Hauptzweck, für den sie überhaupt gebaut und konstruiert wurde, nicht erreichen kann. Ihm sind fünf Ju 52 lieber als die Me 323, da man mit ihr nichts anfangen kann. Er glaubt, dass die

Me 323 nach fünf Wochen Russland fertig sein wird. Sie ist kein dauerhafter Apparat, sondern ein ganz hochgezüchteter, schwieriger, blindfluguntauglicher Vogel. Und da blindfluguntauglich, hält er den Einsatz im Winter in Russland für völlig ausgeschlossen.

11 t über 700 km sind zwar nicht die Leistungen, die man haben wollte, aber für gewisse Zwecke hervorragend. Daher will er dem Reichsmarschall vorschlagen, die 180 Maschinen, für die man die Motoren habe, schnellstmöglich zu bauen, und weitere Entscheidungen erst zu treffen, wenn man etwas weiter ist. Im weitern Verlauf der Besprechung wird noch erwogen, in Italien vorhandene 140 luftgekühlte Alfa Romeo-Doppelsternmotoren zur Ausrüstung weiterer 20 Me 323 zu verwenden. Somit sind maximal 200 Flugzeuge herstellbar, und die sollen in dem Tempo gebaut werden, das gehalten werden kann. Es kommen keinerlei weitere Konstruktionsarbeiten für die Maschine mehr in Frage.

Juli 1942 K.G.z.b.V. 106 [27]

Die Kampfgruppe verliert im Juli 1942 fünf von 37 Go 244 ohne Kampfeinwirkung.

4.8.1942 Amtschefbesprechung bei St/GL [7]

Stabsing. Grube berichtet über den Einsatz der Go 244 bei der Luftflotte 4. Es wurde ein geschlossener z.b.V.-Verband mit Go 244 aufgestellt. Der Einsatz erfolgte entsprechend der Ju 52. Das Flugzeug wurde von der Truppe zusätzlich mit FT-Gerät, Waffen und Zusatzbehältern für Kraftstoff ausgerüstet. Das Fluggewicht ist damit vermutlich auf etwa 8 t gekommen. Zugelassen ist das Flug-

Der Bruch des Bugfahrwerks gehörte noch zu den kleinen Vorkommnissen. (Kössler)

zeug jedoch nur für 6,8 t. Zur Verbesserung des Starts wurden außerdem von der Truppe Änderungen am Leitwerk durchgeführt. In Folge der Überlastung des Flugzeugs und des falschen Einsatzes sind in der Zeit vom 21.6. bis 7.10.42 75 Notlandungen und mehrere schwere Unfälle vorgekommen. Vom Chef Luftflotte 4 wurde deshalb Startverbot ausgesprochen.

Auch über die Go 242 liegen Beanstandungen seitens des OBS vor. In Folge der Sonneneinstrahlung wurden Ableimungen der Rippen festgestellt. In Folge der Böigkeit im Einsatzraum kann ein Schleppen ohne geändertes Doppelsteuer nicht mehr verantwortet werden.

Über die technische Seite bezüglich der Go 244 ist Luftflotte 4 durch ein Fernschreiben des Technischen Amtes unterrichtet worden. Der Generalfeldmarschall bittet, dass die Verbände über den Einsatz klare Befehle vom Führungsstab 1 T erhalten.

Seitens Genst.Gen.Qu.6 besteht der Wunsch, dass möglichst schnell die verstärkte Go 244, von denen bereits 15 fertig sind, der Luftflotte 4 zugeführt werden.

Der Generalfeldmarschall hält die Go 244 auf Grund ihrer geringen Reichweite und beschränkten Einsatzmöglichkeit für eine Fehlkonstruktion. Als Transporter kann das Flugzeug nur bedingt eingesetzt werden. Er macht allen verantwortlichen Dienststellen den Vorwurf, dass das Flugzeug bisher nur positiv beurteilt wurde. Ein Hinweis auf die Schwächen des Flugzeugs ist nicht erfolgt. GL/C-B wird beauftragt, festzustellen, für wie viele Flugzeuge das Material bereits zugeschnitten ist, und die Stückzahl an LF St 1 T mitzuteilen. Der Vorschlag geht dahin, nur noch das weiterzubauen, was bereits zugeschnitten ist, weiteres Zuschneiden sofort zu verbieten und durch Steigerung der Ju 52 den Ausfall zu überbrücken. Anzustreben ist, dass die Ju 52 von zurzeit etwa 40 Flugzeugen auf 70 aufgestockt wird. LF ST 1 T wird hierzu um Stellungnahme gebeten. Über die Steigerungsmöglichkeiten ist von GL/C-B am 11.8.42 vorzutragen.

4.8.1942 Entwicklungsbesprechung beim GL [7]

In der Besprechung wird der Start der Entwicklung der Ju 252/Holz (Ju 352) besprochen. Gotha soll dabei helfen. Zur Go 244 sagt Milch: »Bei der 244 wird der weitere Zuschnitt auf alle Fälle gestoppt. Die angefangenen Maschinen werden zu Ende gebaut, aber alles andere wäre Verschwendung.«

Polte: »Ich glaube gehört zu haben, dass die Fallschirmausbildung mit der Go 244 angelaufen sein soll. Die Leute sollen sich an dieses Muster gewöhnen. Wenn

es aber nachher nicht mehr zur Verfügung steht, wäre die Ausbildung Unsinn.«

Milch: »Haben die nicht genug Ju's?«

Polte: »Man hat die Absicht, die 244 irgendwie bei der Luftflotte einzusetzen, und rechnet damit, dass diese Maschine später mal da ist. Man stellt also die Ausbildung auf die 244 ab. Es müsste also den Leuten gesagt werden, dass sie keine bekommen. Wie gesagt, es ist da etwas im Gange, und was ich sagte, habe ich nur so am Rande gehört.«

Milch: »Das kann mir gleich sein; einstellen müssen wir das auf alle Fälle. Es ist nicht zu verantworten, dass wir die Maschine noch weiter herstellen.« (Folgt Verlesung eines neuerlichen Berichtes über Erfahrungen im Einsatz der 244 nach Aufhebung des Startverbots.)

Vorwald: »Mir ist gestern gemeldet worden, die Beladung hat stattgefunden mit 8,3 statt 6,3 t.«

Milch: »Jedenfalls ist auch aus diesem Bericht wieder zu ersehen, dass irgend etwas Anreizendes nicht vorgelegen haben kann, als man die Maschine im Bau gab. Wenn der Vogel so fliegt, wie er belastungsmäßig fliegen darf, hat er weder eine anständige Reichweite noch eine anständige Nutzlast, muss außerdem auf Funkerei, Bewaffnung usw. verzichten. Geschützte Tanks hat er auch nicht (Zuruf: Nur abwerfbare). Also hören wir auf damit und legen das Schwergewicht auf die Ju 252/Holz.«

Hier beschließt der Generalluftzeugmeister gewissermaßen das Ende des Gotha-Projektes P-39. Die Ju 352 ist künftig als einfach gebauter Transporter vorgesehen.

Bisher war die Go 244 auch zum Absetzen von Fallschirmjägern eingeplant. Da sich hier das Ende der Go 244 abzuzeichnen beginnt, stellt sich die Frage, wie es mit der Fallschirmjägerversion weiter gehen soll. Es wird sich zeigen, dass man das Absetzen von Fallschirmjägern – aus welchem Grund auch immer – aus Lastenseglern für sinnvoll halten wird. Daher werden später die entsprechenden Go 244 B-3 in Lastensegler Go 242 B-3 zurückgerüstet, und behalten ihre spezifische Ausrüstung.

11.8.1942 E-Stelle Rechlin [15], [9]

Die E-Stelle hat die Go 244 (VC+OJ, W.Nr. 00010) mit Holzschrauben (Ausweichlösung, um Aluminium zu sparen) und den beiden Fahrwerkstypen Achs- sowie Auslegerfahrwerk erprobt. Durch die Holzschrauben und das Auslegerfahrwerk sinkt die Reisegeschwindigkeit bei Höchstfluggewicht und Sparflugladedruck in Bodennähe auf 170 km/h. Mit höchstzulässigem Ladedruck für Dau-

Das weit ausladende Hauptfahrwerk (hier das der Go 244 C-2) erzeugt viel zu viel Widerstand. Auch das zerklüftete Bugfahrwerk reduziert die Flugleistungen. (Deutsches Museum)

Vergleich der Go 244 B-2 (hier noch mit breitspurigem Auslegerfahrwerk) mit dem Projekt P-39. (Gothaer Waggonfabrik)

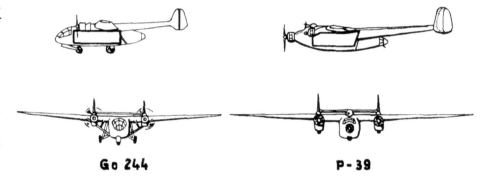

Go 244   P-39

erleistung werden nur 190 km/h erreicht. Selbst in 1000 m Höhe liegt die Höchstgeschwindigkeit bei höchstzulässiger Dauerleistung nur bei 205 km/h. Die Lärmbelästigung liegt dabei an der Grenze des Erträglichen. Erfahrungen aus Russland betonen aber immer das Fliegen in absoluter Bodennähe beim Einsatz im Frontbereich.

12.8.1942 Gotha [2]

Unter diesem Datum erstellt die Gothaer Waggonfabrik eine Entwurfsbeschreibung für ein dreimotoriges Nachfolgerprojekt der Go 244, dem Projekt P-39.

17.8.1942 E-Stelle Rechlin [15], [9]

Das verstärkte Bugfahrwerk und das Auslegerfahrwerk verbessern die Rolleigenschaften und Festigkeit, wiegen aber 140 kg mehr, und senken wegen des höheren Luftwiderstands die Höchstgeschwindigkeit in Bodennä-

he bei Leergewicht und Kampfleistung um 23 km/h, und bei Leergewicht und Sparleistung um 8 km/h auf 175 km/h, d.h. bis fast auf die Geschwindigkeit des vorgeschriebenen Steigens. Der Abfall der Steiggeschwindigkeit mit Volllast (7,8 t) und Kampfleistung von 2,3 m/sec auf 1,25 m/sec wird als untragbar bewertet. Gleichzeitig verschlechtern sich die Flugeigenschaften um Quer- und Hochachse.

In der jetzigen Form ist das neue Fahrwerk aus Leistungsgründen nicht brauchbar. Die Firma ist bereits beauftragt, durch Verkleidung eine Besserung zu schaffen.

17.8.1942 Amtschefbesprechung bei St/GL [7]

Die motorisierten Lastensegler laufen aus. Der Schwerpunkt wird auf die Ju 352 gelegt. Die freiwerdenden Kapazitäten und freiwerdenden Materialien der Go 244 werden für den Anlauf der 352 zur Verfügung gestellt.

20.8.1942 Amtschefbesprechung bei St/GL [7]

Die Go 244 kommt zum Auslaufen. Es wurde bereits veranlasst, dass die Arbeiter für die Go 244 für die Produktionssteigerung der Bf 110 herangezogen werden.

26.8.1942 Amtschefbesprechung bei St/GL [7]

Der Reichsmarschall (Göring) ist einverstanden, die Go 244 mit 450 Stück auslaufen zu lassen. Der Generalfeldmarschall (Milch) erteilt seine Zustimmung, dass die Me 110 auf Kosten der Go 244 bevorzugt wird. Die Hs 129 ist hinsichtlich der Motorenversorgung bei der Festlegung des Programms für Go 244 zu berücksichtigen. Das Auslaufprogramm für Go 244 ist dem Generalfeldmarschall vorzulegen.

27.8.1942 E-Stelle Rechlin [9]

An der Bugradfederung der Go 244 wurden in Rechlin Roll- und Landestoßmessungen durchgeführt. Die Messungen ergaben, dass beim Rollen die Bruchlast der Federstrebe erreicht und überschritten wird. Hiermit finden die zahlreichen Brüche der Bugfederung ihre Erklärung. Nachdem bei der laufenden Erprobung beim 31. Start des Flugzeuges wieder Bruch der Bugfederung aufgetreten ist, wird die bisherige Ausführung von der E-Stelle über ein Fluggewicht von 6,8 t hinaus nicht zugelassen. Das durch Vergrößerung des Bugrades geänderte Fahrwerk wird nach Eingang in Rechlin ebenfalls vermessen.

Die Triebwerksanlage der Go 244 mit Gnôme et Rhône 14 M wurde an den Flugzeugen Go 244 W.Nr. 0000047 (TE+UK) mit Gnôme et Rhône 14 M 7 und 14 M6 und dreiflügeligen Ratier Luftschrauben sowie der Go 244 W.Nr. 0000010 VC+OJ mit Gnôme et Rhône 14 M und vierflügeligen Heine Luftschrauben thermisch vermessen. Die Zylinderkopftemperaturen liegen im Steigflug mit 170 km/h innerhalb der zulässigen Grenzen, im Horizontalflug zu hoch. Die Schmierstoffkühler (aus Potez 63) sind in mitteleuropäischen Gebieten ausreichend bemessen, für tropischen Einsatz zu klein.

1.9.1942 Amtschefbesprechung bei St/GL [7]

Der Auslauf der Go 244 soll so bald wie möglich erfolgen, damit die Industrie von diesem Flugzeug entlastet wird.

14.9.1942 Amtschefbesprechung bei St/GL [7]

Da aufwands- und nachschubmäßig eine Serie von 25 Me 323 mit Alfa Romeo sehr ungünstig ist, wird der Generalstab und Entscheidung gebeten, ob hierauf nicht verzichtet werden kann.

15.9.1942 Amtschefbesprechung bei St/GL [7]

Oberstlt. Pasewald trägt über die Überleitung der Fertigung Me 323 von Messerschmitt auf Zeppelin vor: Zeppelin hat sich bereit erklärt, die Fertigung und Weiterentwicklung der Me 323 zu übernehmen. Erforderlich ist, dass Messerschmitt die Fa. Zeppelin durch Abgabe von Konstrukteuren unterstützt. Zu entscheiden ist, ob die Me 323 für verschiedene andere Triebwerke entwickelt werden soll. In Frage kommen Jumo 211 und Alfa Romeo. Mit Alfa Romeo können etwa 25 Flugzeuge ausgerüstet werden. Angesichts der geringen Zahl der Flugzeuge und der relativ geringen Leistungssteigerung (1 bis 2 t Mehrzuladung) wird der Entwicklungsaufwand für nicht gerechtfertigt gehalten. Von der GL-Verbindungsstelle Paris konnten Messerschmitt weitere 200 Motoren Gnôme et Rhône zur Verfügung gestellt werden.

Vorgeschlagen wird die Weiterentwicklung der Me 323 sechsmotorig mit dem Einheitstriebwerk DB 603. Hierbei ist eine Nutzlast von 30 t zu erwarten. Der Generalfeldmarschall ist mit der Abgabe der Me 323 an Zeppelin einverstanden. Messerschmitt muss soviel Konstrukteure abgeben, wie für die Weiterführung der Arbeiten erforderlich ist.

Die im Programm festgelegte Stückzahl Me 323 ist ausschließlich mit Gnôme et Rhône-Motoren auszurüsten. Unter Zugrundelegung einer rechnerischen Reichweite von 800 km ist die Zulademöglichkeit der Me 323 eingehend zu prüfen und festzulegen. Die Zuladung ist so zu begrenzen, dass eine gute Flug- und Startfähigkeit gewährleistet ist. Die Weiterentwicklung auf 30 t Zuladung mit DB 603 ist der Firma Zeppelin in Auftrag zu geben und mit möglichster Beschleunigung durchzuführen.

20.9.1942 E-Stelle Rechlin [15], [9]

Nach Urteil der E-Stelle ist eine Umrüstung der Go 244 mit Gnôme et Rhône-Motoren auf das verbesserte Fahrwerk aus Leistungsgründen unmöglich. Damit kann auch das Fluggewicht nicht von 6,8 auf 7,8 t (volles Fluggewicht) zugelassen werden. Außer diesem Leistungsabfall sind auch die Eigenschaften durch das Fahrwerk erheblich schlechter geworden. Das Flugzeug ist um die Quer- und Hochachse schwach stabil bis instabil. GWF bekam sofort den Auftrag, die Widerstandsvermehrung um ein fühlbares Maß zu senken. Dazu sollen Knoten und Streben sorgfältig verkleidet, die neuen Bugradträger in Stahlrohrkonstruktion gegen die alten aerodynamisch bedeutend bessere, aber in verstärkter Ausführung, ausgetauscht, und versuchsweise kleinere Räder (935 x 345 statt 1100 x 390

Hauptträder und 840 x 300 statt 950 x 350 Bugrad) erprobt werden. Aber auch nach diesen Verbesserungen ist aus Leistungsgründen eine Umrüstung der Go 244 mit Gnôme et Rhône-Motoren auf das neue Fahrwerk nicht möglich.

Da die Leistungen der Go 244 mit Verstellschrauben bereits schlecht sind, ist es unverständlich, dass nun auch zu Gunsten der Hs 129 die Gnôme et Rhône-Verstellschrauben gegen starre Holzschrauben ersetzt werden sollen. Die mit Holzschrauben zur Auslieferung kommenden Go 244 können erst recht nicht auf das Auslegerfahrwerk umgerüstet werden. Zudem weisen die Holzschrauben mit zunehmender Höhe wegen der Drehzahlsteigerung ein physisch nicht mehr tragbares Geräuschverhalten auf.

Von der Verwendung der russischen Motoren M 25 bzw. M 62 rät die E-Stelle ab. Diese Triebwerke sind für wesentlich schnellere Flugzeuge gedacht, so dass hinsichtlich Kühlung und Luftschraubenwirkungsgrad mit ähnlich schlechten Resultaten zu rechnen ist, wie mit den Gnôme et Rhône 14 M. Außer dem schwierigen Nachschub in Folge der Vielzahl verschiedener Typen sind in Bezug auf Zuverlässigkeit die Rechliner Erfahrungen mit russischen Motoren denkbar schlecht.

Um aus dem Flugzeug einen geeigneten Behelfstransporter mit endgültigem Fahrwerk zu machen, fordert die E-Stelle den Einbau des BMW 132 L oder M, der ca. 170 PS mehr aufweist. *(Beim vorgesehenen BMW 132 Z ist die Steigleistung auch nicht größer als beim Gnôme et Rhône.)* Die große Zahl der Motorausfälle, zum Teil mit tödlichem Ausgang, würde bei der größeren Betriebsreife und -sicherheit und der Erfahrungen gerade der Transporterverbände mit diesen Motormuster auf ein Minimum sinken, ebenso wie die Kerzen- und Filterstörungen sowie die Kühlungsschwierigkeiten nicht mehr vorhanden wären. Triebwerksseitig ist der BMW 132 kaum schwerer als der Gnôme et Rhône. Durch seine um rund 170 PS größere Reiseleistung und seine trotz des größeren Sterndurchmessers aerodynamisch günstigeren Einbau (der feste Spreizkragen fällt weg) ergeben sich derart gesteigerte Reise- und Steiggeschwindigkeiten, dass bei Ausführung mit BMW 132 das endgültige Fahrwerk nachgerüstet, und damit endlich mit vollem Fluggewicht geflogen werden kann. Da der BMW 132 ein Bodenmotor ist, ist auch beim Ausrüsten mit Festschraube kein Leistungsabfall vorhanden, wie beim Gnôme et Rhône mit 4000 m Volldruckhöhe. Durch den etwas größeren Verbrauch sinkt die Reichweite, was aber durch Nachrüsten der vergrößerten Brennstoffbehälter wieder ausgeglichen wird.

Die für den Wintereinsatz zum Umrüsten auf Schneekufen mit Auslegerfahrwerk vorgesehenen Flugzeuge sind aus obigen Gründen nicht vorhanden.

Dieser Rumpf gehört zu einer der ersten Me 323 D-1 aus Leipheim. (Radinger)

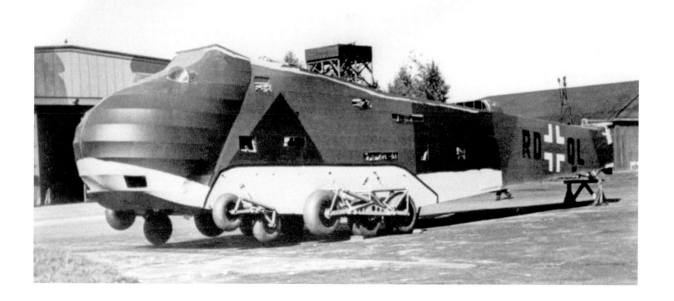

Die Go 242 A-1 war die meistgebaute Variante dieses Lastenseglers. (Obermaier / Petrick)

30.9.1942 Flugzeug-Programm Nr. 22 E [7]

Messerschmitt Leipheim hat bisher 15 Me 323 mit sechs Gnôme et Rhône 14 N ausgeliefert. Obertraubling hat nur eine geliefert, die aber nicht erfasst ist. Von dem Flugzeugmuster ist ein maximaler Ausstoß von 23 pro Monat geplant, und die Planung läuft bis zum Februar 1943. Die Me 323 mit sechs Alfa Romeo-Triebwerken soll 25-mal in der Zeit von April bis September 1943 gebaut werden.

308 Go 244 sind gebaut, und 142 sollen bis August 1943 noch folgen. Die Go 242 wurde bisher 931-mal gebaut, und sie soll bis 1945 mit 20 pro Monat weiter laufen.

1.10.1942 C-Amts-Programm [8]

Von der Go 244 sind bis zum 30.9.1942 308 gebaut worden. Im Oktober ist die Lieferung von 31, und im November von 25 Go 244 geplant. Von Dezember 1942 bis April 1943 sollen je 15 Go 244 entstehen, und die letzten elf der von Göring genehmigten 450 Go 244 sollen im Mai 1943 ausgeliefert werden. Als Ersatz für die Go 244 ist die Ju 252 (Holz) *(entspricht später der Ju 352)* vorgesehen, die im Herbst 1943 an- und bis März 1945 auf 200 pro Monat hochlaufen soll.

Die Go 242 ist bis zum 30.9. 931-mal gebaut worden, und es ist bis in das Jahr 1945 hinein die monatliche Lieferung von 20 Stück geplant.

3.10.1942 Messerschmitt AG [9]

Das Projektbüro erstellt einen Bericht über Windkanalmessungen an einem Modell der Me 323 mit Ju 88-Triebwerken und Waffenkuppeln im mittleren DVL-

Kanal. Da die durch den Einbau der Triebwerke bedingte Sichtverschlechterung eine Änderung der Kabinenanordnung nötig macht, sollte die günstigste Ausführung der Kabine sowie die beste Anordnung der Waffenkuppel durch Versuche am einem Modell im Maßstab 1:26,2 untersucht werden.

12.10.1942 E-Stelle Rechlin [15], [9]
Die Erprobung der Go 244 mit 950 x 350-Bugrad und 1100 x 375-Haupträdern hat auch bei 7,8 t Fluggewicht keine Beanstandungen ergeben. Um den Luftwiderstands- und Gewichtsanstieg in Grenzen zu halten, werden als endgültige Radgrößen für das Bugrad 840 x 300 und für die Haupträder 935 x 345 festgelegt. Ein Versuchsträger mit diesen Radgrößen wird zurzeit bei der Firma vorbereitet. Ein endgültiges Urteil ist bis Mitte Oktober zu erwarten. Die Bremsleistung ist durch die Verwendung des Doppelbremsrades 935 x 345 der Bf 110 F gedeckt.

28.10.1942 Versuchsstelle Peenemünde-West [9]
Im Bericht 2334/42 behandelt die Versuchsstelle der Luftwaffe Raketenstartversuche des Segelflugzeugmusters DFS 230 mit zwei Rheinmetall-Pulverraketen R I 502 (1000 kg Schub über 6 sec). Untersucht werden sollte:
1. die Betriebssicherheit der Rheinmetall-Raketen
2. die Brauchbarkeit des Raketenstarts der DFS 230
3. die notwendigen Änderungen der bereits im Flugzeugmuster serienmäßig eingebauten Starthilfenanlagen

Da die Raketen teilweise unterschiedlich abbrannten, wurde das Flugzeug bis zu 60° aus der Richtung gedreht, was auch mit größtem Kraftaufwand des Piloten nicht verhindert werden konnte. Da bei einem der vier Starts eine Rakete durch- und den Flügel anbrannte, gibt die E-Stelle die Raketen wegen der Unzuverlässigkeit nicht frei.

30.10.1942 Amtschefbesprechung bei St/GL [4]
Für die Weiterentwicklung der Me 323 sollen geklärt werden:
1. Einbau anderer Motoren (4 x DB 603 oder 6 x Jumo 211)
2. Verstärkung auf 60 t-Zelle (für größere Lasten, wie 22 t-Panzer)
3. Vorverlegung des Führerraumes (nötig bei dickeren Triebwerksgondeln)

Der Transport des 22 t-Panzers erscheint unmöglich, gefordert werden aber Rollstrecke nicht über 800 m, Steiggeschwindigkeit nicht unter 3,5 m/sec, Blindflugfähigkeit. Die 25 Flugzeuge mit Alfa-Romeo-Triebwerken sollen gebaut werden, als Ablösung möglicherweise Gnôme et Rhône 14 R. Der Gnôme et Rhône 14 R entspricht ungefähr dem BMW 801 A, und war zu Ende des Frankreichfeldzuges in der Entwicklung abgeschlossen.

31.10.1942 Gothaer Waggonfabrik [8, RL 3/1122]
GWF schreibt an das RLM (Vorwald), dass Arbeitskräftemangel bestehe. Da 11.1942 die Serien Bf 110 G-3 und G-4 anlaufen sollen, und da die vierflügelige Luftschraube für die Go 244 gesperrt ist, schlägt man vor, Leute aus der Go 244-Fertigung in die Bf 110-Fertigung zu verlagern. Daraus resultiert ein Absinken der Go 244-Fertigung.

1.11.1942 C-Amts-Programm [8]
Die Go 244 E-1 (W.Nr 830) mit Mustereinbau 2 BMW 132 Z wird in Gotha erprobt.

Dies ist die erste Nennung einer real existierenden Go 244 mit BMW 132. Anders, als in der Literatur dargestellt, ist der 132 also nicht in der Go 244 V1 eingebaut gewesen, sondern erst viel später als Ersatz für den Gnôme et Rhône. Erstaunlicherweise wird der aus der Ju 52 bekannte BMW 132 Z genannt. Der ist aber, wie der Gnôme et Rhône 14 M, zu schwach, und lässt auch keine befriedigenden Flugleistungen erwarten.

Im Flugzeug-Programm werden bei den Messerschmitt-Prototypen 14 Me 323 V erwähnt, davon einer mit vier Bloch, zwei mit vier Leo, einer mit vier Alfa Romeo und einer mit vier Jumo 211 J Triebwerken. Weiter tauchen drei mit sech Bloch und sechs mit Gnôme et Rhône-Triebwerken auf. *Nähere Angaben sind im Kapitel Me 323 Prototypen.*

1.11.1942 GL/C-Nr 25 574/42 geh. [8, RL 3/2685]
Eine Baureihenzusammenstellung der in der Luftwaffe eingeführten Flugzeuge enthält auch die Go 244 B und Go 244 C. Die Go 244 B hat Gnôme et Rhône-Triebwerke 14 M06/14 M 07 mit Gnôme et Rhône - Verstellschrauben, und die Go 244 C Gnôme et Rhône-Triebwerke 14 M04/14 M 05 mit vierflügeligen Festschrauben.

2.11.1942 Besprechung GL/Genst. [7]
Die Go 244 kann ab sofort gestoppt werden. Die bereits fertigen Flugzeuge können nach Möglichkeit in Segler umgebaut werden.

Die DVL positioniert das Lärmrad über dem Rumpf. Das Bild zeigt eine Einsatzmaschine. (Bundesarchiv Koblenz 10 1I-565-1407-04)

2.11.1942 K.G.z.b.V. 106 [27]

Die K.G.z.b.V. 106 verlegt zurück ins Reichsgebiet, und gibt die verbliebenen 32 Go 244 ab. Sie hat während des fünfmonatigen Einsatzes eine Go 244 durch Feindeinwirkung und zehn ohne Feindeinwirkung verloren.

2.11.1942 DVL Berlin Adlershof [1]

Das Institut für Aerodynamik der DEUTSCHEN VERSUCHSANSTALT FÜR LUFTFAHRT E.V. veröffentlicht einen Bericht über die Entwicklung eines Geräuschwindrades (wie das der Ju 87) für die DFS 230.

3.11.1942 Amtschefbesprechung bei St/GL [7]

Es wird ein Programmvorschlag für den Auslauf der Go 244 und die Weiterfertigung Go 242 vorgelegt.

17.11.1942 Amtschefbesprechung bei St/GL [7]

Umbau Go 244 in Segelflugzeuge wird vom Generalfeldmarschall genehmigt und auf Vorschlag von Dir. Frydag Firma Menibum hierfür vorgesehen. Alle anderen Arbeiten an Go 244 sind sofort einzustellen.

23.11.1942 Amtschefbesprechung bei St/GL [7]

Beim Auftreten von Engpässen durch Arbeiterentzug oder Materialmangel wird eine Dringlichkeitseinstufung mit vier Stufen festgelegt. In Stufe I befinden sich Jäger, Nachtjäger und Stuka. Die Ju 52 kommt in die Stufe II und die Me 323 in die Stufe III.

23.11.1942 Besprechung GL/Genst. [7]

Von Genst.6.Abt. werden voraussichtlich 20 Flugzeuge Go 242 *(pro Monat)* gefordert. Go 244 wird sofort gestoppt. Die bereits fertigen Flugzeuge sowie die bei der Truppe vorhandenen Go 244 werden nach Möglichkeit in Segler umgebaut. Über den Abrüstungs- und Umrüstungshorst Olmütz bzw. Eger wird zwischen Genst.2.Abt. und GL/C-B eine Vereinbarung herbeigeführt.

1.12.1942 Amtschefbesprechung bei St/GL [7]

Die Fertigung der Me 323 läuft mit sechs Motoren Gnôme et Rhône, 140 Maschinen, anschließend 25 Maschinen mit Alfa Romeo. Oberst Vorwald weist darauf hin, dass der Alfa Romeo für die Zukunft ausscheide, da nach Entscheidung des Reichsministers Speer die Gegenforderungen der Italiener als zu hoch abgelehnt werden. Mit Direktor Verdier ist zu klären, ob der alte Gnôme et Rhône 14 N, der in Limoges gebaut wird, in genügender Stückzahl weiter geliefert werden kann (6 x 20 + 60 Reserve = rund 200 Motoren pro Monat). Die Lieferung der Me 323, ab Januar 1943 = 12 Maschinen kann auf 20 Maschinen gesteigert werden, bei Zuweisung von genügend Arbeitskräften. 1000 Wehrmachtsstrafgefangene sind von Generaloberst Fromm zugesagt. Um Abgabe von KZ-Häftlingen soll sich GL/A W-Wi bemühen.

Zur gleichen Zeit, da die Fabrikation für die Me 323 bei Mannesmann läuft, läuft dort die Fabrikation der Ju 352 an. Ende 1943 muss Mannesmann auf die Fertigung 352 eingeschaltet werden. Ein Weiterlauf der 323 auf Kosten eines verzögerten Anlaufs 352 ist untragbar. GL/C-B wird sich bemühen, die 352 von Mannesmann nach Prag zu verlagern. Die 323 wird mit 20 Maschinen weiterlaufen.

Die Frage des DB 603 wird zurückgestellt, bis die Ergebnisse der Besprechung des Industrierates wegen des Weiterlaufs des Gnôme et Rhône 14 N vorliegen. Stabsing. Friebel weist darauf hin, dass die Entwicklung für die Me 323 ab 1.12.1942 von Messerschmitt an Luftschiffbau Zeppelin übergegangen ist.

1.12.1942 Firma Zeppelin [4]

Anlässlich der Übergabe der Entwicklung Me 323 an die Firma Zeppelin erstellt die einen Aktenvermerk, der die bisher verfolgte Entwicklungsrichtung aufzeigt. Die bisherige Serie mit Gnôme et Rhône, deren Nutzlast nach neuesten Flugergebnissen 14 t beträgt (bei aus Leistungsgründen höchstzulässigen Fluggewicht von 50 t) soll auslaufen. Für den Anschluss war eine auf 60 t verstärkte Zelle in Aussicht genommen, mit der in Sonderfällen 24 t transportiert werden sollten. Dafür schien der vom RLM zugesagte Jumo 211 J im Ju 88-Triebwerk besonders geeignet. Neben verstärkter Zelle und Flügel waren für diesen Fall ein neues Fahrwerk und vor allem eine erheblich nach vorn vorgebaute und gleichzeitig erhöhte Kabine nötig. Die Sicht mit den Ju 88-Triebwerken und der alten Kabine wurden vom RLM und der E-Stelle als untragbar abgelehnt. Voraussetzung für einen rechtzeitigen Anschluss dieser Serie war eine Verstärkung des Konstruktionsbüros. Das RLM gab die Ju 88 Triebwerke jedoch nicht frei, und die Arbeiten an der vorverlegten Kabine gingen zum Teil aus Mangel an Konstrukteuren, und zum Teil wegen des geringen Interesses des Amtes nur schleppend voran, so dass zum jetzigen Zeitpunkt mit einem rechtzeitigen Anschluss unter keinen Umständen mehr gerechnet werden kann. Um eine Produktionslücke zu vermeiden, hat Fa. Mtt. AG vorgeschlagen, die bisherige Zelle unverändert weiterzubauen, und mit anderen Triebwerken (z.B. 4 x BMW 801 oder 4 x Alfa Romeo) auszurüsten. Als weitere Stufe wird die 60 t-Zelle entwickelt mit vorverlegtem Führerraum und 6 x Jumo 211 J oder 6 x Alfa Romeo oder 6 x DB 603 oder 6 x BMW 801. Als dritte Stufe wurde eine 75 t-Zelle mit Einbau von 6 x DB 603 bzw. BMW 801 oder vergleichbaren Triebwerken in Aussicht genommen. Trotz zahlreicher Besuche im RLM durch Mtt und ZS gelang es jedoch nicht, eine eindeutige Stellungnahme zu erreichen, oder die Einplanung eines bestimmten Triebwerks zu erzwingen. Damit war die ganze Angelegenheit Me 323 so verschleppt, dass jetzt

Die ursprüngliche Aufhängung des Argus-Rohres bei Standversuchen an Boden. (Aders)

ein Anschluss überhaupt nur möglich ist, wenn die Zelle möglichst unverändert weitergebaut wird. *Dies ist gewissermaßen der Startschuss für die Baureihe Me 323 E.*

3.12.1942 Kommandeur der Erprobungsstellen [7]

Hauptmann Späte berichtet über eine Reise nach Messerschmitt Augsburg und nach Hörsching bei Linz. Zweck der Reise war, Informationen zur Me 328 zu beschaffen. Darin erwähnt er kurz vorher durchgeführte Versuchsflüge der Me 328 und eines Versuchsträgers DFS 230 mit 150 kg (Schub) Argus-Rohren in Hörsching.

5.12.1942 Sonderausschuss F 2 Obertraubling [20]

Der Leiter des Sonderausschusses F-2 teilt GL/C (Oberst Vorwald) mit, dass die geforderten 32 Flugzeuge Me 323 D-1 mit Bloch-Triebwerken und Ratier-Schrauben nicht in einer Serie gebaut werden können, da nur für 26 Flugzeuge einsatzfähige Triebwerke zur Verfügung stehen. Die vorhandenen Triebwerke reichen nur bis Anfang Januar 1943, und die letzten sechs Flugzeuge sind erst im Juli 1943 mit Auslauf des Programms zu erwarten. Für die Me 323 D-2 mit Leo-Triebwerken und Heine-Holzluftschrauben sind nur weiche Lagerungen zugelassen, die im Augenblick noch nicht zur Verfügung steht. Erst ab Februar 1943 kann die Baureihe Me 323 D-2 eingeplant werden. Für die bestellten 29 Flugzeuge Me 323 D-6 mit Leo-Triebwerken und Ratier-Verstell-Luftschrauben ist die Ersatzteillage bezüglich der Schrauben nicht gesichert. Daher soll die Baureihe Me 323 D-6 zunächst anlaufen, und die Leo-Triebwerke mit normaler, harter Lagerung aufbrauchen, aber dann durch die Me 323 D-2 abgelöst werden. Dadurch kann auch die Me 323 D-6 nicht in einer Serie gebaut werden.

18.12.1942 Fronterfahrungsbericht [4]

Flg. Hauptingenieur Müller von der K.G.z.b.V. 1/323 berichtet, dass sich die Me 323 sehr gut bewährt habe. Lediglich die Luftschrauben geben zu ständigen Beanstandungen Anlass. Er bemängelt die zu kleine fest eingebaute Reichweite. Das soll aber bald behoben werden. Die Bewaffnung ist praktisch unbrauchbar und wurde schon durch die Truppe behelfsmäßig verbessert durch den Einbau des He 111-B-Standes.

21.12.1942 Besprechung von GL 1/Genst.6.Abt. [7]

Da damit zu rechnen ist, dass die Me 323 mit Gnôme et Rhône früher oder später als Transporter im Osten zur Verwendung kommt, wird vom Generalstab gefordert, dass Material zum Wintereinsatz (Wärmeisolierung des Ölrücklaufrohres beim Gnôme et Rhône-Motor) beschafft wird.

Dezember 1942 Beschaffung CE 2 [4]

Dem RLM erscheint es eventuell möglich, He 111 H 6-Triebwerke mit Jumo 211 F für die Me 323 bereitzustellen.

Dezember 1942 Messerschmitt [4]

Eine vorläufige Untersuchung durch Messerschmitt/Zeppelin ergibt, dass für die Me 323 mit dem He 111-Triebwerk bessere Sichtverhältnisse entstehen als mit den Gnôme et Rhône 14 N. Zeppelin schlägt vor, die geplante 60 t-Variante fallen zu lassen, und die aktuelle Zelle durch Austausch weniger Gittermaststäbe auf 55–56 t zu verstärken. Gleichzeitig soll die angedachte Baureihe geringere Ruderkräfte durch Verwendung von innenausgeglichenen Höhen- und Seitenrudern und Querrudern mit vergrößerten Flettnern erhalten. Der Rumpf soll durch eine durchgreifende Überholung erleichtert werden. Auf eine Änderung der Führerkabine muss verzichtet werden, allerdings soll das Panzerglas durch Plexiglas ersetzt werden. Die beiden Maschinisten sollen durch einen in der rechten Flügelnase neben der Kanzel ersetzt werden und gegenüber ist der Funker eingeplant, so dass sich die Besatzung sehen und verständigen kann. Die Bewaffnung soll verstärkt und die Kraftstoffmenge verdoppelt werden.

8.1.1943 Entwicklungsbesprechung beim GL [7]

Von Friebel wird über die Motorenfrage der Me 323 vorgetragen: Man hat für 140 Maschinen die entsprechende Anzahl Gnôme et Rhône 14 N sicher. Für die Anschlussaufträge sieht es schlecht aus, da dafür nur eine bisher nicht bekannte Zahl Beutemotoren verwendet werden kann. Man hat sich daher, zusammen mit der Beschaffung, nach deutschen Motoren umgesehen, und die Hoffnung auf den Jumo 211 gesetzt. Die zunächst geplante Verwendung des Ju 88-Triebwerks hätte einen weitgehenden Umbau der Zelle (Höherlegen der Kanzel) erfordert, da die langen Triebwerke mit dem vorgebauten Kühler eine nicht tragbare Sichtbeeinträchtigung bewirkten. Die Verwendung der wesentlich schlankeren He 111-Triebwerke würde dagegen sogar gegenüber dem derzeitigen Stand eine Verbesserung darstellen. Friebel schlägt vor, die Planung der Me 323 mit He 111-Triebwerk zu beginnen, und die Mustermaschinen bei Zeppelin in Auftrag zu geben. Zwar ist die Verwendung eines wassergekühlten Triebwerks wegen der größeren Störanfälligkeit nachteilig, aber zum Einen zwingt das sich abzeichnende Loch in der Beschaffung zu der Betrachtung, und zum Anderen lässt der stärkere Jumo 211 die doppelte Nutzlast erwarten (bei 4 m/sec Steiggeschwindigkeit mit 19 t gegenüber derzeit 9 t).

Damit wird die Entwicklung der Me 323 F mit He 111-Triebwerken angestoßen. Die Me 323 F basiert auf Vorarbeiten von Messerschmitt mit der Me 323 D-3, ist aber der erste Entwicklungsauftrag an Zeppelin.

Petersen ergänzt: Die Me 323 hat sich bewährt, und es bietet sich an, sie angesichts der Transporterlage zu forcieren. Gegen die Wasserkühlung spricht seiner Meinung nach die Störanfälligkeit. Bei sechs Triebwerken wird immer an einem etwas kaputt sein, und das Flugzeug steht. In Italien dürfen die Maschinen aber nicht mal eine halbe Stunde herumstehen, da sie sonst mit Splitterbomben und Bordwaffen angegriffen werden. Als weiteren Nachteil sieht er den gleichen Drehsinn aller Schrauben, wovon er Stabilitätsnachteile befürchtet. Er möchte daher die Me 323 lieber mit Gnôme et Rhône 14 N weiter laufen lassen.

Über die Beschaffungssituation 14 N trägt Mahnke vor: Der 14 N läuft zurzeit nicht in Serie, es wird nur eine Ersatzteilfertigung im unbesetzten Gebiet gemacht. Vom 14 N sind insgesamt 2000 bis 2500 erzeugt worden. Davon ist noch ein Teil in Frankreich vorhanden, 350 sind schon gefunden. Es ist aber geplant, in Paris im besetzten Gebiet den Gnôme et Rhône 14 R als Nachfolger der 14 N zu fertigen. Der 14 R hat weniger Sparmaterial als der 14 N, was ein Vorteil wäre, und in Paris hat man eine bessere Kontrolle. Der erste Motor ist schon auf dem

Der Gnôme et Rhône 14 R war lange Zeit für die Me 323 vorgesehen, ist aber während des Krieges nur im Prototypen der Bloch 157 geflogen. (Mankau)

Prüfstand gewesen und mit einem Jäger in Bordeaux geflogen. Die Beurteilung ist gut. Wenn man die Fertigungseinrichtungen nach Paris nimmt, kann man in zehn bis elf Monaten mit der Produktion beginnen. Es sollen 80 bis 100 Stück monatlich aufgelegt werden.

Milch, Vorwald und Mahnke kommen zu dem Schluss, dass noch ca. 500 Gnôme et Rhône 14 N vorhanden sind, aber bis zum Serienanlauf des 14 R 1200 benötigt werden. Wegen der fehlenden 700 Triebwerke ist die Frage des Jumo 211 dringlich. Vorwald meint, dass der Jumo 211 nur Lückenbüßer sind kann, da der im Sommer oder Herbst 1944 auslaufen soll, und danach soll es wieder der Gnôme et Rhône 14 R machen. Milch stimmt zu, und wenn man sofort die Mustermaschine anlasse, dann würde das bedeuten, dass man einmalig 700 Motoren im Heinkel-Triebwerk brauche. Dann müsse der 14 R kommen.

Friebel hält es für nicht schwierig, die Maschine mit sechs gleichsinnig drehenden Propellern zu fliegen, will die Frage aber klären lassen, indem an einer Maschine sechs gleichdrehende Motoren angebaut werden. *Die sechs gleichsinnigen Propeller wurden in der Me 323 V8 erprobt.* Auf Anfrage von Milch vermutet er, dass eine Mustermaschine mit Jumo 211 in drei Monaten fertig sein könne, aber die Frage wäre noch nicht geprüft.

21.1.1943 Entwicklungsbesprechung beim GL [7]
In der Besprechung wird auch die Motorenfrage Me 323 aufgegriffen. Pasewald fragt, ob sich die Produktionsaufnahme für Gnôme et Rhône 14 N im Werk Lyon lohnt, wenn man später auf den Jumo 211 und möglicherweise den Jumo 213 übergehe. Mit dem Jumo 211 gewin-

ne man erheblich an Transportlast, und könne wirklich brauchbare Abwehrmöglichkeiten schaffen. Vorwald und Mahnke erwidern, dass die Produktion anlaufen müsse, um die Stückzahl der Me 323 zu halten. Man wolle auch keine neue Produktion aufbauen, sondern aus den vorgefundenen 40.000 Teilen 1000 Motoren fertigen. Die würden bis zum Serienanlauf der Me 323 mit Jumo 211 auch gebraucht. Mehr könne man davon nicht liefern, aber es stelle sich die Frage, ob man den Gnôme et Rhône 14 R wirklich brauche. Messerschmitt hat den Bau von 30 Me 323 pro Monat angeboten, und Pasewald möchte das ausnutzen, zumal die Maschine kein Sparstofffresser sei. Man müsse mit dem Gnôme et Rhône 14 N so wirtschaften, dass man, ohne mit der Stückzahl zu sehr abzusinken, den Anschluss an die Umstellung auf Jumo 211 schaffe, der 1944 anzunehmen ist. Es wird weiter über die Verwendung des Jumo 211 in der He 111 und der Me 323 diskutiert, und die Entscheidung über die Produktionsaufnahme der Gnôme et Rhône 14 R vertagt.

21.1.1943 Gothaer Waggonfabrik [8, RL 3/1122]
In Gotha findet auf Veranlassung des RLM (Herr Alpers) eine Besprechung statt, die die Umrüstung der Go 244 auf Go 242 betrifft. Danach stehen 227 Flugzeuge zur Umrüstung bereit, die ab März bis Juni 1943 bei Letov, Basser (Zwickau), Menibum (Hamburg) und Klemm (Böblingen) durchgeführt werden soll. GWF soll die Änderungsanweisung erstellen, und Teile beschaffen. Ein Rest der Go 244 ist zurzeit nicht zu erfassen. Die Umrüstung auf den Horsten Hagenow und Breslau-Gandau ist nicht möglich.

26.1.1943 Amtschefbesprechung bei St/GL [7]
Zur Motorenfrage Me 323 wird vom Oberst im Generalstab Vorwald festgestellt, dass der Vorschlag gemacht wurde, den Gnôme et Rhône 14 N nicht mehr anlaufen zu lassen und die Me 323 durch den Einbau des Jumo 211/43 wirtschaftlicher zu machen und später den Jumo 213 einzusetzen. Inzwischen habe sich jedoch herausgestellt, dass der Gnôme et Rhône 14 R eine gute Leistung habe, so dass er doch anlaufen müsse. Generaling. Mahnke führt aus, dass der Bestand an Beutemotoren Gnôme et Rhône R 14 N die Flugzeugausbringung für fünf bis sechs Monate decke. Man habe aus dem unbesetzten Frankreich 380 fertige Motoren. Bei Gnôme et Rhône und den Unterlieferanten lagern noch Teile für 1400 Motoren, von denen man 1000 fertigen wolle. Der Rest ist für Reparatur vorgesehen. Es ist die Frage zu klären, ob die Leistungsdif-

Vom Beschluss, den Gnôme et Rhône 14 N weiter zu bauen, profitiert zunächst die Me 323 D-6. (Deutsches Museum)

Zu diesem Bild habe ich keine Informationen. Da es sich aber um eine unbekannte Go 242 B-2 handelt, könnte sie zu der Dreiergruppe gehören. (Luftfahrtverlag-Start)

ferenz des Jumo 211 (1230 PS) gegenüber dem GR 14 R (1670 PS, Anlauf Serie Frühjahr 1944) anstelle des Jumo 213 (1800 PS) auch ausreicht. Der Gnôme et Rhône 14 R hat sich in der Erprobung bisher als einwandfrei erwiesen, und soll nach einem Entscheid des Generalluftzeugmeisters anlaufen. Bis zum Anlauf Gnôme et Rhône 14 R kann man nach Ansicht von Mahnke den vorhandenen Gnôme et Rhône 14 N nehmen, und den Rest durch Jumo 211 decken. Den Umbau auf Jumo 213 solle man unterlassen. Stabsing Friebel weist darauf hin, dass der Gnôme et Rhône 14 R zwar mit 1600 PS eine höhere Startleistung als der Jumo 211 (1425 PS) habe, davon könne man aber keinen Gebrauch machen, da die Kampfleistung gleich sei. Zuladung und Bewaffnung sind gleich. Von der Entwicklungsseite erscheint es vertretbar, zunächst mit dem Jumo 211 die Lücke auszufüllen, und später auf den luft-

gekühlten Gnôme et Rhône 14 R überzugehen, allerdings nicht mit einer Leistungssteigerung für die Zukunft. Die Leistung würde bei Forderungen nach stärkerer Abwehrbewaffnung und größerer Reichweite absinken. Vorwald unterstreicht die besondere Wichtigkeit des luftgekühlten Triebwerks, die Grundforderung bei den Transportern, die bei dem Gnôme et Rhône 14 R erfüllt sei.

1.1943 Gotha [1]
Die Gothaer Waggonfabrik liefert drei DFS 230 B-2 (W.Nr. 522, 523 und 526) an Japan.

9.2.1943 Aktenvermerk bei St/Gl [2]
Dem Kommando der Erprobungsstellen werden drei Go 244 der neuesten Ausführung zugewiesen. Die Flugzeuge gehen zur Transportstaffel Hptm. Braun, Tempelhof,

Die Go 242 wurde von einer He 111 hochgeschleppt und Zwick erprobt hier den gerefften Bremsschirm in Horizontalflug. (Krieg)

Ju 290 und Me 323 folgen nur kurze Zeit als Transporter nebeneinander. (Bundesarchiv Koblenz 10 1I-561-1130-33)

und sind dort im Einsatz zu erproben. E-Stelle Rechlin, E2 schaltet sich ein und gibt Flugleistungs- und Flugeigenschafts-Urteil über die Go 244 dieser Ausführung ab.

Der Zweck der Erprobung ist mir nicht klar, da doch inzwischen die Umrüstung der Go 244 in Go 242 beschlossen ist. Möglicherweise besteht ein Zusammenhang mit der nachfolgend beabsichtigten Lieferung der Go 244 an Japan.

17.2.1943 Berlin [2]
Der Repräsentant des Deutschen Exportbüros, Ernst Prieger, verfasst eine Aktennotiz, dass die Go 244 an Japan lieferbar und die Motorfrage geklärt sei, und nunmehr der Motor BMW 132 Z eingebaut würde.

2.3.1943 Stuttgart
Der Gefreite Zwick erprobt in Stuttgart-Ruit eine Go 242 mit Bänder-Bremsfallschirm.

5.3.1943 Entwicklungsbesprechung beim GL [7]
Da die Ju 290, die ursprünglich als Transportflugzeug gedacht war, für die viel wichtigere Aufgabe der Fernaufklärung gebraucht wird, soll die Me 323 den Transportsektor stärken. Es ist geplant, die Ausbringung von 20 auf 30 pro

Monat zu erhöhen, und man glaubt diese Zahl, wenn es gefordert wird, 1945 noch steigern zu können. Man diskutiert auch eine Lizenzproduktion in Italien.

9.3.1943 Amtschefbesprechung bei St/GL [7]
Die Ausbringung Me 323 muss, auf Wunsch der GL, erheblich gesteigert werden.

3.1943 Gothaer Waggonfabrik [8, RL 3/1122]
Der Sonderausschuss F 12 erstellt eine Übersicht der Produktionszahlen von Go 242 und Go 244 bis zum März 1943 und der Planung bis zum Jahresende 1943. (Die Tabelle findet sich im Anhang.)

1.4.1943 RLM (GL/C-E2) [3], [30]
Die Entwicklungsstelle des RLM gibt die technische Richtlinie Nr. 63/43 für den Entwurf eines Sturmlastenseglers und Universal-Transportseglers heraus. Es werden gefordert:

Verwendungszwecke:
Hauptaufgabe:
Kampfeinsatz von Sturmtruppen gegen Kernstücke der feindlichen Verteidigung
Nebenaufgaben:
a) Absetzen von Fallschirmtruppen im Schleppflug
b) Absetzen von Versorgungsbehältern in Schleppflug
c) Luftlandeeinsatz mit LL-Truppen und schweren Waffen in abwehrarmen oder feindlichen Räumen
d) Transport von Nachschubwaffen und Gerät aller Art

Verwendungsart:
Starr- bzw. Seilschlepp hinter sämtlichen modernen Kampf- und Zerstörerflugzeugen. Zusammenstellung von Schleppzügen muss möglich sein. Start auch ohne Vorspann mittels Pulverstarthilfen. Zielanflug nach Auslösung im Gleitflug oder im gebremsten Sturzflug mit anschließender möglichst kurzer Landung.

Leistungen:
Höchstzulässige Geschwindigkeit im Flugzeugschlepp 330 km/h. Gleitzahl 1:14. Landegeschwindigkeit so gering wie möglich. Ausroll- bzw. Ausgleitstrecke so gering wie möglich.

Flugeigenschaften:
Ausreichende Stabilität um alle Achsen (Blindflug im Starrschlepp, gewisse Blindflugeignung im freien Gleitflug.

Zuladung:
Zwölf Mann, einen VW Kübel oder ein Geschütz.

Da zu diesem Zeitpunkt das Verschwinden der alten Schleppflugzeuge abzusehen, und auch der Auslauf der He 111 für Sommer 1944 geplant ist, müssen die Lastensegler auf längere Sicht auf den Schlepp durch die Ju 188 bzw. 388 abgestellt werden. Diese neuen Schleppflugzeuge können aber nicht vernünftig mit Geschwindigkeiten von ca. 250 km/h operieren, d.h. sie können die DFS 230 und Go 242 nicht schleppen. Daher sollen die Schleppgeschwindigkeit auf 330 km/h gesteigert und die Seglergröße an die Ju 388 angepasst werden.

Es ergeben sich neue Entwicklungstätigkeiten. Einerseits nimmt die DFS zusammen mit der Gothaer Waggonfabrik die Weiterentwicklungen der DFS 230 in Angriff. Das führt zur DFS 230 V 7. Die zugehörige Baureihenbezeichnung lautet zunächst DFS 230 D-1, wird aber abschließend in DFS 230 E-1 geändert. Daneben werden bei GWF noch andere Projekte erarbeitet. Andererseits wird Dipl. Ing. Kalkert, Direktor der Reparaturwerks (REWE) Erfurt und Konstrukteur der Go 242 mit der Entwicklung eines neuen Lastenseglers beauftragt [26], [30]. Die höhere Schleppgeschwindigkeit hat bei der DFS 230 V7, den anderen Gotha-Projekten, und auch der Ka 430 eine Reduzierung der Spannweite zur Folge.

Der Wunsch nach Starrschlepp ist verständlich, da nur er den einwandfreien Blindflug ermöglicht. Nach den Erfahrungen mit dem Gespann He 111/Go 242 erscheinen mir aber Zweifel angebracht, ob die Ju 188 angesichts der Größenverhältnisse den neuen Lastensegler wirklich starr schleppen kann.

In der Literatur wird teilweise erwähnt, die DFS 230 V 7 sei als moderner Nachfolger der DFS 230 B bei Gotha in Eigeninitiative und ohne das RLM zu informieren gebaut worden. Die Autoren wundern sich dann über das »unfähige« RLM, das die neue DFS 230 nicht bauen ließ. Scheinbar ist ihnen nicht aufgefallen, dass zeitgleich die gleich große Ka 430 in Auftrag gegeben wurde. Für mich ist verwunderlich, wie man allen Ernstes annehmen kann, die Gothaer Waggonfabrik hätte ohne Auftrag des und damit gegen das RLM ein Flugzeug entwickelt, das man anschließend demselben RLM zum Bau vorschlagen wollte. Die Gothaer Waggonfabrik bzw. die DFS wird ähnlich, wie die Erfurter Reparaturwerke, einen Auftrag des RLM bekommen haben.

Die Go 244 B-2 RJ+II flog noch bis zum April 1944 bei der ▲
E-Stelle Rechlin. (Regel)

In Südfrankreich werden DFS 230 in offenem ▶
Gelände zusammengebaut. (Krieg)

7.4.1943 Gothaer Waggonfabrik [2]

Die GWF schreibt an den Repräsentanten des Deutschen Exportbüros, Herrn Prieger, dass man drei DFS 230 an Japan geliefert habe, und jetzt höre, dass sich die Japaner auch für die Go 242 und Go 244 interessierten. Man bitte daher zwei Go 242 und zwei Go 244 für den Export freizugeben. Die Go 244 ist ausgerüstet mit Gnôme et Rhône 06/07-Motoren, aber auch mit G&R 04/05-Motoren. Außerdem ist eine Mustermaschine mit BMW 132 Z ausgerüstet nach Rechlin gekommen, wo sie jetzt erprobt wird. Die Erprobung scheint zufrieden stellend zu verlaufen. Die Maschinen mit den anderen Motoren sind nach verschiedenen Verbesserungen gleichfalls erneut in Erprobung, gleichfalls mit zufrieden stellenden Ergebnissen.

Man habe daher jetzt – positive Ergebnisse der Erprobung vorausgesetzt – keine Bedenken mehr, auch die Go 244 an Japan zu liefern, möchte aber vorschlagen, die Maschinen mit BMW 132 Z-Motoren auszuliefern, da man glaube, dass diese Motoren den Japanern bekannter seien, vom Ersatzteilnachschub abgesehen. Diesen Vorschlag mache man selbstverständlich vorbehaltlich der Entscheidung der technischen Amtsstellen.

In der Folgezeit wird festgestellt, dass eine Lieferung von ganzen Flugzeugen aus Transportgründen nicht möglich ist. Das Vorhaben wird am 7.2.1944 aufgegeben, und man spricht von Lizenzbau. Im Sommer 1944 werden dem japanischen Handelspartner Zeichnungen übergeben. Ob ein Lizenzbau erfolgte ist nicht feststellbar.

Frühjahr 1943 Südfrankreich [13]

In Südfrankreich werden unter dem Kommando des XI. Fliegerkorps zwei Fallschirmjägerdivisionen, 250 Transportflugzeuge, 570 Lastensegler und 200 Schleppmaschinen zusammengezogen, um der in Südeuropa erwarteten Invasion der Alliierten entgegenzutreten.

12.4.1943 Messerschmitt AG Nachbauwesen

Die Firma Messerschmitt macht einen Vorschlag für den Weiterlauf der Me 323. Es ist vorgesehen bis zum 31.7.1943 54 Me 323 D-1, 50 Me 323 D-2 und 39 Me 323

Die Bewährung der Go 242 auf allen Kriegsschauplätzen veranlasste den Generalstab die Zahl der geforderten Segler heraufzusetzen. (Nidree)

D-6 mit Gnôme et Rhône 14 N in Leipheim und Obertraubling zu bauen. Von August 1943 bis April 1944 sollen 110 Me 323 E-1 – ebenfalls mit Gnôme et Rhône 14 N – bebaut werden. In Zeitraum Februar 1944 bis September sollen 100 Me 323 F-1 mit Jumo 211 F entstehen und von Juni 1944 bis Dezember 1944 weitere 100 Me 323 F-2 mit demselben Triebwerk. Ab September 1944 soll die Me 323 G-1 mit Gnôme et Rhône 14 R anlaufen. Die Monatsproduktion der Me 323 soll 10 im Oktober 1943 auf 30 im Juli 1944 hochgefahren werden und mit dieser Rate bis zum September 1945 produziert werden. Dann wäre eine Gesamtstückzahl von 775 Maschinen zuzüglich 15 V-Flugzeuge erreicht.

20.4.1943 Gothaer Waggonfabrik [8, RL 3/1121]
Die Firma Metallwerk Niedersachsen teilt dem Leiter des Sonderausschusses F12, Dr. Bertold, im Hause Gothaer Waggonfabrik mit, dass sie nicht in der Lage ist, die im Lieferplan vorgesehene Umrüstung von 21 Go 244 in Go 242 in den Monaten April bis August termingerecht durchzuführen, da ihr erstens Hallenraum in Stendal weggenommen wurde, und sie zweitens von Gotha keine Umrüstsätze bekommen hat. Weiter haben sich durch Witterungseinflüsse Schäden an den umzurüstenden Flugzeugen ergeben, so dass noch Ersatzteile, wie Leitwerksträger und Flächen geliefert werden müssen.

28.4.1943 Reparaturwerk Erfurt [30]
Fliegerhaupting. Kensche von RLM und Ing. Köhler vom REWE besprechen den Bau des neuen Kampfseglers

(entsprechend den Richtlinien von 1.4.) in Erfurt. Aus dem Besprechungsbericht ergibt sich, dass das neue Baumuster im Wesentlichen eine verstärkte, modernisierte DFS 230 mit freitragendem Flügel und verbreiterten Rumpf werden soll. Es soll eine Bewaffnung vorgesehen werden. Das Fahrwerk ist als kombinierte Kufe mit hochziehbaren Rädern zu entwerfen. Ein abwerfbares Fahrwerk, wie bei der DFS 230, kommt nicht in Frage. Für den Führerraum wird Doppelsteuerung gefordert. Der erste Führer soll Panzerschutz bekommen. Es wird gute Sicht nach unten, zwecks Zielanflug und insgesamt für Schlechtwetterflug gefordert.

Es ist vorerst mit einer Serie von 30 Maschinen zu rechen, und Köhler soll klären, ob die vorgesehenen neun Versuchsmuster mit den Betriebsleuten des REWE herstellbar seien.

30 Maschinen rechtfertigen sicher nicht die Neuentwicklung eines Flugzeugs. Es dürfte sich dabei um eine 0-Serie handeln, die bei Erfolg erweitert wird. Diese Forderungen gehen sicher auch der GWF im Hinblick auf die DFS 230 V7.

11.5.1943 Amtschefbesprechung bei St/GL [7]
Obersting. Alpers unterbreitet einige Unterlagen betreffend Änderung des Programms:
1. Steigerung Go 242 auf 40 Flugzeuge gemäß Forderung Genst.6.Abt.
2. Wiederanlauf der DFS 230 Januar 1944. Ansteigen bis auf 40 Flugzeuge.

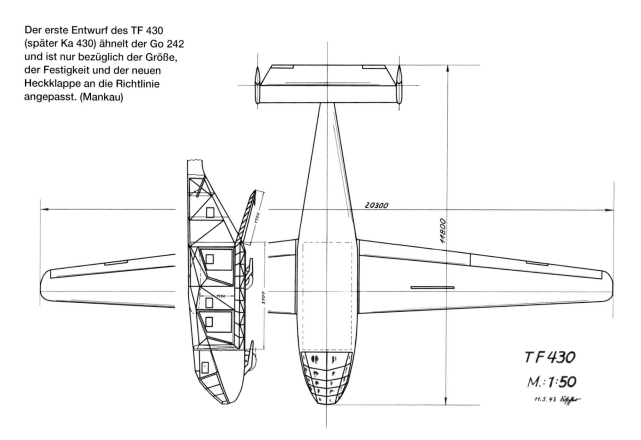

Der erste Entwurf des TF 430 (später Ka 430) ähnelt der Go 242 und ist nur bezüglich der Größe, der Festigkeit und der neuen Heckklappe an die Richtlinie angepasst. (Mankau)

Aus dieser Aktivität kann geschlossen werden, dass sich die Lastensegler DFS 230 und Go 242 außerordentlich bewährt haben, und vom Generalstab in möglichst großer Stückzahl gewünscht werden. Logischerweise will der Generalluftzeugmeister die DFS 230 bei einem Neuanlauf verbessern. Daraus resultiert zunächst eine neue Baureihe, bei der man zur Steigerung der Transportkapazität den Rumpf verbreitert. Der notwendige Aufwand ist bei der Gitterrohrbauweise des DFS 230-Rumpfes verhältnismäßig gering. Viel schwieriger wird sich das Finden einer geeigneten Produktionsfirma erweisen. Die Baureihe wird später die Bezeichnung DFS 230 C-1 erhalten. Da am 1.4.1943 schon eine Richtlinie für die Neuentwicklung eines Lastenseglers herausgegeben wurde, ist der Wiederanlauf der DFS 230 als Überbrückungsmaßnahme zu sehen.

11.5.1943 Reparaturwerk Erfurt-Nord [30]

Unter diesem Datum unterschreibt Ing. Köhler von dem REWE einen frühen Entwurf des Transportflugzeugs TF 430.

14.5.1943 DFS Ainring [9]

Die DFS berichtet über Versuche mit Patin- und Askania-Dreirudersteuerung im Lastensegler DFS 230. Im Hinblick auf das Ziel, Flugzeuge mittels Fernsehen vom Boden oder anderen Flugzeugen aus fernzusteuern, wurden zwei DFS 230 mit automatischen Patin- und Askania-Dreiachsensteuerungen ausgerüstet und mit und ohne Besatzung erprobt.

20.5.1943 Reparaturwerk Erfurt-Nord [30]

Wie aus einer Zeichnung dieses Datums hervorgeht, hat man zwischenzeitlich beim REWE die Kanzel des neuen Transportflugzeugs modifiziert und auch die neue Bezeichnung Ka 430 zugeteilt bekommen.

18.6.1943 Amtschefbesprechung GL bezüglich Beschaffung [7]

Die Me 323-Produktion liegt hinter dem Plan zurück. Ursache ist der zu lange dauernde Transport der Triebwerke.

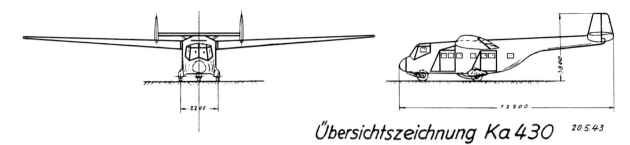

Übersichtszeichnung Ka 430 20.5.43

Die in Entwicklung befindliche Ka 430 hat immer noch ein Doppelleitwerk. (Mankau)

Einbau der Seitenruderma-schine und der Kardanschlepp-kupplung in eine DFS 230. (DFS)

21.6.1943 DFS Ainring [9]
Die DFS beginnt mit der Erprobung der Mistelkombination DFS 230 / Bf 109 E.

25.6.1943 Gothaer Waggonfabrik [10]
Die GWF macht Vorschläge für ein Amphibium (Gotha-Projekt P-52), das sich an die von der Entwicklungsstelle herausgegebenen Richtlinien für den »Entwurf eines Sturmlastenseglers und Universal-Transportseglers« anlehnt.

Da das Reparaturwerk Erfurt am 20.7.1943 Projekte der Ka 430 mit gleicher Aufgabenstellung vorlegt, und die DFS am 20.10.1943 über dann schon durchgeführte Versuche mit einer mit Schwimmern versehenen DFS 230 berichtet, scheinen das RLM und der Generalstab sich zu dieser Zeit mit Kommandounternehmen gegen Stauseehen und Wasserkraftwerke zu befassen. Auch Ver-

sorgungseinsätze für U-Boote gehören zum angedachten Aufgabenspektrum. Während die genannten Projekte und Versuche zu keinem greifbaren Ergebnis führen und bald eingestellt werden, führen die Pläne bei der Go 242 zu einer Bestellung von 66 schwimmfähigen Go 242 C-1 (vgl. 11.4.1944), die aber auch nicht ausgeführt wird.

28.6.1943 Gothaer Waggonfabrik [8, RL 3/1121]
Der Leiter des Sonderausschusses F 12, Bertold, schreibt an das RLM GL/C-B 2/1, dass die Firma Robert Hartwig, Sonnenberg, ursprünglich nach Programm 223 Ausgabe 1 die Go 242 in der Baureihe A-1 fertigen sollte. Dabei war bei Festlegung des Programms schon klar, dass die Firma Flugzeuge für den Transporteinsatz zu bauen habe, die in der bisherigen Fertigungsweise keine Kufen, sondern feste Fahrwerke erhalten.

Nach Festlegung mit GL/D-E I T NC bekommen diese Flugzeuge die neue Baureihenbezeichnung »8-242 B-2« Hartwig wird 405 Flugzeuge A-1 und 961 Flugzeuge B-2 bauen.

Wenn man berücksichtigt, dass die Firma Hartwig im Durchschnitt 20 Go 242 pro Monat baute, und zu diesem Zeitpunkt der einzige Hersteller dieses Typs war, dann reichte dieser Auftrag noch für vier Jahre, d.h. bis in den Sommer 1947.

9.7.1943 Reparaturwerk Erfurt-Nord [26], [30]
Attrappenbesichtigung der Ka 430. Im Protokoll der Attrappenbesichtigung wird festgestellt, dass die Führerhaube verkleinert werden kann, und die Windschutzscheiben soweit als möglich zurückgezogen werden und 30° Schräglage bekommen sollen. Der Führersitz soll rechts bleiben und der linke Sitz zur Erzielung eines Durchgangs zum Laderaum eine umklappbare Lehne erhalten. Die

Mistel DFS 230 + Bf 109 in der ersten Ausführungsform. Der Stützbock leitet die Last direkt auf das Fahrwerk über. Um dem Flugzeugführer der Bf 109 die Sicht auf die Flügelspitzen der DFS 230 zu erleichtern, waren die Flügelspitzen hellfarbig markiert, und darunter waren rot-weiß gestrichene Stäbe angebracht. (DFS)

Die Go 242 B-2 hatte, im Gegensatz zur Go 242 A-1 ein festes Auslegerfahrwerk. (Mathiesen)

vorgesehene Bewaffnung befriedigt nicht, da insbesondere das in der linken Windschutzscheibe geplante MG 81 Z die Steuerung und die Sicht behindern.

10.7.1943 Reparaturwerk Erfurt-Nord [30]

Aus den Forderungen des II. Korps nach Schussmöglichkeiten nach vorn und eventuell nach hinten wird für die Ka 430 der Einbau des Drehkranzes mit Kuppel DL 131/1 vorn neben dem Führersitz als Rüstsatz festgelegt. Die Bewaffnung nach hinten entfällt.

20.7.1943 Reparaturwerk Erfurt-Nord [30]

Das Reparaturwerk Erfurt erstellt ein Projekt der Ka 430, das behelfsmäßige Wasserlandung auf Binnenseen und sogar auf hoher See vorsieht. Es werden die Varianten A. mit zwei seitlichen Hauptschwimmern, B. Zentralschwimmer unter dem Rumpf mit zwei Stützschwimmern, C. Aufblasbare Schwimmkörper und D. Amphibium untersucht. Nur die ersten beiden erscheinen durchführbar, und setzen beide den Start auf vorbereiteten Plätzen voraus. Wasserstart ist unmöglich.

21.7.1943 Reparaturwerk Erfurt-Nord [30]

In einer Besprechung werden Fahrwerkdetails der Ka 430 festgelegt. Die Ka 430 soll im Regelfall auf Rädern landen. Nur in 5% der Fälle beim Einsatz als Sturm-Lastensegler ist wegen der kürzeren Ausrutschstrecke eine Landung auf Kufen vorgesehen. Die Truppe fordert, dass die Maschine nach einer solchen Landung ohne Zuhilfenahme von Bodengerät wieder auf die Räder zu stellen sein muss. Dazu soll das Fahrwerk so ausgebildet werden, dass die Kufe im Flug in eine Stellung tiefer, als das Rad mittels Knickstrebe gebracht wird. Die letztere wird dann im Stand mittels Seilzug geknickt und anschließend von Hand hochgezogen.

Die Ka 430 hat inzwischen ein Einfachleitwerk bekommen. Die Zeichnung zeigt auch die ausfahrbaren Kufen. (Mankau)

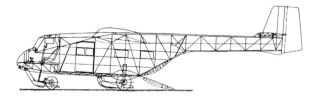

1.8.1943 Reparaturwerk Erfurt-Nord [30]

Der Bau der Ka 430 V1 beginnt.

3.8.1943 Amtschefbesprechung GL [7]

Es wird überlegt, die Fertigung der Me 109 zum Teil von Regensburg zum Horst Obertraubling zu verlegen, um die Jägerfertigung aufzulockern. Die Me 323 würde mit acht Maschinen zunächst als Vorschlag weiterlaufen.

12.8.1943 Reparaturwerk Erfurt-Nord [30]

Besichtigung der Führerraumattrappe der Ka 430.

14.8.1943 Reparaturwerk Erfurt-Nord [30]

Zwischenbesichtigung der Attrappe der Ka 430.

14.8.1943 E-Stelle Rechlin Bericht E2-WB

Für Flugfunkforschungsanstalt Gräfelfing wurden Höhenflüge mit B 17 und Blindflüge mit He 111 im Starrschlepp durchgeführt. Bis zur Beendigung der Reparatur der B 17 befindet sich der Segler mit DFS-Besatzung in Kolberg. Anschließend Abschluss der Versuche in Rechlin. Weitererprobung Starrschlepp nach Beendigung der Einbauten in DFS 230 NC+SW. Termin 17.8.43. (Am 4.9.43 sind die Versuche für die Forschungsanstalt Gräfelfing abgeschlossen.)

16.8.1943 Fa. Zeppelin [7]

Der Leiter des Sonderausschusses F 34, K. Eckener unterbreitet dem GL/C einen Programmvorschlag zum Weiterlauf der Me 323, der auch die Absetzung der Me 323 F mit Jumo 211-Triebwerk beinhaltet.

17.8.1943 Amtschefbesprechung bei St/GL [7]

Im Amt wird daran gedacht, die Me 323 in Leipheim und Obertraubling nicht mehr zu bauen, um zusätzliche Kapazität für die Me 262 zu erhalten. Auf den Einwand, der Führer lege auf die 323 großen Wert, antwortet Milch, man könne nicht alles machen. Der Führer müsse entscheiden, worauf er Wert lege. Mit der 323 verliere oder gewinne man den Krieg nicht, aber mit den Jägern. Damit wäre für ihn die Entscheidung gegeben. Wenn man den Jäger nicht habe, dann würde die ganze Produktion zusammengeschlagen.

24.8.1943 Gothaer Waggonfabrik [8, RL 3/1121]

Unter Bezug auf eine Besprechung am 16.8.1943 wird dem Leiter des Sonderausschusses F 12 in der Firma Gothaer Waggonfabrik mitgeteilt, dass mit der Lieferung von

Die Maschine am Gran Sasso weist eine Tür vor dem Flügel und eine Bremsschirmanlage, aber keine Bremsraketen auf. Die vielfach aufgestellte Behauptung, am Gran Sasso wäre die DFS 230 C-1 mit Bremsraketen eingesetzt worden, ist falsch. (Bundesarchiv Koblenz 10 1I-567-1503A-02)

Eine nachgestellte PK-Aufnahme der Befreiungsaktion am Gran Sasso. Der Ausstieg durch die seitliche Klappe ist recht mühsam. (Pressefoto)

Material für die Fertigung der DFS 230 nicht vor Februar-März 1944 zu rechnen ist. Hierdurch verzögert sich der vom RLM GL/C-B 2 geforderte Lieferplan um ca. sechs Monate. Die Firma Mráz soll Flächenbau und Endmontage erledigen. Rümpfe kommen von der Firma Stratilek, Hohenmauth und Leitwerke von Novotny, Tinischt.

Hier deutet sich schon an, dass die Produktionszeit der neu anlaufenden DFS 230 wegen der gestarteten Weiterentwicklung zu höheren Fluggeschwindigkeiten nur kurz sein kann.

12.9.1943 Gran Sasso
Soldaten der 12./LLG 1 landen mit DFS 230 am Gran Sasso und befreien Mussolini.

9.1943 Reparaturwerk Erfurt-Nord [26], [30]
Schlussattrappenbesichtigung der Ka 430 ohne wesentliche Beanstandungen.

4.9.1943 E-Stelle Rechlin

Die E-Stelle berichtet über Schlepperprobung Ju 88 A-4 mit leerer Go 242. Ergebnis besser als erwartet. Versuche werden mit Zuladung fortgesetzt.

18.9.1943 E-Stelle Rechlin

Nach Zuladung von 1,2 t in Go 242 und voller Bewaffnung und Betankung mit 2000 l Kraftstoff bei zwei Mann Besatzung der Ju 88 ergab sich bereits eine Rollstrecke von mindestens 1400 m bei 6 m/sec Wind. Im Steigflug w a ca. 1,8 m/sec. Die Erprobung wurde abgebrochen, da ein Einsatz in dieser Form und bei weiterer erforderlicher Gewichtserhöhung nicht in Frage kommt. Der Schlepp mit Ju 88 wird wegen zu schlechter Leistungen abgelehnt.

22.9.1943 Gotha [2]

Unter diesem Datum wird die Zeichnung eines Windkanalmodells einer Go 242 mit Zentralrumpf erstellt.

29.9.1943 RLM [7]

GL/C – BCI genehmigt den Programmvorschlag von Eckener vom 16.8., und setzt damit die Me 323 F mit He 111-Triebwerken ab. Es sollen nur noch die beiden V-Maschinen V 16 und V 17 mit diesen Triebwerken gebaut werden.

5.10.1943 Amtschefbesprechung GL [7]

Es sind Totalverluste der Me 323 G bei der II./Transportgeschwader 5 aufgetreten, und daraufhin sämtliche Flugzeuge gesperrt worden. *Me 323 G steht so im Dokument, ist aber ein Schreibfehler, denn die Truppe flog nur Me 323 D und E.* Milch fragt nach der Ursache. Petersen: Auf Ableimen des Kaurit, der die Sonne nicht aushält. Die Flügel müssen neu bezogen und laufend nachgesehen werden. Hübner: Das wird mit Messerschmitt geklärt. Es wird eine Holzleiste darüber gelegt. Vielleicht hat es aber auch am falschen Leim gelegen. Milch: Die Sorge bestand früher schon bei der M 20. Vielleicht ist das ein grundsätzlicher Fehler. Hübner: Das tritt immer da auf, wo Leinwand auf Metall liegt.

10.1943 E-Stelle Rechlin [9]

Go 242-Schlepp mit Ar 232 bis 16,8 t und 5,7 t wurden durchgeführt. Ist sehr angenehm.

*Kössler erwähnt in seiner Typendokumentation Ar 232 (JET & PROP 2/96), dass die Ar 232 A-08 und B-02 im Oktober 1943 in Rechlin mit angehängten DFS 230 und Go 242 erprobt wurden. Die Ar 232 war zwar nach Ein-*bau eines entsprechenden Rüstsatzes problemlos zum Schleppen der Lastensegler zu verwenden. Der Einsatz war jedoch sinnlos, da das Gespann Ar 232/Go 242 nur eine Nutzlast von 4,5 t befördern konnte, während die Ar 232 A-0 allein schon 4,1 t aufzunehmen in der Lage war.

20.10.1943 Institut für Flugversuche der Deutschen Forschungsanstalt für Segelflug. Ernst Udet; Ainring [9]

Der Institutsleiter Stamer veröffentlicht die Untersuchungen und Mitteilungen Nr. 740 »Schleppverfahren«. Darin wird kurz die Entwicklung der Schleppverfahren beschrieben. Insbesondere wird über die in den Jahren 1938–43 durchgeführten systematischen Versuche berichtet. Es handelt sich dabei um:

1. Kurzschlepp
2. Starrschlepp alter Ausführung
2a. Lang- und Starrschlepp
2b. Starrschlepp mit Kugelgelenk-Kupplung
3. Mehrfachschlepp
4. Abschleppen von Motorflugzeugen
5. Tragschlepp
6. Fangschlepp
7. Mistelschlepp
8. Tragstart
9. Wolga-Startverfahren

Daneben enthält der Bericht Fotos von einer DFS 230 auf Schwimmern sowie Sturzflugbremsen und Raketenbremsen für die DFS 230.

Das Datum der Versuche mit den Schwimmern ist im Bericht nicht enthalten. (DFS)

Herbst 1943   Die Me 321-Einheiten werden aufgelöst und die Großsegler abgewrackt. Wie dieses Bild zeigt, verbleiben die Ballastkisten bis zum Abwracken bei den Me 321. (Petrick)

30.11.1943 Amtschefbesprechung GL [7]

Es wird der Lieferplan 225 besprochen, der auf Grund der Materialbasis gegenüber dem Lieferplan 224 eine erhebliche Herabsetzung bedingt. Die Me 323 läuft mit acht pro Monat zunächst durch.

8.11.43 Aktenvermerk GL/C-B 2/II [8, RL3/1121]

Die Programmsteigerung Go 242 ließ sich aus Raumgründen bei der Fa. Hartwig nicht ohne weiteres durchführen. Es war hierzu eine Verlegung der Montage von Sonneberg nach Gotha erforderlich. Des Weiteren ist der steile Programmanstieg weder arbeitskräfte- noch materialmäßig gedeckt. Eine Liste der hauptsächlichen Engpassmaterialien für den Anlauf der Fertigung der 10 t-Schleppkupplung wurde Sonderausschuss S.A. F 12 übergeben. S.A. S 12 wird prüfen, wie weit mit Material ausgeholfen werden kann. Bis zu Anlauf der Fertigung der von S.A. F 12 verspätet in Auftrag gegebenen 10 t-Kupplung wird C-B2/1 mit Kupplungen (etwa 240 Stück) aushelfen. Kupplungen für die Serie wurden nie reichseig beschafft. S.A. F 12 reicht daher schnellstens einen neuen Lieferplan für die Serie und Rückrüstung an C-B 2/I ein. Aus der Rückrüstung der Go 244 auf Go 242 werden die letzten 35 Flugzeuge von Fa. Letov im November als Go 242 B-3 ausgeliefert.

Ab erster Go 242 B-2 war der Einbau des Rüstsatzes Rauchgeräteanlage für die ersten 150 Flugzeuge verlangt. Der Einbau erfolgte bisher nicht.

Der serienmäßige Einbau der 10 t-Schleppkupplung erfolgt also nicht vor November 1943. Zu dem Zeitpunkt ist nur noch die Go 242 B-2 in Produktion. Daneben entsteht noch aus Rückrüstung die Go 242 B-3.

Um die Kapazität auszunutzen, baut Fa. Mráz zunächst Flächen für die DFS 230, und zwar in der verstärkten Ausführung. Eine V-Serienmaschine in der verstärkten Ausführung soll im Dezember 1943 in Gotha fertig werden. Gemäß Forderung von GL/C-Fert. würde diese Ausführung nicht die Baureihenbezeichnung DFS 230 A-3, sondern DFS 230 C-1 erhalten. Die Verzögerung im Serienanlauf der DFS 230 beruht ausschließlich auf fehlendem Material (Stahlrohr) und Arbeiten an den Bauvorrichtungen.

Nach Rücksprache mit C-E 3 wurde festgestellt, dass der für die Raketen erforderliche Stahlblechkasten nicht reichseigen geliefert wird, sondern zum Lieferumfang der Zelle gehört.

Bei der V-Serienmaschine handelt es sich um die DFS 230 V6, und hier wird erst die Bezeichnung DFS 230 C-1 vergeben. Die Weiterentwicklung bekommt vermutlich gleichzeitig die Bezeichnung DFS 230 D-1.

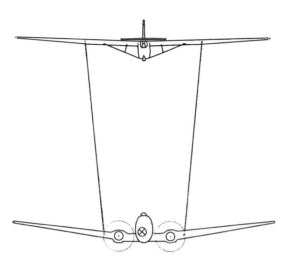
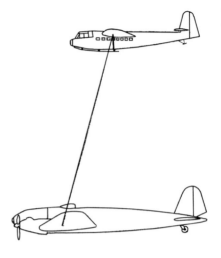

Skizze der
Ausarbeitung
(überarbeitet).
(Mankau)

Prinzipskizze „Auftriebsschlepp"

15.11.1943 Besprechung GL/Genst. [7]

Bau Go 242 muss weiterlaufen.

1.12.1943 RLM [2]

Der Reichsminister der Luftfahrt gibt den Umbauplan 225/1 GL/C-B Nr. 18289/43 heraus. Darin steht, dass 334 als Go 244 B-1/C-1 in Serie gegangene Flugzeuge wieder in das Baumuster 242 umgerüstet wurden. Und zwar:

184 Maschinen Rückrüstung in Go 242 A-1 (64 bei GWF, zwölf bei Menibum Hamburg, 36 bei Letow, 50 bei RWE, 22 bei Klemm)

140 Maschinen Rückrüstung in Go 242 B-3 mit Einbau des Springersatzes und einer Doppelschleppeinrichtung (20 bei Gotha, 95 bei Letow, 35 bei RWE)

Diesen Umbauplan kenne ich nur als Abschrift aus den Pawlas-Unterlagen (und die stimmt nicht mit den Angaben im Buch [2] überein). Daher kann ich auch nicht sagen, ob sich darin Abschreibfehler befinden, oder die Unstimmigkeiten schon im Original vorhanden sind. Zunächst ist zu fragen, warum man die Go 244 B-1 in Go 242 A-1 zurückgerüstet haben soll. Viel wahrscheinlicher ist doch, dass man das Achsfahrwerk beließ, und damit zur Go 242 B-1 zurückrüstete. Aber 334 Go 244 sind auch mehr, als im März 1943 angegeben. Da ergaben sich 301 Go 244, die von der Go 242 Produktion abgezweigt wurden. Im C-Amts-Programm vom 1.10.1942 ist von 308 Go 244 die Rede.

1.1944 GL/C2 C-Amts-Monatsmeldungen [1]

Die Firma Mráz soll die erste DFS 230 C-1 liefern. Für Februar sind drei, für März acht, für April 15 und Mai 22 geplant.

8.1.1944 Ainring [9]

In den Untersuchungen und Mitteilungen Nr. 754 berichtet die DFS über die Untersuchung des »Mistel-Schleppverfahrens« mit dem Aggregat DFS 230 und Bf 109 E. Die Flugerprobung des Gespanns begann am 21.6.1943. Nach einigen Flügen wurden die Stützböcke modifiziert, und die zweite Versuchsserie begann am 16.7.1943. Die Flugversuche ergaben einwandfreie Flug- Start- und Landeeigenschaften. Gemeinsame Landung und Trennen in der Luft sind möglich. Flüge mit Übertragung der Steuerbewegungen aus dem oberen Flugzeug auf die Ruder des unteren sind in Vorbereitung (vgl. DFS 230: Forschungsflugzeug).

10.1.1944 Gotha

Die Gothaer Waggonfabrik unterbreitet dem RLM eine Ausarbeitung über eine neue Schleppmethode: den Auftriebsschlepp. Bei dieser Methode fliegt der Anhänger an zwei Seilen gefesselt etwa 9 m über dem Schlepper, und übernimmt einen Teil dessen Gewichts. Die beiden Flugzeuge sind in der Nähe ihrer Schwerpunkte gekoppelt. Die GWF verspricht sich von der neuen Schleppmethode bessere

Zu dieser Zeit befasst sich die DFS mit der Erprobung einer Mistel aus DFS 230 B-2 und Bf 109 E. (DFS)

Flugleistungen (die Steigfähigkeit des Gespanns wird um 50 bis 100% gesteigert) und höhere Stabilitäten der Anhänger, so dass Blindflüge und sogar führerlose Anhänger möglich erscheinen. Wesentlicher Vorteil ist jedoch, dass mit dieser Methode Flugzeuge zusammengekoppelt werden können, die von ihren Fluggeschwindigkeiten her eigentlich nicht zusammenpassen. GWF hält es für möglich, dass sogar Me 110 und Fw 190 die DFS 230 oder Go 242 schleppen können, die im Normalschlepp bei einer zulässigen Schleppgeschwindigkeit von 200 bis 240 km/h in Folge ihrer hohen Flächenbelastungen nicht voll flugfähig wären.

Mit dieser Schleppmethode wäre auch das Problem gelöst, dass die He 111 ausläuft, und die Ju 388 die Go 242 nicht schleppen kann. Im Auftriebsschlepp ließe sich die Go 242 weiterverwenden.

1.2.1944 Amtschefbesprechung bei St/GL [7]
Mahnke schlägt vor, den Gnôme et Rhône 14 R abzusetzen, und stattdessen den BMW 801 für die Me 323 zu nehmen. Milch fragt, ob man genug Motoren habe, und ob er hineinpasse. Mahnke meint, dass man es sich erlauben könne, und nach Mitteilung von Messerschmitt und BMW passe er hinein. Milch: »Prüft das nach! Ich habe von Messerschmitt noch keine einzige Angabe bekommen, die sich bei der Nachprüfung als stichhaltig erwiesen hat. Ich bin sehr misstrauisch, dass das klappt.«

7.2.1944 GL/-B2 [8]
In der Flugzeug-Liefervorschau (der Plan geht bis März 1946) ist geplant, die Go 242 von aktuell 25 pro Monat auf 35 pro Monat ab Mai 1944 anzuheben. Die DFS 230 soll im März mit drei Stück starten und bis Jahresende auf 35

pro Monat gesteigert werden, die dann fortlaufend produziert werden sollen. Von der Me 323 sollen im Februar acht geliefert werden, danach soll die Serie mit sechs pro Monat weiterlaufen.

7.2.1944 Fa. Zeppelin [7]
Der Leiter des Sonderausschusses F 34, K. Eckener schreibt an Obersting. Alpers vom RLM (GL/C-B2), er habe erfahren, dass das Amt die Me 323 F und G mit BMW 801 statt Gnôme et Rhône 14 R ausrüsten will. Nach Eckener sprechen der geringe monatliche Bedarf von 80 Stück und die unsichere Lage in Frankreich gegen den Gnôme et Rhône 14 R. Allerdings ist bei der fortgeschrittenen Serienvorbereitung ein plötzliches Abstoppen der gesamten Ausbringung nicht angebracht. Von Seiten BMW-Paris (der Betreuerfirma für Gnôme et Rhône) wird eine Ausbringung von 500 Triebwerken Gnôme et Rhône 14 R vorgeschlagen, was berücksichtigt, dass die Konstruktion der Triebwerksanlage Me 323 F mit 14 R abgeschlossen ist, und die Materialbestellungen laufen. Laut Lieferplan 225/1 von 1.12.43 sollten von der Me 323 F 64 Flugzuge gebaut werden. Da Zeppelin auf Anweisung des GL 24 Konstrukteure an Dornier abgeben musste, lässt sich eine Hinausschiebung der Me 323 G und damit Verlängerung der Me 323 F auf etwa 110 Flugzeuge nicht vermeiden. Wenn der 14 R ausläuft, muss die verhältnismäßig kleine F-Serie unterteilt werden in F-1 mit Gnôme et Rhône 14 R und F-2 mit BMW 801. Es wäre nahe liegend, auf den Gnôme et Rhône 14 R ganz zu verzichten, und die Me 323 F ganz mit BMW 801 auszurüsten. Um den Anschluss an die Me 323 E zu gewährleisten, ist allerdings eine höhere Dringlichkeitsstufe nötig.

▲ Die Ka 430 V1 in Erfurt. (Mathiesen)

◄ Diese Sturzflugbremsen wurden von der DFS erprobt. (DFS)

Diese Ankündigung bedeutet nicht, dass sofort mit der Fertigung aufzuhören ist, sondern dass es über die bestehenden Aufträge hinaus keine weiteren mehr geben wird.

27.3.1944 Flugplatz Erfurt Nord [26]

Unter Führung des Piloten Fl. Obering. Herbert Pankratz von der Erprobungsstelle der Luftwaffe findet der Erstflug der Ka 430 V 1 (DV+MA) statt.

29.3.1944 Ainring/Erfurt [26]

Zur Erprobung neuer Sturzflugbremsen, die für die Ka 430 vorgesehen sind, wird eine DFS 230 von Ainring nach Erfurt überführt.

30./31.3.1944 Erfurt [26]

Mit der DFS 230 D-IDCP werden die neuen Sturzflugbremsen erprobt. Die Versuche sollen klären, ob die Ka 430 Sturzflugbremsen, oder, wie die DFS 230, einen Bänderbremsschirm erhalten soll.

Die kurze Zeitspanne zwischen dem Erstflug der Ka 430 V 1, der Überführung der DFS 230 und der anschließenden Erprobung der Sturzflugbremsen lässt es wenig wahrscheinlich erscheinen, dass hier schon Bremsen der Ka 430 an einer DFS 230 erprobt werden. Die DFS hat aber schon im Bericht Nr. 740 vom 20.10.1943 Sturzflug-

29.2.1944 Besprechung GL [7]

Mistelschlepp ist abgesetzt.

Ich vermute, dass damit der Mistelschlepp mit Me 109 und DFS 230 gemeint ist.

4.3.1944 C-Amts-Programm [20]

Das Flugzeugbau- und Entwicklungsprogramm wird gekürzt, und die Me 323 abgesetzt.

15.3.1944 Gl/C [8, RL 3/1121]

In einem Fernschreiben (RLM/GL/C Nr. 14830/44) wird der GWF mitgeteilt, dass die Go 242 und die DFS 230 sofort vom Programm abgesetzt werden.

bremsen an der DFS 230 gezeigt. Vermutlich findet hier also nur ein Systemvergleich statt.

11.4.1944 Gothaer Waggonfabrik [8, RL 3/1121]
GWF schreibt an das RLM (GL/C-Ba 2), dass noch 66 Flugzeuge Go 242 C-1 benötigt werden.

11.4.1944 Gothaer Waggonfabrik [9]
Die GWF beauftragt die Luftfahrtforschungsanstalt Herman Göring in Braunschweig-Völkenrode mit der Durchführung von Windkanalmessungen an einem Modell der Go 345. Die Versuche werden im Juli 1944 durchgeführt.

28.4.1944 GL/C-B 2/1 [8, RL 3/1121]
Im Fernschreiben Nr. 15134/44 teilt das RLM GWF (H. Berthold) mit, dass von den als Programmauslauf durch Fa. Hartwig (Sonneberg/Thüringen) noch fertig zustellenden 231 Flugzeugen Go 242 B-2 43 Stück als Go 241 C-1 zu liefern sind.

In den mir bekannten Unterlagen ist über den weiteren Verbleib der Go 242 C-1 nichts bekannt, jedoch ergibt sich aus den Angaben des Generalquartiermeisters, dass Hartwig beim Auslauf der Go 242 nur die Baureihe B-2 gefertigt hat. Im Deutschen Technikmuseum Berlin wird ein Rumpfgerüst einer Go 242 A ausgestellt, die angeblich in eine Go 242 C umgebaut werden sollte. Ich habe jedoch keine diesbezüglichen Anhaltspunkte feststellen können.

15.5.1944 Flugzeug-Programm
Laut Programm sind an die Luftwaffe geliefert worden.

Me 323	Leiph.	Obertr.	Stück
D-1	21	32	53
D-2			34
D-6			55
E-1	46	10	56
Summe	93	105	198

18.5.1944 Luftschiffbau Zeppelin [4], [20]
Die Firma legt ein Projekt der Z Me 323 H vor. In der Einleitung steht, dass die Entwicklung und Fertigung der Me 323 vollständig unterbrochen ist, und das Projekt für den Fall einer Wiederaufnahme gedacht ist. Die Z Me 323 H soll mit geringstem Aufwand unter Verwendung von Konstruktionsmerkmalen der zu 2/3 fertigen Z Me 323 G und der fertigen Me 323 F entwickelt werden.

23.5.1944 (Reichsmarschall) [8]
In Besprechungen beim Reichsmarschall über Luftrüstung wird beschlossen, eine Reihe von Flugzeugtypen zu streichen bzw. baldmöglichst zum Auslauf zu bringen. Zu diesen Mustern gehören die Ju 88/188 und auch die Transportflugzeuge Ju 52, Ju 352 und Me 323. Die He 111 soll ausschließlich als Transporter mit 80 pro Monat weiterlaufen, und durch die Ar 432 ersetzt werden. Die Lastensegler DFS 230 und Go 242 werden nicht erwähnt. Ihr Auslaufen war aber auch schon am 15.3.1944 beschlossene Sache.

27.6.1944 Erfurt [26]
Erstflug der Ka 430 V 2 (DV+MB).

1.7.1944 (Reichsmarschall) [8]
Beim Reichsmarschall findet eine Besprechung statt, in der Konsequenzen aus einem Führerbefehl vom 30.6.1944 gezogen werden. Hitler hatte das völlige Ausscheiden des schweren Kampfflugzeugs (He 177) befohlen, und Jäger zum absoluten Schwerpunkt gemacht. Die Monatsproduktion der Jäger sollte auf 3800 gesteigert werden. Dazu sollten 400 Zerstörer und 500 Nachtjäger kommen. Diese Forderungen haben auch Auswirkungen auf andere Flugzeugmuster. 20 Typen werden abgesetzt. Dazu gehören auch die Ju 352 und Go 242. Die DFS 230 soll jedoch mit 10 pro Monat weiterlaufen. Die He 111 soll im Januar 1945 auslaufen und die Ju 52 soll solange wie möglich in Frankreich gefertigt werden. Als Transportflugzeug ist die weitgehend auf Holz umgestellte Ar 432 vorgesehen, und als Schleppflugzeug für Lastensegler die Ju 188. Die Me 323 wird nicht erwähnt.

Ju 188 ist vermutlich ein Tippfehler, denn die Ju 188 war schon am 23.5.44 zu Gunsten der Ju 388 gestrichen worden.

3.7.1944 Gotha [2]
Die Gothaer Waggonfabrik erstellt eine Projektbeschreibung der Go 345. Das Datum der Veröffentlichung bzw. Übergabe an das RLM ist nicht bekannt. Unter dem angegebenen Datum sind einige Zeichnungen der Beschreibung erstellt.

Werkzeichnung der Go 345 als Punktlandeflugzeug mit Argus Strahlrohren und Bremsrakete im Bug. (Gothaer Waggonfabrik)

18.7.1944 Kommando der Erprobungsstellen der Luftwaffe Brb. Nr. 1470/44 [1]

Technische Bemerkungen zur Studie 1036 auf Grund der derzeitigen Erprobungslage.

Transportsegler: Zu DFS 230: Der Wiederanlauf erscheint nicht gerechtfertigt, da mit der Streichung der He 111 kein geeignetes Schleppflugzeug mehr vorhanden ist. Außerdem sind Laderaum, Ladefähigkeit und zugelassene Schleppgeschwindigkeit veraltet. Es wird vorgeschlagen, da nur noch die Ju 388 als Schleppflugzeug in Frage kommt, die Ka 340 an der Stelle der DFS 230 in Serie zu bauen.

Das Gegenstück zur Ka 430 ist die DFS 230 D-1 (später E-1), die eine vergleichbare Spannweite und auch Ladekapazität hat. Aber auch die DFS 230 D-1 (E-1) ist eine weitgehende Neukonstruktion, und hat kaum noch gemeinsame Bauteile mit den Baureihen A und B. Wie schon beim Vergleich der DFS 331 mit der von Kalkert konzipierten Go 242 ist die Ka 430 praktischer, da eindeutig einfacher zu beladen. Da die Ka 430 wegen des Bugradfahrwerks auch moderner und sicherer ist, gewinnt Kalkert auch diesen Wettbewerb. Es bleibt bei dem Einzelstück DFS 230 V 7 als Muster für die DFS 230 D-1 (E-1). Zur Unterscheidung D-1 – E-1 vergleiche Baumusterübersicht.

19.7.1944 Gothaer Waggonfabrik [8, RL 3/1121]

Der Leiter des Sonderausschusses 12, Berthold, schreibt an das RLM, dass ein Auftrag auf fünf V-Muster Go 345 und 10 V-Muster Me 328 vorliegt, aber die Unterlagen noch nicht klar sind.

Im Juli 1944 finden die Windkanalversuche mit einem Modell der Go 345 in der Flugforschungsanstalt in Braunschweig statt. Zum Messumfang gehört auch die Untersuchung der Triebwerksposition und des Bremsschirms.

Der Sonderausschuss F 12 macht einen Gegenentwurf zum Lieferplan 226 vom 10.7.1944. Danach sollen nur 20 DFS 230 C-1 in der Zeit von April bis Oktober 1944 gebaut werden. Ab Oktober soll eine Serie von 170 DFS 230 D-1 folgen, die ab Dezember 1944 konstant mit zehn pro Monat geliefert werden soll.

Zwischenzeitlich hat eine Umbenennung stattgefunden. Die zur DFS V 7 gehörende Serie mit großem Rumpf und 300 km/h Schleppgeschwindigkeit, also das Gegenstück zur Ka 430, heißt jetzt DFS 230 E-1. Die hier genannte Baureihe DFS 230 D-1 ist neu entstanden, und stellt im Prinzip eine DFS 230 C-1 mit verkürzten Tragflächen dar, die auf die höhere Schleppgeschwindigkeit angepasst ist. Da wahrscheinlich schon die Entscheidung zu Gunsten der Ka 430 und damit gegen die DFS 230 E-1 gefallen ist, dient die neue DFS 230 D-1 zur Überbrückung der Zeit, bis zum Serienanlauf der Ka 430.

Die rechts stehende Zeichnung stammt ursprünglich aus dem Jahre 1944, wurde aber am 30.10.1945 in Braunschweig-Völkenrode um die englischen Untertitel ergänzt. Titel und Unterschrift wurden im Computer verschoben. (Gothaer Waggonfabrik)

Windkanalmodell Go 345
Wind tunnel model of the Go 345

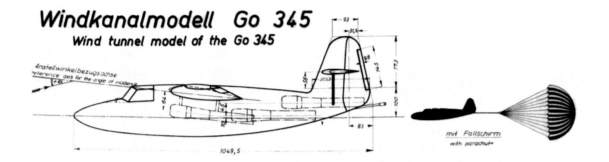

mit Fallschirm
with parachute

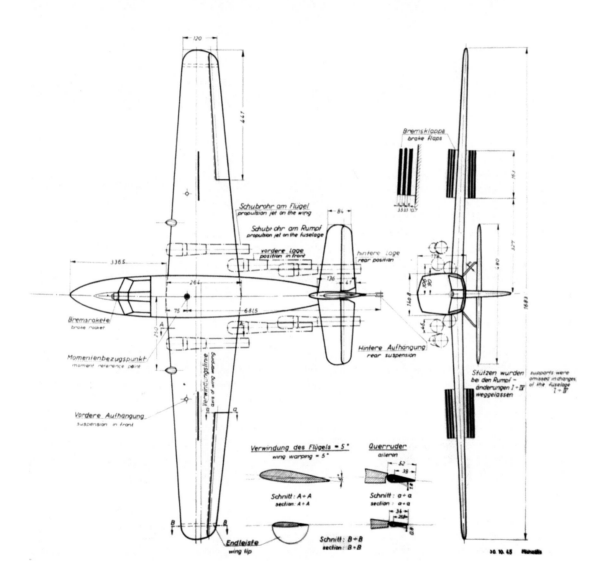

21.7.1944 Aktenvermerk der Gothaer Waggonfabrik

Am 20.7.1944 haben zwei Herren der DVL das Hubschleppgespann Kl 25 – Mü 17 der die FFG München auf dem Flugplatz des Fliegerhorstes Gotha vorgeführt. Wie beim Auftriebsschlepp der GWF fliegt der Anhänger über dem Schleppflugzeug, ist aber nur mit einem Seil gefesselt und daher für das führerlose Schleppen nicht geeignet. Auch die FFG will in Zukunft den Doppelseilschlepp erproben. Die Vorführung musste wegen eines Luftangriffes abgebrochen werden. Bei dem Angriff wurde das von der GWF zur Erprobung des Auftriebsschlepps verwendete Segelflugzeug Habicht zerstört, und das Schleppflugzeug Ju 87 beschädigt.

Da der vom Reichsmarschall befohlene Einsatz der Go 242 (Wasser) nur durch die Verwendung des Auftriebsschlepps durchgeführt werden kann, und er auch für die Projekte P-56, P-57 und P-58 vorgesehen ist, wird vorgeschlagen, eine neues Schleppgespann DFS-Habicht – Ju 87 in Angriff zu nehmen, und weiterhin die DFS 230 V7 mit Schleppkupplungen für den Auftriebsschlepp auszurüsten.

Die Go 242 (Wasser) erhielt die Baureihenbezeichnung Go 242 C-1. Wie aus dieser Aktennotiz hervorgeht, sollte die Go 242 C-1 im Auftriebsschlepp von einer He 111 H geschleppt werden. Das Projekt P-56 war ein führerloser, geflügelter Tankbehälter, der zur Reichweitenvergrößerung von der Fw 190 geschleppt werden sollte. Das Projekt P-57 war eine in gleicher Weise geschleppte Flugbombe, und das Projekt P-58 vermutlich ein Kampfgleiter nach Art der BV 40.

24.7.1944 Gothaer Waggonfabrik [8, RL 3/1121]

In einem Fernschreiben bittet das RLM (GL/C-B 2) die Fa. Gotha, die Serie der DFS 230 bei Mráz auf D-1 umzustellen. Reibkufen und festes Fahrwerk sind vorzusehen.

25.7.1944 Gothaer Waggonfabrik [8, RL 3/1121]

In einer Besprechung wird Übereinstimmung darüber erzielt, dass die Firma Mráz durch die Flächenfertigung für Ar 396 vollkommen ausgelastet ist. Wenn die Flächenfertigung zu einer freien Holzkapazität gegeben würde, stünde der Durchführung des Auftrags DFS 230 nichts mehr im Wege.

7.1944 GL/C2 C-Amts-Monatsmeldungen [1]

Die Firma Mráz hat die erste DFS 230 C-1 im April geliefert. Im Mai folgte eine weitere, im Juni kamen 9 und im Juli endet die Lieferung mit weiteren drei Maschinen. Damit sind insgesamt 14 DFS 230 C-1 geliefert worden.

7.1944 Gothaer Waggonfabrik [8, RL 3/1121]

Im Monatsbericht des Sonderausschusses 12 steht zu den Lastenseglern:

Serienfertigung

    Hartwig hat 17 Go 242 B-2 gebaut

    Mráz hat 3 DFS 230 C-1 gebaut

Entwicklung

    Go 242 A-1 W-Nr. 0113 928

    Mustereinbau 2 Schleppkupplungen in Flügelnase

    Go 345

    Rumpfbau fertig, andere Arbeiten laufen

    DFS 230 A-1 W-Nr. 0125144

    Mustereinbau SF-Funksonde

    DFS 230 C-1 W-Nr. 170008

    Umbau auf Baureihe D-1 (300 km/h) u. Einbau 2 Schleppkupplungen in Flügelnase

8.1944 Gothaer Waggonfabrik [8, RL 3/1121]

Im Monatsbericht des Sonderausschusses 12 steht zu den Lastenseglern:

Serienfertigung entfällt

Entwicklung

    Go 242 W-Nr. 0113 928

    Einbau Flügelschlepp

    Go 345

    zu 90% (ohne Triebwerk) fertig

    DFS 230 A-1 W-Nr. 0125144

    Einbau und Versuch Kröte Land

    DFS 230 C-1 W-Nr. 170008

    Umbau auf D-1 ist erledigt

    DFS 230 C-1 W-Nr. 170010

    Umbau auf D-1 in Arbeit Termin 5.9.

    DFS 230 C-1 W-Nr. 170011

    Umbau auf D-1 in Arbeit Termin 25.9.

    DFS 230 V-7

    Umbau für Auftriebsschlepp

    Habicht

    Umbau für Auftriebsschlepp

Sommer 1944 Gotha [1]

Die Gothaer Waggonfabrik erstellt eine Datensammlung zur DFS 230. Darin wird für die DFS 230 A/B das Baujahr 1939 angegeben. Für die DFS 230 C-1 (V 6) steht dort 1943 und für die DFS 230 D-1 und DFS V 7 1944. Weiter wird die Baureihe E-1 erwähnt, aber ohne Baujahrangabe. Für alle DFS 230 wird die Gothaer Waggonfabrik als Hersteller angegeben.

Pawlas [1] macht keine Angabe, wann die Sammlung erstellt wurde. Ich habe mir Kopien der zu Grunde liegenden Dokumente im Deutschen Technikmuseum Berlin (Historisches Archiv) angesehen. Auch dort fehlt eine Datumsangabe. Einige Autoren bringen die DFS 230 D-1 bis F-1 in Zusammenhang mit dem Gotha Chefkonstrukteur Hünerjäger. Einen Beleg dafür habe ich nicht gefunden.

2. Jahreshälfte 1944 Gothaer Waggonfabrik [14]

Die DFS 230 V 7 (Pilot Roehlike) wird zusammen mit einer Ju 87 B-1 (Pilot Rentrop) zur Erprobung des Auftriebsschlepps eingesetzt. Die Versuche werden mit einer Ju 87 D-2 und DFS 230 E fortgesetzt.

Leider liegen mir die Originalquellen nicht vor, so dass ich mich auf die Quelle [14] verlassen habe, die anscheinend auf Versuchsberichte der Gothaer Waggonfabrik zurückgeht. Diese Versuche werden auch von Bruno Lange (Das Buch der deutschen Luftfahrttechnik) und Nowarra (Die Deutsche Luftrüstung 1933 – 1945) bestätigt. In den Quellen wird kein Datum der Versuchsberichte genannt. Man kann den Zeitraum aber eingrenzen durch das Umrüsten des Prototypen im Juli 1944 nach der Entscheidung für die Ka 430 und dem Fehlen von Sprit für derartige Versuche (vgl. 31.1.1945). Während die Kombination Ju 87 B und DFS V 7 eindeutig ist, kann es sich bei der DFS 230 E eigentlich auch nur um die V 7 handeln. Die Maßangaben in [14] lassen darauf schließen.

9.1944 Rechlin [26]

Die Ka 430 V3 geht in Rechlin bei der Erprobungsstelle der Luftwaffe zu Bruch.

22.9.1944 Rechlin (Bericht Nr. 369/44) [9]

Die Erprobungsstelle berichtet über Schäden an Holzbauteilen verschiedener Flugzeugmuster. Zur Ka 430 schreibt der Sachbearbeiter: »Nach Eingang des Flugzeuges vom Hersteller glichen die Querruder und Landeklappenausleger einem rohen Kistenbrett. Ca. 30% der zu schützenden Oberflächen waren überhaupt nicht konserviert, und an den übrigen Stellen so mangelhaft konserviert, dass jede einzelne Holzfaser als Dolch wirkte… (Lichtbilder konnten wegen des Totalverlustes nicht mehr gemacht werden)…«

17.10.1944 Erfurt [26]

Erstflug der Ka 430 V 5 (DV+MC).

18.10.1944 Erfurt [26]

Erster Starrschlepp einer Ka 430 hinter einer He 111 H-6 (DJ+SI).

25.11. – 23.12.1944 Rechlin [26]

Die Ka 430 V 4 wird in Rechlin erprobt. Dabei wird auch Starrschlepp durchgeführt.

4.12.1944 Oberkommando der Luftwaffe, Gen.Qu. Az 11 Nr. 24 290/44 (Chef Nachschub II Abt.) [7]

Der Generalquartiermeister erstellt eine Übersicht der an die Luftwaffe gelieferten Lastensegler DFS 230, Go 242 und Me 323.

Gesamtlieferzahlen Lastensegler DFS 230							
Firma	1939	1940	1941	1942	1943	1944	gesamt
Hartwig			308				
Bücker			180				
Gotha			32				
Erla			178				
BMM			322	74		Mráz 14	
Summe	28	455	1020	74		14	1591
Gesamtlieferzahlen Lastensegler Go 242							
Gotha			253	469	178		
Hartwig				213	264	151	
Summe			253	682	442	151	1528
Gesamtlieferzahlen Me 323							
Leiph.				12	55	26	93
Obertr.				16	86	3	105
Summe				28	141	29	198

Diese Tabelle enthält die an die Luftwaffe abgelieferten Flugzeuge. Nicht enthalten sind V-Muster, die bei den Firmen, Forschungs- und Erprobungsstellen verblieben.

6.12.1944 Festigkeitsprüfstelle GL/C-E 2

Unter dem Aktenzeichen Az.89/C-E 2/FP I M Nr. 5337/12.43. legt die Prüfstelle die zulässigen Gewichte für die einzelnen Baureihen der Go 242 fest. Die Daten sind in die Tabelle im Anhang eingearbeitet.

Januar 1945 Gothaer Waggonfabrik [14]

Die Go 242 A-1 W-Nr. 0113 928 wir erfolgreich im Auftriebsschlepp erprobt. Die Kriegslage lässt aber einen Einsatz des Verfahrens nicht mehr zu.

25.1.1945 Oberkommando der Luftwaffe, Generalquartiermeister Nr. 981/45 [7]

Übersicht über den Stand der Lieferungen an verbündete und befreundete Staaten, Stand vom 31.12.1944 Lastensegler DFS 230.

	1942	1943	
Italien	10	50	im Februar geliefert
Rumänien	15	23	Im Oktober und November geliefert

31.1.1945 Erfurt Nord [26]

Erprobung der Ka 430 hinter einer Ju 88 C6.

31.1.1945 Erfurt Nord [26]

Letzter Erprobungsflug der Ka 430 hinter einer Ju 88 C-6 (PB+VW). Danach wird die Erprobung wegen Kraftstoffmangel eingestellt.

30.4.1945 Breslau/Berlin

An diesem Tag werden die letzten Einsätze von DFS 230 und Go 242 in Schlepp von He 111 H und Do 17 E zur Versorgung von Berlin und Breslau geflogen.

Lastensegler und Transporter im Einsatz

Neetzow und Schlaug [13] haben den Einsatz der Lastensegler und ihrer Besatzungen anschaulich und ausführlich geschildert. Auch Griehl [16] bringt eine Darstellung der Einsätze der entsprechenden Verbände. Daher folgt hier nur eine kurze, bildhafte Darstellung der Flugzeuge im Einsatz.

Ladung der Lastensegler und Transporter

Mit der DFS 230 wurden Soldaten direkt zum Kampfeinsatz geflogen. (Bundesarchiv Koblenz 10 1I-569-1579-14)

Die Go 242 diente eher der Verlegung von Truppen. (Bundesarchiv Koblenz 101I-641-4546-17)

Zu den bevorzugten Transportgütern
gehörte Kraftstoff in Fässern.
(Mathiesen / Pawlas)

Die Me 323 konnte ca. 20 Benzinfässer nach Afrika transportieren. (Bundesarchiv Koblenz 10 1I-552-0822-22)

Go 242 und Me 323 flogen viele Verwundete heim. (Bundesarchiv Koblenz 101I-641-4550-29 und 10 1I-561-1142-21)

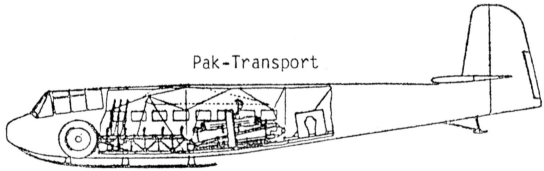

Pak-Transport

In der DFS 230 konnten nur kleine oder zerlegte Lasten befördert werden. (Bundesarchiv Koblenz 10 1I-561-1142-21 / Schlaug)

Mit der Go 242 ließen sich Lebensmittel und Futter transportieren. (Bundesarchiv Koblenz 10 1I-561-1138-13)

Lastensegler und Transporter im Einsatz

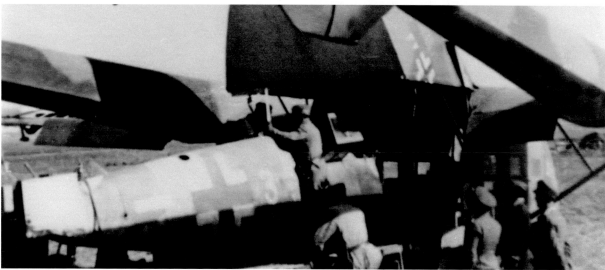

◁ Auch vollständige Fahrzeuge
schluckte die Go 242.
(Bundesarchiv 101I-434-0949-09)

△ Vielfach transportierte die Go 242 Flugzeugmotoren und -teile,
wie hier den BMW 801 einer Fw 190 und den Rumpf einer
Bf 109. (Bundesarchiv Koblenz 101I-332-3096-12 und Petrick)

Beladeversuche der Me 321 während der Entwicklungszeit. (Radinger)

Beladebeispiele der Me 321 aus einem Messerschmitt-Film. Im Einsatz wurden zunächst Benzinfässer transportiert. (Pawlas)

Die Me 323 beförderte alles, was gewichts- und größenmäßig hineinpasste: hier neue Flugmotoren und Motorschrott. (Petrick)

Neben anderen Fahrzeugen transportierte die Me 323 auch Triebwerke und Kranwagen für den eigenen Bedarf. (Bundesarchiv Koblenz 10 1I-667-7148-04)

Die kampfwertgesteigerte Me 323 D-1 entläd einen Opel Blitz Maultier. (Bundesarchiv Koblenz 10 1I-559-1085-07)

Auch das Geschütz wurde mit nach Afrika geflogen. (Bundesarchiv Koblenz 10 1I-559-1085-08)

Transport und Zusammenbau der Lastensegler

Die Verlegung der DFS 230 ins Einsatzgebiet erfolgte in der Regel mit der Bahn. (Mathiesen)

Dies galt auch für die Go 242. (mm Fotoarchiv)

Rechts: Am Zielbahnhof entluden Soldaten die DFS 230-Flügel samt Transportwagen. (Krieg)

Die Baugruppen einer Go 242 wurden auf Straßenanhänger umgeladen und zum Flugplatz gebracht. (Nidree)

Rechts: Auf den Flugplatz lud die Bodenmannschaft Rumpf, Flügel usw. ab. (Nidree)

Der Aufbau einer DFS 230 ging ohne Hilfsmittel. (Griehl)

Zum Aufbau der Go 242 wurden ein Feldkran und viel Personal benötigt. (Nidree)

Auch in der Halle sah der Aufbau ähnlich aus. (Nidree)

Die Me 321 konnte nur am Produktionsort montiert werden. Zum Einsatzort wurde sie geschleppt. (Radinger)

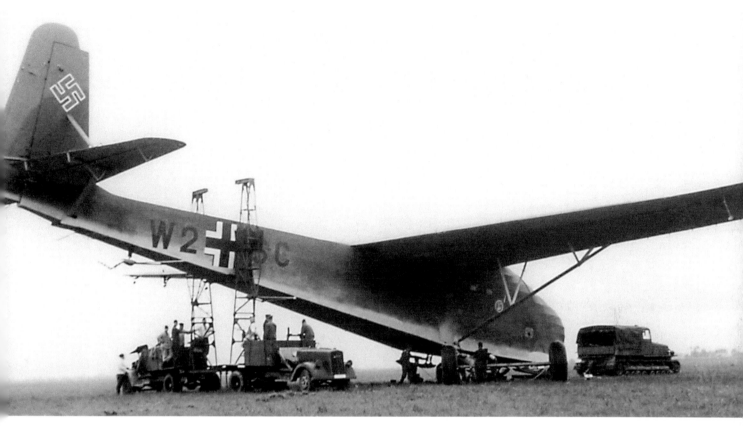

Die Startvorbereitungen für die Me 321 waren immens. Zunächst musste der Segler mit Spezialwagen auf das ca. 1,7 t schwere Fahrwerk mit Ju 90- und Me 109-Rädern gehoben werden. Dann wurden an den beladenen Segler die Startraketen angehängt. Mannschaften und Fahrzeuge mussten schon vor der Landung zum Einsatzort transportiert werden. (Petrick)

Schleppen der Segler und Transporter auf dem Platz

Für Die DFS 230 reichten relativ kleine Zugfahrzeuge, wie Opel Blitz oder dieser 55 PS Hanomag SS 55.
(Bundesarchiv Koblenz 10 1I-566-1491-37)

55 PS Lanz Bulldog im Dienst der Luftwaffe. (Bundesarchiv Koblenz 10 1I-567-1523-03)

Schleppen der Segler und Transporter auf dem Platz

Ein 100 PS Hanomag SS 100 Gigant zieht die Go 242 B-2. (Pawlas)

Zgkw 12 t von Daimler-Benz mit 185 PS vor der Go 242 A-1. (Bundesarchiv Koblenz 10 1I-561-1130-24)

Für die Go 242 durfte es auch schon mal ein 150 PS-Faun sein sein. (Nidree)

Die Me 323 E-1 braucht dicke Brummer wie den Faun ZR 567. (Bundesarchiv Koblenz 10 1I-668-7197-03)

Schleppen der Segler und Transporter auf dem Platz

Auf weichem Boden mühen sich zwei Zugmaschinen (Zgkw. 12 t und Praga T6-SS) mit der Me 323 D-1 ab.
(Bundesarchiv Koblenz 10 1I-552-0822-36)

Unfälle

Beim Einsatz als Kampfsegler mussten die Piloten die DFS 230 oft in unwegsamem Gelände landen. Dabei zerlegten viele Segler, und viele Soldaten kamen ums Leben. (Mathiesen)

Der Pilot der Go 242 hat wohl den Eisenbahntransport miss-verstanden. (Mathiesen)

Rechts: Bei dieser Bruch-landung blieb der Rumpf relativ heil, nicht jedoch die Leitwerksträger aus Holz. (Nidree)

Abtransport eines beschädigten Lastenseglers. (Nidree)

Es kam relativ häufig vor, dass eine der äußeren Schleppmaschinen (Kettenhunde) einen gewissen Winkel überschritt, der zum Ausscheren der Maschine führte. Wenn dies beim Start geschah, konnte der Schlepppilot ohne Abbremsung nicht mehr zur Mitte einscheren. Dann konnten nur noch die Zugseile ausgeklinkt werden, und der Segler machte eine Außenlandung. Hier ist die ausgescherte Bf 110 sogar abgestürzt. (Petrick)

Infolge des harten Aufsetzens hat diese Me 321 A-1 die Ballastkiste verloren. (Petrick)

Baureihenübersicht

DFS 230

Im Deutschen Technikmuseum Berlin (Historisches Archiv) gibt es Unterlagen (Datenblätter und eine Typenaufstellung) der Gothaer Waggonfabrik zur DFS 230. Die darin enthaltenen Angaben habe ich in Tabellen zusammengefasst (siehe Anhang). Die DFS 230-Tabelle entspricht einer von Pawlas [1], die auf dieselben Quellen zurückgeht. Allerdings verwechselt Pawlas die Ladebreite innen mit der Rumpfbreite außen. Ich habe die Rumpfbreite an der DFS 230 in Wunstorf nachgemessen. Sie beträgt zwischen den Flügeln 0,8 m. Die nachfolgende Beschreibung der Baureihen basiert zunächst auf der Baureihenübersicht im Anhang. Weiter fand das Handbuch [33], in dem die DFS 230 A-1 beschrieben ist, Verwendung. Als weitere Originalquelle stand mir die von der Gothaer Waggonfabrik im September 1941 herausgegebene »Ersatzteil-Liste Lasten-Segelflugzeug DFS 230« zur Verfügung. Auf Grund der enthaltenen Bauteile gilt sie aber wohl nur für die DFS 230 A-2. Ein Teil der Aussagen geht auf eigene Beobachtungen und Schlüsse zurück.

DFS 230 V 1 bis V 3

(über die V 4 liegen keine Angaben vor)

Von dieser Gruppe lässt sich die DFS 230 V 1 beschreiben, da sie in einem Bericht über Gebirgserprobung abgebildet ist. Sie war Silber über alles und hatte gegenüber der DFS 230 A-1 folgende Abweichungen (vgl. DFS 230 B):

- Der Bug war stärker gerundet
- Die Rumpfoberseite war von der Kabine bis zum Leitwerk gerade
- Die Kanzelverglasung bestand teilweise aus gebogenen Plexiglasscheiben
- Links hatte der Rumpf sieben statt acht Fenster
- Rechts hatte der Rumpf sieben Fenster und keinen Deckel

Diese Bilder aus dem Handbuch zeigen vermutlich die drei Prototypen. (Handbuch)

Die drei DFS 230 A-0 im Vordergrund haben die einfache Kanzelverglasung. Die Maschine im Hintergrund hat zusätzliche Fenster und vermutlich Doppelsteuer. (Deutsches Museum)

1940 wurde das Tarnschema umgestellt, wie an dieser DFS 230 A-0 zu sehen ist. (Selinger)

Deutsche Lastensegler

- Das Seitenruder war glatt und ohne Hilfssteuer
- Das Höhenleitwerk hatte einen anderen Grundriss

Die DFS V 2 und V 3 sahen vermutlich ähnlich aus. In Handbuchentwurf vom 3.9.1939 sind neben der V 1 zwei weitere DFS 230 abgebildet, die bis auf die Kennung aussehen, wie die V 1. Die Kennzeichen sind: D-5-241, D-5-271, D-5-289 (DFS 230 V1). Dies könnten die drei V-Muster sein.

DFS 230 A (A-0)
Die 1937/38 gebauten Vorserienmaschinen der DFS 230 können in zwei Gruppen aufgeteilt werden. Die erste hat einen Pilotensitz und sicher anfänglich die Bezeichnung DFS 230 A gehabt. Später wurde sie zur Unterscheidung von der normalen Serie als DFS 230 A-0 bezeichnet. Die Flugzeuge entsprachen formal der V 1, waren aber ganz grau (vermutlich RLM 63 oder RLM 02) lackiert. Belegt ist, dass Hartwig 18 DFS 230 A-0 gebaut hat (vgl. 17.2.1941). Nach dem Flugzeugentwicklungsprogramm vom 1.10.1937 waren 30 im Bau. Somit dürfte Gerner die restlichen zwölf gebaut haben.

DFS 230 B (Vorserie)
Von der Vorserie gab es auch einige Exemplare mit zusätzlichen Scheiben bzw. Öffnungen hinter der Kanzel, zweiter Instrumentierung, zweiter Steuerknüppel und zweiten Pilotensitz. Auch diese waren teilweise Grau lackiert. Ob diese Schulflugzeuge, auf denen 1938/39 geschult wurde, eine eigene Bezeichnung hatten, ist nicht bekannt. Es ist aber nicht auszuschließen, dass sie später als DFS 230 B oder B-1 bezeichnet wurden.

DFS 230 B (Messflugzeug)
Mir liegen zwei kopierte Seiten eines DFS-Berichtes aus dem Jahrbuch 1941 der deutschen Luftfahrtforschung vor, auf denen eine DFS-230-B dargestellt ist. Dies ist aber kein Schul-, sondern ein Messflugzeug mit modifiziertem Flügel. Der Rumpf wich hinsichtlich der Fenster und Tür von der normalen DFS 230 A-0 ab. Aus der Zeichnung geht die frühe Form des Höhenleitwerks der DFS 230 hervor (vgl. DFS 230: Forschungsflugzeug).

DFS 230 V 5
Die DFS 230 V 5 war die von der Gothaer Waggonfabrik gebaute erste Mustermaschine der Serie DFS 230 A-1, und sah vermutlich genau wie diese aus. Sie wurde im März 1939 fertig, und anschließend erprobt.

Diese Vorserienmaschine hat Doppelsteuer und ein für den Lehrer vergrößertes Sichtfeld. (Petrick)

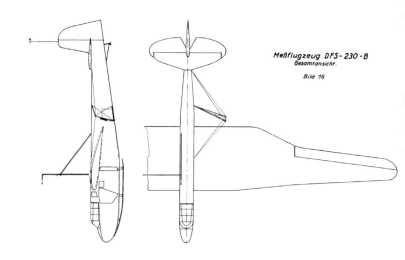

Meßflugzeug DFS-230-B
Gesamtansicht.
Bild 16

Die frühen DFS 230 haben einen rundlichen Bug, gewölbte Scheiben, einen von vorn bis hinten geraden Rumpfrücken, und, gegenüber späteren Varianten, andere Konturen der Leitwerke. Der Rumpf dieser Versuchsmaschine weist eine verlegte Tür und spärliche Verglasung auf. (DFS)

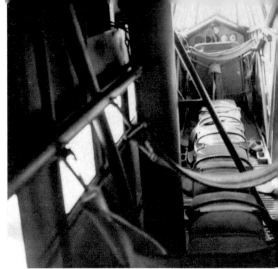

Oben links: Dies könnte die DFS 230 V-5 im Bau gewesen sein, zumindest sah sie so aus. (Gothaer Waggonfabrik)

Oben rechts: Die unter dem Flügel angebrachte Diagonalstrebe im Rumpf und die Verkleidung der Seilzüge für die Querruder im Flügel (links neben der Sitzbank) machten das Durchsteigen von hinten nach vorn nahezu unmöglich. Daher wurde die DFS 230 A-1 von vorn und hinten beladen. Die vor der Strebe sitzenden Soldaten blickten nach vorn und hatten Bauchgurte. Die vier dahinter sitzenden schauten nach hinten und hatte zusätzlich Rückengurte. (Mankau)

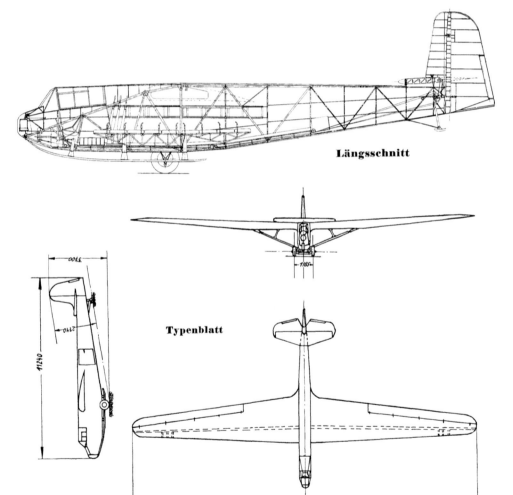

Längsschnitt

Typenblatt

Zeichnungen aus dem Handbuch der DFS 230 A-1.

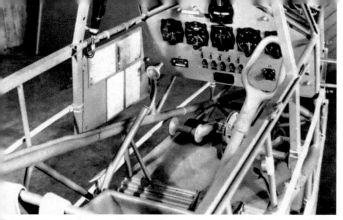

Sechs Mann der Besatzung mussten bei der DFS 230 A-1 durch die Kanzel einsteigen. (modell magazin)

Detailansichten der DFS 230. (Gothaer Waggonfabrik)

DFS 230 A-1

Bezeichnung: Sturmsegler für neun Soldaten
Kennzeichen: Abwerfbares Startfahrwerk, einteiliges Kanzeldach, eine Ladetür links

Die DFS 230 A-1 war die erste in größerer Serie gebaute Variante des Lastenseglers. Belegt sind 30 von Hartwig gebaute DFS 230 A-1, die bis zum 24.1 1940 entstanden. Weitere sind nicht nachweisbar und auch unwahrscheinlich. Sie war schwerpunktmäßig für den Transport von Kampfgruppen (zehn Mann) gebaut. Davon saßen sechs mit Blick nach vorn; sie stiegen durch die Kanzel ein und aus. Vier schauten nach hinten und verließen das Flugzeug durch eine auf der linken Rumpfseite angebrachte Tür, durch die auch Funkgeräte oder schwere MGs be- und entladen wurden. Charakteristisch für frühe DFS 230 A-1 ist das Fehlen einer Ladeöffnung auf der rechten Rumpfseite. Dafür hatte sie dort acht Fenster.

DFS 230 A-2

Bezeichnung: Transportflugzeug für Truppen und Gerät (Geschützflugzeug)
Kennzeichen: wie A-1, Hilfssteuer, zusätzlicher Ladeluke auf der rechten Rumpfseite, hintere Sitzbank zum Lastentransport ausbaubar, aufklappbare Kabinendachecke und Beschläge für Gerätehalterungen

Laut der Bedienungsvorschrift der DFS 230 vom Juni 1942 hatte die DFS 230 A-2 gegenüber der A-1 eine zusätzliche Ladeluke, eine aufklappbare Kabinendachecke und Beschläge für Gerätehalterungen.

Entsprechend einer Gothaer Typenübersicht wies die DFS 230 A-2 gegenüber der A-1 ein Hilfssteuer auf. (Vergleiche Seite 30). Damit konnte der Mann hinter dem Piloten das Flugzeug steuern, wenn der Pilot ausfiel. Dieser Fall war ja sehr leicht möglich, wenn man bedenkt, dass sich der ungepanzerte Segler bei der Landung im Bereich selbst leichter Handfeuerwaffen befand. Die Bedienungsanleitung ordnet das Hilfssteuer sowohl der DFS 230 A-1 als auch A-2 zu, befindet sich damit aber im Widerspruch zum Flugzeughandbuch DFS 230 A vom 4.11.1939 und der Gothaer Ersatzteilliste vom September 1941. Diesen Widerspruch kann ich nicht klären. Ich neige dazu, der Typenübersicht zu glauben, und dann hatte nur die DFS 230 A-2 ein Hilfssteuer.

Die DFS 230 A-1 hatte zehn Mann Besatzung, und war zum Transport einer Kampfgruppe mit leichter Bewaffnung konzipiert. In der Flugzeugübersicht des Generalluftzeugmeisters vom 1.6.1942 wurde die DFS 230 A-2 als Geschützflugzeug mit sechs Mann Besatzung bezeichnet. D.h. in dieser Form fehlte die hintere Sitzbank, bzw. konnte für den Geschütztransport bei Bedarf ausgebaut werden.

Auf diesem Foto sind ähnlich angestrichene, frühe DFS 230 A-1 ohne und DFS 230 A-2 mit seitlichem Deckel abgebildet. (Schlaug)

Rechts: Es gab verschiedene Abwandlungen des Tarnanstrichs. Etwa im Sommer 1940 erhielten die DFS 230 eine neue Tarnung. Nicht mehr Grau über alles (RLM 02) war angesagt, sondern oben RLM 71 und unten RLM 65. Später folgten die fleckigen Tarnanstriche. (Petrick)

Um den seitlichen Deckel einführen zu können, musste der Rohrrahmen geändert werden. Die hintere Sitzbank ist demontierbar. (Gothaer Waggonfabrik)

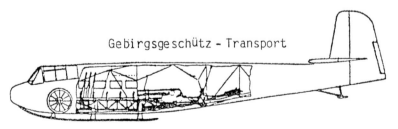

Gebirgsgeschütz - Transport

Beladebeispiel für die DFS 230 A-2. (Schlaug)

Gelandete DFS 230 A-2 mit geschlossener und aufgeklappter Kabinendachecke. (Mathiesen / Barbas)

Diese DFS 230 A-2 zeigt die für die Baureihe typische undurchsichtige, aufklappbare Kabinendachecke über dem zweiten Sitz, und die Ladeluke. (Deutsches Museum)

Bei der DFS 230 A-1 schloss sich hinter der Glashaube direkt der feste Rumpf an. Hinter der seitlich angeschlagenen Glashaube der A-2 folgte eine von der Seite dreieckig aussehende, nach hinten aufklappbare Kabinendachecke. Hochgeklappt erleichterte sie den vorn sitzenden Soldaten das Ein- und Aussteigen. Da die DFS 230 A-2 auch als Lastensegler eingesetzt werden sollte, konnten der vordere Rumpfteil durch die erweiterte Öffnung auch besser beladen werden. Bei der Baureihe A-2 ist dieses Kabinendachecke undurchsichtig, während die später beschriebene DFS 230 B-2 eine verglaste Ecke aufwies.

DFS 230 A-3

Bezeichnung: Transportflugzeug für Truppen und Gerät
Kennzeichen: wie A-2, vermutlich Tropenausrüstung

In der zweiten Jahreshälfte 1940 sind 114 DFS 230 A-3 von den Firmen GWF, Erla und BMM gebaut worden. Die Besonderheiten dieser Variante sind unbekannt. Es besteht aber die Möglichkeit, dass es sich dabei um eine Tropenvariante handelt, da zu dieser Zeit eine Reihe von Flugzeugtypen auf den Afrikafeldzug vorbereitet wurde. Als Ausrüstung kämen dann, wie bei den anderen Typen, Sonnenrollos und Karabiner in Frage.

DFS 230 B-1

Bezeichnung: im Handbuch nicht erwähnt
Kennzeichen: unbekannt

Im Handbuchentwurf L.Dv.559 vom 4.9.1939 [33] steht schon, dass die Doppelsteuermaschine für Schulung DFS 230 B-2 heißen sollte, und eine B-1 wird nicht erwähnt. Auch im Bedienungsvorschriften [34], [35], im denen die Baureihen DFS 230 A-1, A-2 und B-2 erwähnt sind, findet sich kein Hinweis zu einer B-1. Die von mir gefundenen Dokumente zu den Lieferzahlen ergeben nicht nur keinen Hinweis auf möglicherweise gelieferte DFS 230 B-1, sondern lassen nur eine sehr kleine Zahl Flugzeuge über, die nicht definitiv anderen Baureihen zugeordnet werden können. Überhaupt habe ich keinen belastbaren Hinweis gefunden, dass es die Baureihe DFS 230 B-1 gegeben hat. Lediglich in der Aufstellung von Gotha wird die DFS 230 B-1 erwähnt, ohne jedoch einen schlüssigen Unterschied zur B-2 zu nennen.

Es ist aber durch Fotos und Filme belegt, dass sich in der Reihe der Nullserien-Flugzeuge auch Exemplare mit Doppelsteuer befunden haben. Ob die aus der Nullserie gebauten Schulmaschinen jemals als DFS 230 B-1 bezeichnet wurden, ist möglich, aber z.Zt. nicht belegt.

DFS 230 B-2

Bezeichnung: Transportflugzeug für Truppen und Gerät, Schulflugzeug
Kennzeichen: wie A-2, ohne Hilfssteuer, jedoch mit Doppelsteuer, zweiter Führersitz, vielfach erweiterte Kanzelverglasung

Die Baureihe DFS 230 B-2 war zunächst nur als Schulmaschine in Ergänzung zur DFS 230 A-1 vorgesehen. Dabei befand sich der Sitz des Fluglehrers hinter dem des

Eine Vorserienmaschine mit Doppelsteuer, zweitem Pilotensitz und erweiterter Verglasung für den Fluglehrer (möglicherweise DFS 230 B-1 bezeichnet). (Petrick)

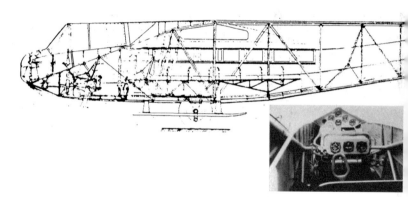

Die DFS 230 B-2 hatte eine verglaste Kabinendachecke und zwei Führersitze. (Mankau / Ries)

Schülers, nicht, wie in manchen Veröffentlichungen gemutmaßt wird, daneben.

Später wurde aber beschlossen, die Produktion der DFS 230 vollständig auf die Ausführung B-2 umzustellen. Die Umstellung erfolgte im Wesentlichen im Februar 1941. Dieser Beschluss ist darauf zurückzuführen, dass es sich die Luftwaffe nicht mehr leisten konnte, Transportflugzeuge ausschließlich zur Schulung zu betreiben. Die DFS 230 B-2 konnte mit Doppelsteuerung als Schulflugzeug benutzt werden, aber nach Ausbau des zweiten Sitzes auch als Transportsegler.

Durch die Tür sieht man den zweiten Führersitz der DFS 230 B-2 bzw. die Sitzbank der anderen Baureihen. (modell magazin)

Der normale Führersitz und die doppelte Instrumentierung erforderte mehr Platz, so dass die DFS 230 B-2 nur noch Platz für neun Mann hatte. Die klappbare Kabinendachecke hinter der Glaskanzel war schon aus dem Grund nötig, damit die dahinter sitzenden Soldaten über den zweiten Führersitz hinweg aussteigen konnten. Äußerlich erkennbar ist die Baureihe an der verglasten Kabinendachecke. Durch diese Scheiben wurde die Sicht des Fluglehrers verbessert. Die seitlichen Scheiben waren zunächst dreieckig, wurden aber später noch vergrößert.

DFS 230: zweite Tür links

Anmerkung: Im Folgenden wird zwischen Deckel und Tür unterschieden. Eine Tür ist über ein Scharnier mit dem Rumpf verbunden, ein Deckel nicht. Die Türen ließen sich aber teilweise leicht aushängen, und wirkten somit wie Deckel.

Die DFS 230 war ursprünglich nur zum Transport von zehn Soldaten gedacht. Die ersten sechs saßen vor dem Flügelholm und mussten durch die Kanzel ein- und aussteigen. Ihre Sitzbank war fest eingeschweißt. Die hinteren vier hatten auf der linken Seite hinter dem Flügel eine Tür. Zum Vergrößern des Laderaumes konnte die hintere Sitzbank von Beginn an ausgebaut werden. Da sich der Laderaum durch die Tür schlecht beladen ließ, erhielt die DFS 230 ab der Baureihe A-2 rechts hinter der Flügelstrebe einen Deckel. Damit konnte zwar der hintere Bereich leidlich beladen werden, aber der Raum vor der Flügelstrebe war für Lastentransport immer noch schlecht zugänglich. Um auch diesen Bereich zugänglich zu machen, wurde links vor der Flügelstrebe eine weitere Tür eingebaut. Pawlas [1] behauptet, diese Tür sei ein ausschließliches Merkmal der Baureihe C-1, und ordnet alle DFS 230 mit dieser Tür der Baureihe C-1 zu. Aber er irrt. Aus seinen eigenen Unterlagen geht hervor, dass die 14 Maschinen der Baureihe C-1 erst 1944 entstanden. Die Tür war aber schon viel früher vorhanden. Ich habe keine Belege gefunden, ob diese Tür nachgerüstet wurde, oder bei einem Teil der Produktion von vornherein vorhanden war.

DFS 230: Bewaffnung

Eine Abwehrbewaffnung war für die DFS 230 nicht vorgesehen, und wurde auch nicht nachgerüstet. Allerdings hielt man es für nötig, beim Kampfeinsatz auf den Feind zu schießen. Daher wurde zunächst rechts neben der Kanzel ein MG 34 starr aufgehängt. Nach dem Ausklinken des Schleppflugzeugs konnte der Mann hinter dem

Fabrikneue DFS 230 B-2 noch ohne Bremsschirm und entsprechende Ausrüstung. (Mathiesen)

DFS 230 B-2 mit weiter vergrößertem Sichtfeld. (Mathiesen)

Die Tür ist an dieser DFS 230 A-2 noch eingehängt. Die Maschine ist für Starrschlepp und Bremsschirm nachgerüstet. (Schmalwasser)

MG 34 mit Seilzug zum Durchladen und Bowdenzug am Abzug. Um die Stoffbespannung vor dem Mündungsdruck zu schützen, ist ein Abdeckblech montiert. (Bundesarchiv Koblenz 10 1I-565-1425-20)

Der zweite Mann bedient das seitliche MG 34 und der vierte Mann das MG 15 auf dem Rumpf. (Bundesarchiv Koblenz 10 1I-568-1529-27f)

Das starr befestigte MG 34 konnte nur beschränkt gegen den Feind gerichtet werden. Daher wurde ein weiterer Waffenstand mit MG 15 oben hinter der Kanzel eingerichtet, von dem aus auch nach der Landung noch Feuerschutz möglich war. Der vierte Mann bediente das MG 15. Er stand beim Landeanflug und hatte besondere Anschnallgurte. (Aders / Petrick)

Eine Bewaffnung mit zwei MG 15 und einem MG 34 dürfte wohl eine absolute Ausnahme gewesen sein. Der Rohrbogen dient vermutlich dazu, den Schwenkbereich des zweiten MG 15 so zu vergrößern, dass an dem Vordermann vorbeigeschossen werden konnte. (Mathiesen)

Die breiteren Schneekufen sind ohne weitere Umrüstung an den normalen Aufhängepunkten angebracht. (Griehl)

Oben: Die DFS 230 A-2 CB+MW befand sich im Februar 1941 in Ainring, und im März in Leipheim. (Mathiesen)

Unten: Der Pilot besteigt die Maschine. (Mathiesen)

Die DFS 230 wird startfertig gemacht,
die Leiter ist abgenommen. (Mathiesen)

Blick der Bodenmanschaft und des Flugzeugführers auf die
drei Schleppmaschinen He 72. (Mathiesen / Krieg)

Flugzeugführer mit einem Reißverschluss ein Handloch öffnen, und die Waffe durchladen. Der Flugzeugführer zielte mit einem starren Visier, und auf sein Kommando hin bediente der zweite Mann das MG 34. Nach der Landung konnte die Waffe abgenommen werden.

DFS 230: Schneekufen

Die DFS hat im Rahmen der Gebirgserprobung die DFS 230 auf Schneekufen gesetzt, wobei die breitere Kufe an die drei Anschlusspunkte der normalen Gleitkufe angebracht wurden. Die Versuche waren so erfolgreich, dass das RLM Mitte August 1941 beim Generalstab nachfragte, ob der die Ausrüstung eines Teils der DFS 230 mit Schneekufen wünschte. Der stimmte zu, und Ende September 1941 wurde bestätigt, dass 200 Satz DFS 230 Schneekufen in den Monaten Dezember 41 bis Februar 42 ausgeliefert werden sollten. Mitte Oktober 41 wurde dann festgelegt, dass die Kufen größtenteils in Februar 1942 geliefert werden sollten. Laut Bedienungsvorschrift [34] fiel das Fahrwerk bei Schneekufenanbau weg.

DFS 230: Schulflugzeug für Me 321 Piloten

Auf die künftigen Piloten des Großlastenseglers Me 321 warteten zwei besondere Umstände. Erstens saßen sie sehr hoch über dem Boden, und zweitens mussten ihre Segler zunächst von mehreren Schleppflugzeugen gleichzeitig gezogen werden. Um diese Situation soweit

wie möglich zu üben, wurde zumindest eine DFS 230 hochgesetzt. Schon im Februar 1941 sind Flüge dieser Maschine nachweisbar. Das Hauptfahrwerk stammte im Wesentlichen von der Fi 156. Das Bugrad war wohl ursprünglich ein Spornrad einer Maschine wie der Me 210. Als Schleppflugzeuge dienten die Ju 52 oder drei He 72. Zum Teil haben die Schüler nur wenige Flüge in der hohen DFS 230 im Schlepp einer Ju 52 gemacht, und den Troika-Schlepp in einer Ju 52 geübt, die am stillgelegten Mittelmotor von drei Me 110 geschleppt wurde.

DFS 230: Umbau zur Fa 225

Bezeichnung: Transportflugzeug für Truppen und Gerät
Kennzeichen: Tragschrauber, festes Startfahrwerk

Für den Einsatz als Kampfsegler war die Rutschstrecke der DFS 230 nach der Landung unangenehm lang. Zu den Versuchen, diese zu verkürzen, gehörte auch die Kombination eines Rumpfes der DFS 230 B-2 mit einem Rotor der Fa 223. Die Firma Focke-Achgelis bekam Anfang 1942 den Auftrag, sich mit einer derart modifizierten Variante der DFS 230 zu beschäftigen. Eine Zeitlang wurde auch überlegt, dieses Flugobjekt zu motorisieren. Aus Platzgründen war das aber nicht möglich, und man beschränkte sich bald auf die motorlose Fa 225. Ein ganz normaler Rotor und Rotorkopf der Fa 331 wurde auf einem Turm über dem DFS 230-Rumpf gelagert. Vom Ro-

Fa 225-Tragschrauber und Attrappe des Gerätebretts eine Fa 225. (Nowarra)

torkopf führte eine Welle nach unten durch den Rumpf durch, und endete in einer Seiltrommel, die sich unmittelbar unter dem Rumpf befand. Vor dem Start wurde auf dieser Trommel ein Seil aufgewickelt, und dessen freies Ende am Boden befestigt. Beim Start versetzte das sich abwickelnde Seil den Rotor in Drehung. Die DFS 225 wurde 1943 im Schlepp einer He 46 und Ju 52 erprobt, und die Hoffnung auf eine deutlich verkürzte Landestrecke erfüllte sich. Es zeigte sich jedoch auch, dass die Schleppgeschwindigkeit mit 180 km/h deutlich unter der – schon bei der normalen DFS 230 nicht besonders hohen – Schleppgeschwindigkeit (210 km/h) lag. Der Gleitwinkel reduzierte sich von 1:11 auf 1:5. Das Projekt wur-

de daher aufgegeben, zugunsten des Bremsschirms und der Raketenbremsung.

DFS 230: Raketenstart

Nach den erfolgreichen Versuchen der DFS auf der Seethaleralpe (vgl. DFS 230: Forschungsflugzeug) beschloss das RLM am 15.5.1941 zunächst 50 Pulverstarthilfen für die DFS 230 für Versuche auf breiter Basis zu beschaffen. Rheinmetall hat die Pulverraketen weiterentwickelt, und so entstand aus der St-H8 die gleich starke und ähnlich aussehende R I 502. Das RLM gab auch eine Änderungsanweisung Nr. 16 heraus, nach der die Raketenanlage in das Baumuster DFS 230 eingebaut werden

He 46 und Fa 225 im Schleppverband. (Mankau)

Ein Filmausschnitt zeigt, dass die Pulverstarthilfen auch an der Ju 52 erprobt wurden. Näheres ist mir nicht bekannt. (Mankau)

sollte. In der Bedienungsvorschrift [34] von Juni 1942 wird die Möglichkeit, Rauchspurgeräte anzubauen, erwähnt und in einer Zeichnung dargestellt. Demzufolge bestand zumindest Interesse am Einsatz der Starthilfen. Die Versuchsstelle Peenemünde-West stellte jedoch im Bericht 2334/42 am 28.10.1942 fest, dass die Erprobung der Raketen und des Startverfahrens infolge der mangelhaften Betriebssicherheit der Raketen abgebrochen werden musste, und diese wegen der Unzuverlässig-

keit nicht freigegeben werden konnten. Mir liegen keine weiteren Informationen über den Einsatz der Raketen im Zusammenhang mit der DFS 230 vor, jedoch war der Start auch ohne Vorspann mittels Pulverstarthilfen am 1.4.1943 in der vom RLM herausgegebenen Richtlinie Nr. 63/43 für den Entwurf eines Sturmlastenseglers und Universal-Transportseglers vorgesehen. Auch als Starthilfe für die Go 242 und Me 262 wurden die Rheinmetall R I 502 untersucht.

Die Luftbremsen zum Verkleinern des Gleitwinkels und zur Erleichterung der Ziellandung sind gesetzt. (Mathiesen)

Unten: Wegen der beschränkten Höchstgeschwindigkeit der DFS 230 (250 km/h) durfte auch mit Schirm nicht steiler als 60° gestürzt werden. Der Schirm ist gerefft. Beim Zielanflug, d.h. unter 250 m, waren nur noch maximal 30° zugelassen. (Mankau)

Erst 2 m über dem Boden, nach dem Abfangen, sollte
der Schirm entrefft werden. (Bundesarchiv Koblenz 10
1I-568-1531-32)

Der Schirm fällt nach ca. 30 m Rutschstrecke zusammen. (Petrick)

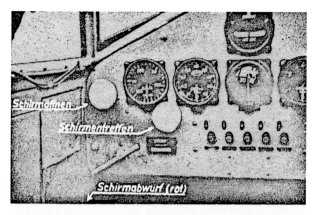

Instrumentenbrett DFS 230 mit Bedienungsgriffen

Der Flugzeugführer musste die Griffe »Schirmentreffen« und »Schirmöffnen« sorgfältig und in der richtigen Reihenfolge ziehen, um einen Unfall zu vermeiden. (Handbuch)

DFS 230: Kurzlandung

Die ungepanzerte DFS 230 war im Landeanflug außerordentlich gefährdet. Zunächst bestand die einzige Möglichkeit, den Landevorgang zu verkürzen, darin, Luftbremsen auszuklappen.

Die Luftwaffe erstrebte die weitere Verkürzung des Landevorgangs. Aus den Hochgebirgsversuchen der DFS war die Verwendung eines Bremsschirms bekannt. Der Bremsschirm wurde zum Sturzflug- und Lande-Bremsschirm weiterentwickelt, und sollte den Lastensegler sturzfähig machen, und die Lande- und Ausgleitstrecke verkürzen. Der Sturzflug war erwünscht, um aus größerer Höhe in kürzester Zeit den Boden zu erreichen. Um das Flugzeug beim Sturz steuerbar zu halten und abfangen zu können, wurde der Schirm zunächst nur gerefft verwendet.

Die Verwendung der Bremsklappen war beim Fliegen mit Bremsschirm grundsätzlich verboten. Die Ladung musste sorgfältig verzurrt und gesichert werden, um Verrutschen zu vermeiden. Der Bremsschirm wurde hinten unter dem Rumpf befestigt. Der Sporn wurde modifiziert, um eine Festhaken des Schirms zu vermeiden. Hinter dem Sporn war eine dornartige Verlängerung mit Reff- und Schirmkupplung angebracht. Die Seile liefen vom Schirm an der rechten Rumpfkante entlang zu den Kupplungen. Der Schirm konnte an jede DFS 230 A-1, A-2 und B-2 nachgerüstet werden.

Mit Schirm ausgerüstete DFS 230 wurden zum Teil auch mit einem Rückspiegel versehen, damit der Flugzeugführer den Reffzustand des Schirms überprüfen konnte. (Bundesarchiv Koblenz 10 1I-569-1579-28)

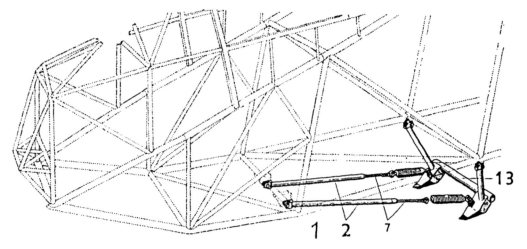

Zu Beginn bestand die Bremsraketenanlage aus 48 Leinen-Sander-Raketen. Die Versuchsmaschine hat neben den Bremsraketen noch die Befestigungsschuhe für den Mistelschlepp mit der FW 56. (DFS) ▽

Um beim Einleiten des Sturzflugs und bei Stürzen selbst eine bessere Bodensicht zu haben, wurden seitlich vor dem Flugzeugführer Scheiben nachgerüstet. (Griehl)

Die DFS 230 konnte auch auf dem Fahrwerk gelandet werden. Da das aber ungebremst war, ergab sich ein relativ langer Landeweg. War ein kurzer Landeweg gefordert, wurde das Fahrwerk schon kurz nach dem Start, oder unmittelbar vor der Landung abgeworfen. Um die Rutschstrecke zu verkürzen gab es bei einigen Maschinen eine Bremsdornanlage.

Da die aber selten vorhanden war, behalf man sich teilweise mit Stacheldraht, der um die Kufe gewickelt wurde. Aber auch das entsprach noch nicht den Wünschen der Luftwaffe. Die DFS erforschte daher im Bug montierte Bremsraketen, die nach dem Aufsetzen gezündet wurden.

Die von der DFS zu vielen Forschungs-
projekten benutzte DFS 230 B-2 CB+ZB
wird hier mit Bremsraketen und Bremsschirm erprobt. Der Rauch diente zur
Tarnung. (DFS)

Die endgültige Form der Bremsraketen:
drei Nebelwerfer-Sätze. Die Raketen
konnten an jeder DFS 230 nachgerüstet
werden. Um Verschmutzung zu verhindern
sind die Bremsraketen abgedeckt. (Petrick)

Bilder aus dem Jahrbuch der deutschen Luftfahrtforschung 1941. (DFS)

DFS 230: Forschungsflugzeug

Die DFS hat die DFS 230 vielfältig für Forschungszwecke eingesetzt. Die bekannten Aktivitäten werden hier dargestellt.

DFS-230-B

Für die ersten Forschungen benutzte die DFS eine modifizierte DFS 230 A-0, die DFS-230-B. Die Zeichnung auf Seite 127 und die Bilder oben stammen aus einem DFS-Bericht aus dem Jahrbuch 1941 der deutschen Luftfahrtforschung. Nähere Informationen habe ich derzeit nicht,

aber mit der Maschine wurden zweifellos Tragflächenprofile untersucht.

In den technischen Berichten Bd. 8 (1941) wird über Profilwiderstandsmessungen an rauen Flächen berichtet, die ebenfalls an der DFS 230 B durchgeführt wurden. Und auch in den technischen Berichten Bd. 11 (1944) berichtet die DFS über Profilmessungen an dieser DFS 230 B. Es handelt sich bei diesem Flugzeug mit hoher Wahrscheinlichkeit um ein Einzelstück. Ob die Bezeichnung DFS 230 B nochmals vergeben wurde, entzieht sich meiner Kenntnis.

Vom Lang- zum Starrschlepp

Weiten Raum nahm 1939 bis 1940 die Entwicklung verschiedener Schleppverfahren ein. Ein Entwicklungsziel war, den Verband blindflugtauglich zu machen. Dies führte vom Lang- über den Kurz- zum Starrschlepp. Am 9.5.1940 berichtete die DFS zusammenfassend über die Versuche. Flüge mit Seillängen von insbesondere 10 bis 1,5 m waren demnach möglich, und mit 6 bis 8 m Seil konnte durch Wolken und über große Strecken bei jeder praktisch in Frage kommenden Wetterlage geflogen werden. Allerdings traten durch Böen und ungeschicktes Fliegen seitliches und vertikales Pendeln auf, das erhöhte Aufmerksamkeit des Segelflugzeugführers erforderte.

Im Starrschlepp war das Pendeln beseitigt, bzw. stark gedämpft. Der Segelflugzeugführer wurde dadurch wesentlich entlastet. Der Platzbedarf, die Kursstabilität und die Wendigkeit des Schleppzugs waren günstiger als im Langschlepp, was im Einsatz in Verbänden wichtig schien. Blindflug war möglich, und stellte für den Führer des Schleppflugzeugs keine zusätzliche Belastung dar. Das ursprüngliche Schleppgestell war schwer, und erfordert Verstärkungen im Rumpf, um die ungedämpften seitlichen Kräfte des Seglers aufzunehmen.

Wegen des hohen Gewichtes der Versuchsausführung wurde in Lemwerder für die Serie eine 140 kg schwere Starrschleppausführung entwickelt, die aber immer noch zu schwer war, und von der Luftwaffe abgelehnt wurde.

Testflüge mit 10 m und 2 m Seillänge. (DFS)

Erste Starrschleppversuche. (DFS)

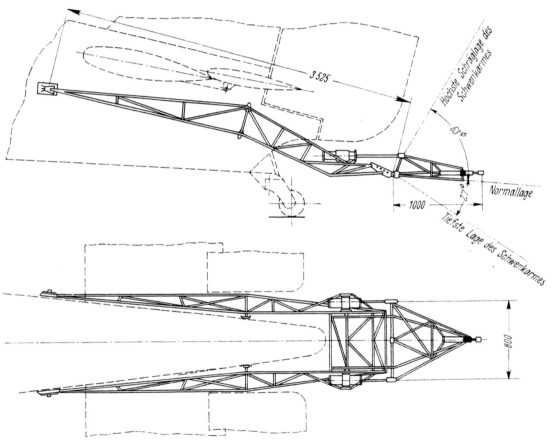

Erstes Starrschleppgestell der DFS. Das Gewicht betrug 200
kg, und es war ein entsprechend schweres Gegengewicht im
Bug der Ju 52 nötig. (DFS)

In einer Ju 52 war eine Elektrowinde eingebaut, so dass die Schlepplänge stufenlos bis zum Starrschlepp variiert werden konnte. (DFS)

Starrschleppvorrichtung Bauart Lemwerder. (Nowarra)

Start des nachgebesserten Gespanns.
(Nowarra)

Flug mit Starrschleppkupplung der
Bauart Lemwerder. (Nowarra)

Die Schleppart wurde mit der Ju 52 erprobt. Es folgten Kombinationen mit He 46, Hs 126 und He 111. Befriedigende Ergebnisse wurden nur erzielt, wenn der Segler nicht mehr, als 1/3 des Schleppflugzeugs wog. Auf Grund der zufrieden stellenden Eigenschaften wurde das Gespann He 111 / DFS 230 von der Truppe übernommen. (DFS)

Bis Mitte 1942 entwickelte die DFS einen erleichterten Schlepparm, der 70 kg wog und kein Gegengewicht erforderte. Die kugelförmige Aufnahme des Schwenkarms ermöglichte ein seitliches und vertikales, durch Reibung gedämpftes Verschwenken. Der Segler brauchte eine tiefer gelegte Kupplung, die durch einen Trichter am Schlepparm geschützt wurde.

Das XI. Fliegerkorps ließ abschließend auch noch die Do 17 E erproben, ein Einsatz ist nicht bekannt. (DFS)

Die DFS 230 V1 vor dem Katapultstart. (DFS)

DFS 230 A-2 mit zwei Startraketen und breiter
Kufe für den Einsatz auf Schnee. (DFS)

Hochgebirgseinsatz der DFS 230

Im Oktober 1940 befasste sich die DFS mit dem Hochgebirgseinsatz der DFS 230. Zunächst erfolgten die vorn beschriebene Landung und der anschließende Katapultstart am 19.10. auf dem Gletscher des Großvenedigers.

Das Verfahren war aber noch zu umständlich, und die DFS rüstete eine DFS 230 A-2 mit Bremsschirm und Pulverraketen aus, mit der man auf kleiner Fläche landen, und nach Herumdrehen des Flugzeugs gleich wieder starten konnte. Die Versuche wurden erfolgreich am 27. und 28.2.1941 auf der Seethaleralpe durchgeführt.

Rheinmetall St-H8-Pulverstarthilfe mit 500 kg Schub für sechs Sekunden. Die Stoffbespannung des Flügels musste mit Blech gegen den heißen Gasstrahl geschützt werden. (DFS)

DFS 230 A-2 (NC+SA) mit vom Flugtechnischen Institut Stuttgart entwickelten Bänder-Bremsfallschirm. Die Schneekufe hatte eine zusätzliche Bremse. (DFS)

Mit dieser DFS 230 B-2 wurde im Oktober 1941 der Einfluss des Flügels in Hoch- und Tiefdeckeranordnung auf das Höhenleitwerk untersucht. (Kössler)

Aerodynamikversuche
Wie schon die DFS 230 B setzte die DFS auch andere DFS 230 für aerodynamische Grundsatzversuche ein (vgl. auch DFS 203).

Lärmräder
Nachdem die Ju 87 große Wirkung mit Lärmrädern erzielt hatte, untersuchten die DEUTSCHEN VERSUCHSANSTALT FÜR LUFTFAHRT E.V. und die DFS 1942 ähnliche Anordnungen an der DFS 230. Die DVL-Anordnung ist im Einsatz gewesen.

Mit derartigen Messrechen wurde die Druckverteilung hinter dem Tragflügel gemessen. (Kössler)

Die DFS wählte eine Buganordnung, und die DVL setzte das Lärmrad auf den Rumpf. (Bundesarchiv Koblenz 10 1I-565-1407-15)

Die Räder der Klemm standen in Führungsschuhen auf dem Flügel der DFS 230. Das Heck wurde von einer vierbeinigen Spornstütze getragen. Die Kraftübertragung erfolgte über eine Seilpyramide unter dem Schwerpunkt der Klemm 35. (DFS)

Mistelschlepp

Ein weiteres Ziel war, Flugzeuge zusammenzuspannen, die von ihren Fluggeschwindigkeiten her eigentlich nicht zusammenpassten. Bei der normalen Schleppgeschwindigkeit der DFS 230 von unter 200 km/h, befanden sich Bf 109, Bf 110 und Ju 88 nur wenig über der Landegeschwindigkeit. Sie mussten, um flugfähig zu bleiben, den Schwanz hängen lassen. Dadurch wurde der Flügel stärker angestellt und erbrachte mehr Auftrieb, aber der Widerstand stieg auch stark an. Die DFS entwickelte daher Verfahren, bei denen der Segler einen Teil des Auftriebs der Schleppmaschine übernahm. Das bekannteste Verfahren war der Mistelschlepp. Damit hoffte die DFS Gespanne zu schaffen, mit denen z.B. Jagdgruppen beim Verlegen ihr Gepäck in selbst mitgeschleppten Lastenseglern transportieren konnten. Auch war daran gedacht, im Lastensegler Kraftstoff mitzunehmen, um die Reichweite des Jägers zu vergrößern.

Im September 1942 begann die erste Versuchsreihe mit einer DFS 230 B-2 und einer Kl 35. Das Gespann musste von einer Ju 52 hochgeschleppt werden. Mit dem 105 PS-Motor der Klemm ließ sich nicht einmal die Höhe halten. Das Flugverhalten war fehlerfrei, und auch das Trennen im Flug erfolgte fehlerlos. Das Gespann konnte

Mit der FW 56 verbesserten sich die Eigenschaften der Mistel. Man erkennt auch den
Bremsschirm unter dem Rumpf. (DFS)

Das Bild zeigt die Radschuhe für Kl 35 und Fw 56.
Die DFS 230 CB+ZB hat bei den Mistelversuchen
neben dem Bremsschirm auch den vorn beschriebenen DFS- Bremsraketensatz im Bug. (DFS)

Der Propeller der Bf 109 befand sich unmittelbar über dem vorderen Führersitz der DFS 230. Verständlicherweise ging man schnell dazu über, die DFS 230 vom zweiten Sitz aus zu fliegen. (DFS)

Um vom zweiten Sitz aus eine bessere Sicht zu bekommen, und um schneller mit dem Fallschirm aussteigen zu können, wurde auf der linken Seite eine zusätzliche verglaste Tür eingebaut. Bei den ersten Flugversuchen hatte die DFS 230 noch eine für Segelflugzeuge typische Kennung mit zwei Zahlengruppen. (DFS)

Der vordere Stützbock mit der nachträglich angebrachten Sturzflugbremse. (DFS)

von jedem Flugzeug aus gesteuert und zusammen gelandet werden. Die Kombination diente nur der Erprobung.

Die Versuche wurden im Oktober 1942 mit der Fw 56 Stösser fortgesetzt. Auch dieses Gespann wurde zunächst von einer Ju 52 hochgeschleppt. Dem Piloten Stammer von der DFS erschien das Gespann einsatzreif. Bei Versuchen, dieses Gespann im Starrschlepp hinter einer He 111 (RN+EE) zu schleppen, zeigten sich jedoch heftige vertikale Schwingungen der Mistel beim Start. Am 19.10.1942 kam es zur Beinahekatastrophe, als die Mistel beim Anrollen so stark zu springen begann, dass das Schleppgeschirr brach, die Mistel auf den Boden prallte und in ein Feld rutschte, wo der Steuerbordflügel beschädigt wurde.

Im Juni 1943 stand mit der Kombination Bf 109 E / DFS 230 B-2 erstmals eine eigenstartfähige Mistel zur Verfügung. Wegen des höheren Gewichts war das normale Fahrwerk durch ein neues mit Haupträdern einer W 34 und einem Sporn der Hs 126 ersetzt worden. Die Streben zwischen den Flugzeugen hielten den Abstand, während die Zugkräfte durch ein diagonal vom Schwerpunkt der Bf 109 zur Mitte der DFS 230 gespanntes Seil übertragen wurden. Am 21.6.1943 begann die Flugerprobung. Start, gemeinsamer Flug und gemeinsame Landung waren problemlos. Die Fluggeschwindigkeit mit Dauerleistung der Bf 109 E betrug 200 km/h. Da die Schublinie des Gespanns deutlich über der DFS 230 lag, musste diese auf schwanzlastig getrimmt werden, um geradeaus zu fliegen. Beim Trennen führte diese Trimmung dazu, dass

sich die DFS 230 aufrichtete. Der Abwind des Bf 109-Flügels, der das Leitwerk der DFS 230 traf, verstärkte diese Neigung noch zusätzlich. Beim ersten Flug streifte die DFS 230 denn auch mit der Kanzel die Kupplung unter der Bf 109. Aus Sicherheitsgründen wurde die DFS 230 B-2 daher in den folgenden Versuchen vom zweiten Sitz aus geflogen.

Um für das unerprobte Gespann eine genügend lange Landebahn zur Verfügung zu haben, erfolgte die Erprobung dieser Mistel zunächst in Hörsching. Da die Versuche in Hörsching gute Starteigenschaften zeigten, konnte die Mistel für weitere Versuche nach Ainring, dem Stammplatz des DFS zurückverlegt werden. Die schlechten Trenneigenschaften veranlassten die DFS, das Schleppgestell zu modifizieren. Dabei entfiel das Zugseil. Bei diesem Umbau bekam die DFS 230 auch eine andere Kennung. In dieser Form begannen die Flugversuche am 16.7.1943. Da die Trenneigenschaften noch immer nicht befriedigten, brachte man hinter dem vorderen Gestell eine Luftbremse an. In Ainring ist die Mistel in der Folgezeit ausgiebig erprobt worden. Die DFS bescheinigte diesem Schleppverfahren am 8.1.1944 einwandfreie Flug-, Start- und Landeeigenschaften, und wollte es so weiterentwickeln, dass die Übertragung der Steuerbewegungen vom oberen auf die Ruder des unteren Flugzeugs möglich war. Man hat aber zunächst keine Gegenliebe im RLM gefunden, denn am 29.2.1944 wurde dieser Art des Mistelschlepps in einer Besprechung beim GL abgesetzt.

In dieser Konfiguration wurde die Mistel in Ainring getestet. (DFS)

Im Sommer 1943 fanden diese Wasserungen mit der DFS 230 ▲ auf dem Main statt. Da man auf diese Weise wohl kaum die Ladung vernünftig ausladen konnte, und auch Kommandotrupps ihre liebe Mühe beim Aussteigen gehabt hätten, wurde dieser Ansatz nicht weiter verfolgt. (Schlaug)

▼ Dies sieht nur nach Wasserlandung aus. In Wahrheit ist die Maschine 1943 in Südfrankreich bei Hochwasser »abgesoffen«. Sie hat ein Lärmrad. (Krieg)

Wasserlandung

Im Sommer 1943 sah man im RLM die vermeintliche Notwendigkeit der Wasserlandung mit den Lastenseglern. Nach Aussage eines Zeitzeugen bestand die Absicht, Kommandotrupps auf russischen Stauseen in der Nähe der verlagerten Panzerproduktion abzusetzen. Diese sollten mit Sprengladungen Wasserkraftwerke zerstören, und sich dann wieder zu den eigenen Truppen durchschlagen.

Die Gothaer Waggonfabrik befasste sich daher mit einem Amphibienprojekt P-52 und das Reparaturwerk Erfurt mit einer entsprechend modifizierten Ka 430. Aber auch die DFS untersuchte weitere Möglichkeiten, mit der DFS 230 zu wassern. Zu einem greifbaren Ergebnis führten die Versuche allerdings nicht.

Schwimmerversion der DFS 230

Die DFS befasste sich auch mit einer DFS 230 auf Schwimmern. Die hätte auf einem Fahrwerk starten und im Wasser landen können.

1943 ist eine DFS auf Schwimmern aufgebaut worden. Der Schwimmerabstand war größer, und das abwerfbare Fahrwerk fand dazwischen Platz. Die Maschine war im September 1943 in Ainring, und wurde dann zum Chiemsee verlegt.

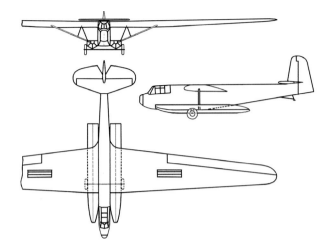

Oben: Ein Entwurf für eine DFS 230 auf eng am Rumpf anliegenden Schwimmern. Das Zeichnungsdatum ist nicht lesbar. (Mankau)

Mitte: DFS 230 A-2 auf Schwimmern. (DFS)

Unten: DFS 230 auf dem Chiemsee. Nach Zeugenaussagen gelang es nicht, mit dem Schleppflugzeug das Seil aus dem Wasser zu ziehen, und das Gespann vom Wasser zu starten. Der Start war nur mit dem Fahrgestell von Land aus möglich. (Petrick)

Rechts: Die He 111 überfliegt in niedriger Höhe die stehende DFS 230, und versucht, das Schleppseil von den beiden Stangen aufzunehmen, aber das Gummiseil reißt. (modell magazin)

Der Fangkasten wurde im Rumpf des Schleppflugzeuges untergebracht. (DFS)

Fangschlepp

Schon früh waren Ideen entstanden, Segler als Anhänger für Passagiermaschinen zu verwenden, und über kleinen Plätzen, die für eine Landung zu unwirtschaftlich waren, abzusetzen. Um die Segler wieder aufzunehmen, sollte – nach einem Patent des Ungarn Banhidi – das Schleppseil in einer Fangschleppvorrichtung im Überflug wieder aufgenommen werden.

Das RLM beauftragte 1943 drei Forschungsnehmer in Rechlin, Ainring und Trebin/Schönberg mit der Entwicklung eines Fangschleppverfahrens. Ein Fangschleppverfahren verwendete ein Seilpolygon. Die DFS untersuchte das Verfahren unter anderem mit der He 111 und der DFS 230 mit einem Gummiseil. An dessen freiem Ende befand sich eine Öse, die von Stangen aufgehalten wurde. Das Verfahren erwies sich (nach einem Bericht vom 20.10.1943) in dieser Form als undurchführbar, da es nicht möglich war, den Segler in der verfügbaren Zeit auf die Geschwindigkeit des fangenden Flugzeugs zu bringen.

Der Fangschlepp schien erst möglich, als man das Schleppseil in einem Fangkasten um Sperrholzleisten herumwickelte. Beim Auffangen wurde dann eine Zeit lang das Seil aus dem Kasten herausgezogen und Energie durch das Durchtrennen der Hölzer vernichtet. Der Widerstand stieg dadurch stetig, so dass das Schleppseil nicht überlastet wurde. Soweit die Theorie. In der Praxis riss jedoch oft das Stahlseil. Ein Einsatz mit Flugzeugen ist nicht bekannt.

Tragschlepp

Die DFS entwickelte den Tragschlepp, bei dem das Motorflugzeug über dem geschleppten Flugzeug flog und an den Schleppseilen einen Teil dessen Gewichts trug. Er war gedacht als Möglichkeit, Raketenjäger durch Bomber in den Einsatzraum zu bringen, und diese erst dort zu starten. Da der Raketenjäger relativ kleine Tragflächen aufwies, hatte er mit der Fluggeschwindigkeit des Scheppflugzeugs nicht genügend Auftrieb, um etwa im Starrschlepp selbst zu fliegen.

Sturzflugbremsen

Die DFS baute eine Maschine auf vergrößerte Sturzflugbremsen um, um die Vor- und Nachteile gegenüber dem Bremsschirm zu ermitteln.

Dreirudersteuerungen

Am 14.5.1943 berichtete die DFS in einem Hausbericht Nr. 73 über die Ausrüstung von zwei Lastenseglern DFS 230 mit Dreirudersteuerungen als Erprobungsträger für Fernsehgeräte: einer serienmäßig in verschiedenen Flugzeugmustern eingesetzten Patin- und einer pneumatischen Askania-Steuerung. Von den Anlagen wurde Folgendes gefordert:
1) Stabilisierung der drei Achsen
2) Für den Kurvenflug Drehgeschwindigkeiten von 1° bis 10°/sec.
3) Die Möglichkeit, eine Fernsteuerung aufzuschalten
4) Durchführung von Starrschleppflügen, bei denen das Flugzeug automatisch nachgesteuert wird
5) Die Möglichkeit, unbemannte Flüge mit Fernlenkung und ferngelenkte Landungen durchzuführen

Das Fernziel war, die Flugzeuge vom Boden aus mittels Fernsehkamera fernzulenken, und vor allem automatisch zu landen bzw. Punktziele anzusteuern. Neben den Steuerungen hatten die beiden Flugzeuge wegen des höheren Risikos bei automatischen Landungen verstärkte Kufen mit drei Federbeinen des Fieseler Storch und 30 cm Federweg. Die Fahrwerke wurden verstärkt, und, um die DFS 230 mit Ju 52 im Starrschlepp hochschleppen zu können, wurden Kardankupplungen eingebaut. Zur Steuerung des Gleitwinkels wurden in jeder Fläche auf Ober- und Unterseite vier fächerförmig aus der Fläche herausschiebbare Scheiben angeordnet, die voll ausgefahren, eine Sinkgeschwindigkeitszunahme von 4–6 m/sec ergaben. Während der Erprobung wurden mit dem Flugzeug mit Patin-Steuerung zehn bis zwölf und mit der

Die Robbe war der Versuch, ein Transportgerät für eine unbemannte Wetterstation zu schaffen, die im Tragschlepp zum Einsatzort gebracht und dort weich abgesetzt werden sollte. Wegen der Kollisionsgefahr bei böigem Wetter wurde die Robbe nicht zu Ende entwickelt. (Griehl)

Diese Sturzflugbremsen sind deutlich größer, als die der Serie. (DFS)

Eine der beiden DFS 230 mit verstärkter Kufe, Luftbremsen und Antennenanlage auf dem Rumpf. (Kössler)

DFS 230 V 6 Rumpfbreite 1000 mm Systemmaß

Fahrwerk 8-230.280   (Start- und Landefahrwerk)

Reifen 650x180 p_0=2,8 atü oder 660x160 p_0=3,5 atü, bremsbare Räder
Federstreben 8-2649, Spurweite 1400 mm.
Federstrebe in Rumpfseitenwand geführt, Abstützstrebe nach vorn,
Rad an Kragachse gelagert.

Keilkufe 8-230.   (Bremslandung)

Zur Verkürzung des Rollweges Stahl-
keilkufe mit Greifern am Rumpfbug vorn
gelagert, hinten durch Federstrebe
8-2650 abgestützt.

(Gothaer Waggonfabrik)

mit Askania ausgerüsteten Maschine 30–40 automatische Landungen durchgeführt.

Der Bericht 73 befasst sich nur mit der Ausrüstung der beiden Flugzeuge mit den Dreirudersteuerungen. Ob, und in welcher Form die Flugzeuge mit Fernsehkameras ausgerüstet und erprobt wurden, kann ich nicht belegen.

DFS 230 V 6

Für den am 11.5.1943 beschlossenen Wiederanlauf der DFS 230 im Januar 1944 wurde eine verbesserte Version, die DFS 230 C-1 geplant. Die im Dezember 1943 entstandene DFS 230 V-6 war der der Prototyp dieser Baureihe, und hatte einen auf 1 m (Innenmaß) verbreiterten Rumpf. Wie schon bei der DFS 331 wurde der Prototyp in der Gothaer Waggonfabrik gebaut. Die Sitzanordnung und -zahl der DFS 230 V 6 entsprach der DFS 230 A und B. Besonderes Merkmal dieses Prototyps war ein festes Start- und Landefahrwerk. Ein Bild oder eine definitive Zeichnung der DFS 230 V 6 sind mir nicht bekannt, aber die Zeichnung aus einer Fahrwerksübersicht der Gothaer Waggonfabrik zeigt wohl die Fahrwerkanordnung.

DFS 230 C-1

Bezeichnung: Transportflugzeug für Truppen und Gerät
Kennzeichen: wie B-2, 1 m breiter Rumpf

Die DFS 230 C-1 hatte – nach Angaben der Gothaer Waggonfabrik – einen innen 1 m breiten Rumpf, aber wieder ein den Baureihen A-2 und B-2 vergleichbares, abwerfbares Fahrwerk. Flügel und Leitwerk dürften unverändert von der DFS 230 B-2 übernommen worden sein. Bilder oder Originalzeichnungen einer derartigen Maschine sind mir nicht bekannt. Pawlas [1] gibt zusätzlich an, dass die Baureihe C-1 eine weitere Tür vor der Strebe gehabt haben soll, und bezeichnet eine Reihe abgebildeter Flugzeuge wegen der Tür vor der Flügelstrebe als C-1, aber da irrt er. Ein Bild einer DFS 230 C-1 ist mir nicht bekannt. Die Tür war wahrscheinlich vorhanden, ich habe aber keinen Beleg dafür gefunden.

Von der DFS 230 C-1 sind von April bis Juli 1944 14 Stück bei der Firma Mráz gebaut worden. Damit kann sie nicht, wie von einigen Autoren behauptet, am 12.9.1943 bei der Befreiung Mussolinis am Gran Sasso eingesetzt worden sein. Auch ist die Produktion bei der Firma Mráz nicht so schnell in Gang gekommen, wie vom RLM gewünscht. Damit rückte die mögliche Serienproduktion in einen Zeitraum, wo die vorgesehenen Schleppflugzeuge (He 111) aus der Produktion verschwanden. Da sie auch mit den Modifikationen nicht mehr zeitgemäß und für den Schlepp hinter der Ju 388 nicht geeignet war, wurde ihr Produktionsende im Juli 1944 beschlossen.

Unbekannte DFS 230 mit breitem Rumpf und MG-Stand im Bug. (JET & PROP)

DFS 230 D-1

Bezeichnung: Transportflugzeug für Truppen und Gerät
Kennzeichen: wie C-1, verkürzte Spannweite, Festigkeit für 300 km/h

Zur DFS 230 D-1 gibt es in den Originaldokumenten verschiedene Angaben. Einerseits wird sie als Serienausführung der DFS 230 V-7 bezeichnet, andererseits steht in der Baureihenübersicht der Gothaer Waggonfabrik, dass die Baureihe D-1 in Prinzip eine C-1 mit verkürzten Flügeln war. Beides ist richtig, aber nacheinander. Die erste Variante stammt aus dem Zeitraum Mitte 1943 bis Mitte 1944, und wird in den Kapiteln DFS 230 V-7 und E-1 beschrieben.

Mitte 1944 ergab sich die Situation, dass die Luftwaffe die Ka 430 der DFS 230 V-7 vorzog. Der Serienanlauf der Ka 430 war aber erst 1945 möglich. Darum sollte die gerade anlaufende DFS 230 C-1 so modifiziert werden, dass sie mit ca. 300 km/h hinter der Ju 388 geschleppt werden konnte. Die neue Variante mit verkürzten Flügeln erhielt jetzt die Bezeichnung DFS 230 D-1, und man begann drei DFS 230 C-1 umzubauen. Eine DFS 230 D-1 ist mindestens im August 1944 fertig geworden, ob die beiden weiten Maschinen, deren Auslieferung im September 1944 geplant war, noch fertig wurden, ist nicht belegbar. Aus dem beabsichtigten Serienbau der DFS 230 D-1 ist aber nichts mehr geworden.

Eindeutig beschriftete Bilder der der DFS 230 D-1 sind mir nicht bekannt. Demzufolge kann ich das Aussehen der Maschine auch nicht beschreiben.

(Nowarra)

DFS 230 ?

Es gibt einige Bilder einer breiteren DFS 230, die wesentliche Teile des Rumpfgerüsts übernommen hat. Die Aufnahmen stammen teilweise aus Zellhausen [23]. Der Umbau ist so umfangreich und professionell, dass ich nicht glaube, dass er von irgendeinem Verband durchgeführt wurde. Die neue Kabine mit dem in die Rumpfspitze verlegten MG-Stand deutet auf einen Prototypen mit geplanter höherer Schleppgeschwindigkeit hin. Da ich keinerlei Hinweis auf eine weitere als die hier aufgeführte Variante habe, nehme ich an, dass die Bilder einen Prototypen der DFS 230 D-1 zeigen. Wenn dem so ist, dann ist zu fragen, ob die DFS 230 C-1 eine ähnliche Kanzel hatte. Da man die Spannweite auf den Fotos nicht abschätzen kann, könnten die Bilder auch eine DFS 230 C-1 zeigen.

Diese DFS 230 hat Platz für zwei nebeneinander liegende
Führersitze und eine Tür für die Piloten. (JET & PROP)

Die DFS 230 V7 bot zwar viel mehr Raum als die DFS 230 B-2,
war aber nach wie vor recht umständlich zu beladen. Das Bu-
gradfahrwerk der Ka 430 war sicherer, aber auch schwerer als
die hier gewählte Lösung mit Sporn. (Deutsches Museum)

DFS 230 V-7

Als Mitte 1943 absehbar wurde, dass die He 111 1945 als
Schleppflugzeug kaum noch zur Verfügung stehen und
nur die Ju 388 als Schleppflugzeug in Frage kommen
würde, begannen Aktivitäten, einen für die Ju 388 geeigneten Nachfolger für die DFS 230 und Go 242 zu entwickeln. Die Ka 430 entstand unter Kalkert, dem Direktor
der Reparaturwerks (REWE) Erfurt, gewissermaßen als
verkleinerte Weiterentwicklung der Go 242 und die DFS
230 V 7 in der Gothaer Waggonfabrik unter Hünerjäger
als verbesserte und vergrößerte DFS 230. Da für beide
die Randbedingungen gleich waren, waren sie in der Größe und den Leistungen ähnlich. Als moderner und praktischer Entwurf wurde die Ka 430 ausgewählt. Die DFS
230 V 7 blieb ein Einzelstück, und war – je nach Quelle
und Zeitpunkt – Musterflugzeug für die geplanten Baureihen DFS 230 D-1 bzw. später E-1. Da, soweit bekannt,
keine weiteren Prototypen und Serienflugzeuge entstanden, und somit auch keine Änderungen, entspricht die
bei der DFS 230 E-1 gezeigte Zeichnung auch der V 7.
In [14] finden sich Angaben zum Einsatz der DFS 230 V
7 zur Erprobung des Auftriebsschlepps mit einer Ju 87
B-1. Für diese Versuche ist der Kanzelboden teilweise
verglast worden, um dem Piloten eine bessere Sicht auf
die darunter fliegende Schleppmaschine zu ermöglichen.
Üblicherweise waren die beiden Schleppseile in den jeweiligen flugeigenschaftsmäßigen Schwerpunkten an
den Tragflächen befestigt, Bei der Ju 87 geschah dies mit
Bombenschlössern auf der Flügeloberseite und zwar mit
einem Abstand von 4,7 m voneinander. Unter den Flügeln
des Lastenseglers waren die Anlenkpunkte 9 m voneinander entfernt.

Die Ladeklappe auf dem Rumpf war ohne Ladegeschirr auch nicht hilfreich. Die zeitgleich entstandene Ka 430 war durch die Heckklappe deutlich einfacher zu beladen. (Petrick)

An Tragflügel und Leitwerk erkennt man die Abstammung von der DFS 230 B-2. (Petrick)

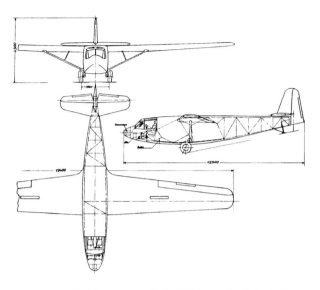

Nach dieser Zeichnung war die DFS V7 ursprünglich als Prototyp der Baureihe D-1 vorgesehen. (Mankau)

Wie bei allen deutschen Lastenseglern bestand der Rumpf der DFS 230 V7 aus einem stoffbespannten Rohrgerüst. Der Boden war mit Holz ausgelegt. Das Steuerhorn war wie bei der Ka 430 schwenkbar. (Petrick)

DFS 230 E-1

Bezeichnung: Transportflugzeug für Truppen und Gerät
Kennzeichen: festes Startfahrwerk, vergrößerter Rumpf, verkürzte Spannweite, Festigkeit für 300 km/h

Die Gothaer Waggonfabrik hat in den mir bekannten Dokumenten die zur DFS 230 V 7 gehörende Produktionsvariante zunächst als DFS 230 D-1, und dann, nach einer Zwischenschaltung einer anderen D-1, als DFS 230 E-1 bezeichnet. Mit der Entscheidung des RLM für die Ka 430 wurde die DFS 230 E-1 jedoch überflüssig und nicht verwirklicht. In einem Versuchsbericht zum Auftriebsschlepp [14] wird zwar das Gespann JU 87 D-2 und DFS 230 E erwähnt, aber dies ist nur ein Indiz dafür, dass die Gothaer Waggonfabrik in der zweiten Jahreshälfte 1944 die DFS 230 V 7 als Basis für die Baureihe E angesehen hat. Die obige Zeichnung, die auch in [1] abgedruckt ist, weist die DFS 230 V 7 noch als Prototyp der geplanten Baureihe D-1 aus.

DFS 230 F-1

Nowarra (Die Deutsche Luftrüstung 1933 bis 1945), Green (Warplanes of the Third Reich) und Redemann (FLUG REVUE 5/1980) behaupten, die DFS 230 V 7 wäre die Mustermaschine für die Baureihe F-1 gewesen. Nowarra und Green erwähnen die E-1 überhaupt nicht und Redemann nur als Aufzählung. Auch in [1] wird in einer Baumusterübersicht die DFS 230 F-1 genannt. Ein klarer Unterschied zur E-1 ist nicht erkennbar. Weiter ist in [1] eine Fahrwerksübersicht der Gothaer Waggonfabrik vom 31.8.1944 wiedergegeben. Darin werden die Fahrwerke der Baureihen A-2, B-2, V 6, C-1 und F-1 und zwei Sonderfahrwerke beschrieben. Die Baureihen D-1 und E-1 und die V 7 werden nicht genannt. Das beschriebene Fahrwerk der F-1 entspricht aber auch dem der V 7 und E-1 und aus dem bei der F-1 genannten Systemmaß 1500 läst sich die Verbindung zur V 7 ableiten. Ich halte die Bezeichnung F-1 für einen Tippfehler, dem die Autoren aufgesessen sind. Jedenfalls habe ich keinen belastbaren Hinweis gefunden, der irgendeinen Unterschied zwischen der E-1 und F-1 aufzeigt, und ich gehe davon aus, dass nur die Baureihe E-1 geplant war und die F-1 nicht.

Schleppflugzeuge für die DFS 230

Ju 52

Anfangs wurde die DFS 230 nur mit der Ju 52 geschleppt. ▲
(Mathiesen)

▼ Ju 52 und DFS 230 bereit zum Start. (Nowarra)

Der Starrschlepp wurde mit der Ju 52 und DFS 230 entwickelt. (Petrick)

Die Schleppkupplung an der Ju 52. (Mankau)

He 45

Dieser He 45 E fehlt die Schleppkupplung, ansonsten entspricht sie aber den Schleppflugzeugen. (PET & PROP)

He 46

Mit zunehmender Zahl der DFS 230 wurden ausgemusterte Aufklärer, wie die He 46, als Schleppflugzeuge eingesetzt. Leistung und Geschwindigkeit der Aufklärer He 46 passten zur DFS 230, allerdings war ihre Zahl bei den Schleppverbänden eher gering. (Mathiesen)

Da die He 46 größtenteils aus Schulen zu den LS-Verbänden kamen, hatten sie meist auch noch den alten Anstrich. Tarnfarben wurden erst später eingeführt. (Mathiesen)

Vier-Buchstaben-Kennung war typisch für die Schleppflugzeuge He 46. (Schlaug)

Hs 126

Ab Sommer 1940 flog die Hs 126 neben der Ju 52 im neu aufgestellten Luftlandegeschwader 1(LLG 1), das aus drei Gruppen (I–III.) mit je drei Staffeln bestand. Im Herbst 1942 flogen die Hs 126/DFS 230 in der III./LLG 1. (Bundesarchiv Koblenz 10 1I-566-1492-17

Das Schleppseil wird an der Hs 126 eingehängt. (Bundesarchiv Koblenz 10 1I-565-1425-37)

Do 17 E

Die I./LLG 1 wurde im Herbst 1942 mit
Do 17/DFS 230 ausgerüstet. (Schlaug)

Do 17 E stehen zum Schlepp der mit Lärmrädern ausgerüsteten DFS 230 bereit.
(Bundesarchiv Koblenz 10 1I-565-1407-35)

Avia B 534

Im Herbst 1942 wird die II./LLG 1 mit Avia B 534/DFS 230 ausgerüstet. (Kössler)

Die Kombination war ungünstig wegen der unterschiedlichen Reisefluggeschwindigkeit der Avia 534 und DFS 230. (Mathiesen)

Ar 65

Im Winter 1942 wurde
vorübergehend die IV./LLG
1 mit Ar 65 und DFS 230
aufgestellt. (Mankau)

Ar 65 mit Zusatztanks,
Schleppkupplung und
Wintertarnung. (Klassiker
der Luftfahrt)

Ju 87 R

PK-Aufnahme eines Kriegs-
berichters der Ju 87 R als
Schleppflugzeug der DFS
230. (Bundesarchiv Koblenz
10 1I-567-1523-35)

Ab 1943 war die Ju 87 R
eine oft eingesetzte
Schleppmaschine und
ersetzte zunächst die Avia
B-534 in der II./LLG 1.
(Bundesarchiv Koblenz 10
1I-565-1407-31)

Schleppkupplung an der
Ju 87 R. (Griehl)

He 111 H

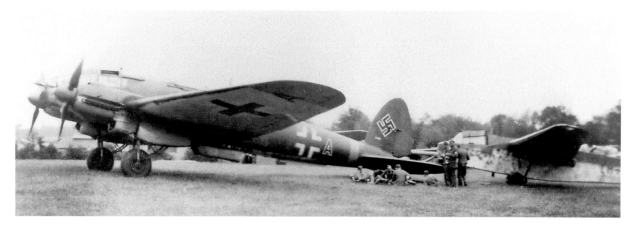

Im Winter 1942 wurde eine Starrschleppstaffel (17./LLG 1) mit He 111/DFS 230 aufgestellt. (Petrick)

Die He 111 schleppte sowohl die Go 242, als auch die DFS 230. (Schlaug)

Bereitstellung der Starrschleppgespanne. (Schmalwasser)

DFS 203

1940 gab es Pläne, aus zwei DFS 230 ein Forschungs-flugzeug zu bauen, bei dem sich zwischen den Rümpfen ein zu vermessender Flügel befand. Der war in Formge-bung und Anstellung variabel. Das Forschungsflugzeug ist nach dem DFS-Bericht »Windkanalmessungen am Modell des doppelrümpfigen Messflugzeuges DFS 203« vom 3.10.1942 mit Unterbrechungen in der Zeit vom 27.8. bis 16.12.1940 als Modell im Maßstab 1/20 im DFS-2-m-Freistrahl-Windkanal vermessen worden. Zweck der Messungen war festzustellen, inwieweit der Messflügel durch die Rümpfe und Außenflügel beeinflusst wurde, und die Längs- und Seitenstabilitätsverhältnisse des aus zwei normalen LS (DFS 230) zusammengesetzten Flug-zeugmusters zu bestimmen. Neben dem abgebildeten Modell gab es auch eines mit einer Länge von 605 mm. Beide konnten mit den zwei gezeichneten Höhenleitwer-ken versehen werden.

Dieser Zwilling datiert weit vor der He 111 Z, und mag zu letzterer Anregungen geliefert haben. Über eine Rea-lisation der DFS 203 ist jedoch nichts bekannt, aber die DFS arbeitete später an einem ähnlichen Projekt für hö-here Geschwindigkeiten, der DFS 332.

Die He 111 konnte im Kettenschlepp neben der starrge-kuppelten DFS 230 auch noch einen weiteren Segler am mittellangen Seil schleppen. Dieses war in der für den Brems-schirm des ersten Seglers vorgesehenen Heckkupplung eingehängt. (Griehl)

Zeichnung des Windkanalmodells. Die Maßangaben gelten für das Modell, und sind für die geplante Originalausführung mit 20 zu multiplizieren. (Mankau)

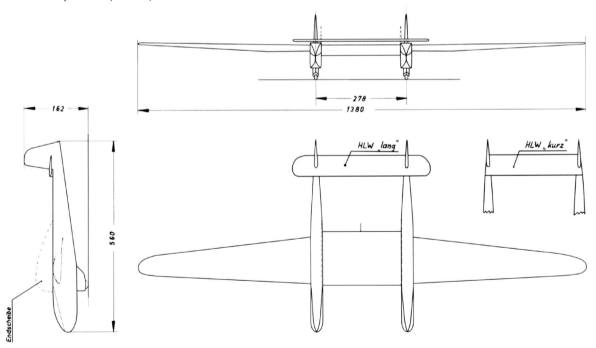

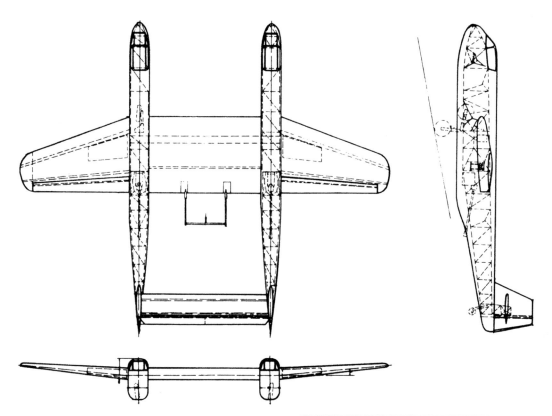

DFS 332, ein Forschungsflugzeug für
hohe Geschwindigkeiten. (Mankau)

Windkanalmodell der DFS 203. (Mankau)

DFS 331 V1 ohne Kennung und mit zwei Haltestäben an jeder Leitwerksseite. (Deutsches Museum)

Die DFS 331 V1 mit Kennung und drei Streben auf jeder Leitwerksseite. Die vorderen Kufen sind verkleidet (vermutlich um die mögliche Geschwindigkeitssteigerung zu erfliegen). Das Leitwerk ruht auf einem (in der Regel verkleideten) Strebenfachwerk. (Krieg)

DFS 331 V1 bis V3

Bezeichnung: Transportflugzeug für Truppen und Gerät
Kennzeichen: Abwerfbares Startfahrwerk

Schon vor der erfolgreichen Eroberung des belgischen Forts Eben Emael am 10.4.1940 hat der Generalstab die Entwicklung eines vergrößerten Lastenseglers veranlasst, denn im Mai 1940 wurde dieser bereits in Besprechungen im RLM erwähnt, und im Juni waren fünf Prototypen bei der Gothaer Waggonfabrik im Bau. Es handelte sich dabei um die Parallelentwürfe DFS 331 und Go 242. Da die DFS für den Bau eines derartigen Seglers nicht eingerichtet war, hatte das RLM die Gothaer Waggonfabrik mit dem Bau beider Prototypengruppen beauftragt. Die DFS schickte den Konstrukteur Jakobs mit sechs weiteren Kollegen nach Gotha, um die DFS 331 zu entwickeln. Die DFS-Leute reisten, nach eigenen Aussagen, erbost aus Gotha ab, als sie feststellen mussten, dass die dortigen Gotha-Kollegen nachts Industriespionage betrieben. Bei den Arbeiten soll es auch zu Streitigkeiten zwischen dem Konstrukteur der DFS 331, Jakobs, und dem der Go 242, Laiber, gekommen sein.

Die Größe der Lastensegler war so gewählt, dass sie von der Ju 52 oder einer mit Jumo 211 bzw. DB 601 motorisierten He 111 geschleppt werden konnten. Nach Planung vom September 1940 sollten drei Prototypen der DFS 331 und zwei der Go 242 in den Monaten September bis November fertig werden. Die DFS 331 V1 flog erstmals am 30.9.1940 auf dem Luftwaffenflugplatz in Gotha. Anfang November waren laut C-Amts-Programm die V2 und V3 noch im Bau. Da die Erprobung erfolgreich verlief, gab das RLM den Bau von 20 Nullserienmaschinen für die Zeit vom Januar bis Mai 1941 beim Reparaturwerk Erfurt (REWE) in Auftrag. Am 19.1.1941 nahm Flugkapi-

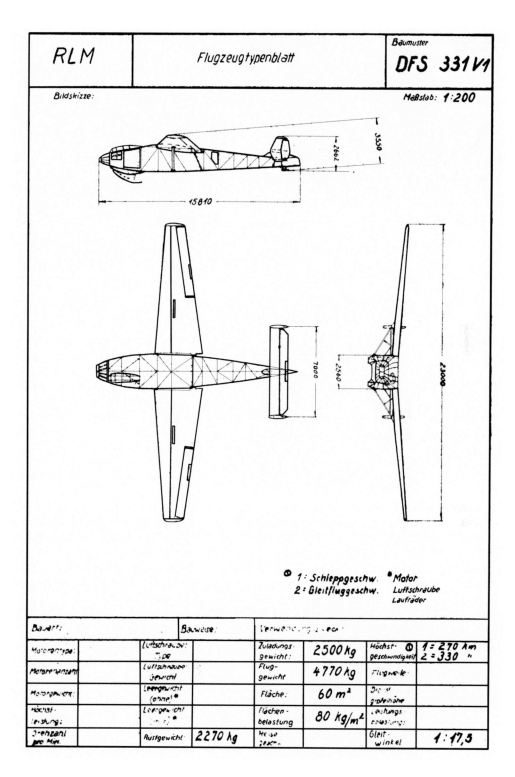

RLM	Flugzeugtypenblatt	Baumuster **DFS 331V1**

Bildskizze: Maßstab: 1:200

1: Schleppgeschw. Motor
2: Gleitfluggeschw. Luftschraube
Laufräder

Bauart:		Bauweise:		Verwendung:			
Motorentype:		Luftschraube: Type		Zuladungs- gewicht:	2500 kg	Höchst- geschwindigkeit	1 = 270 km 2 = 330 h
Motorenanzahl		Luftschraube gewicht		Flug- gewicht	4770 kg	Flugweite:	
Motorgewicht:		Leergewicht (ohne)		Fläche:	60 m²	Dienst gipfelhöhe	
Höchst- leistung:		Leergewicht (mit)		Flächen- belastung	80 kg/m²	Leistungs belastung:	
Drehzahl pro Min.		Rüstgewicht	2270 kg	Reise gewicht		Gleit- winkel	1:17,5

Hier hat die DFS 331 V1 eine unvollständige Kennung und – wie im vorigen Bild – drei Haltestäbe an jeder Leitwerksseite sowie unverkleidete Stützstreben zwischen Leitwerk und Rumpf. Dem Buchstaben K fehlen die hinteren Striche. Der Grund ist nicht bekannt. (Krieg)

DFS 331 V1 mit unvollständiger Kennung und drei Haltestäben. Wegen einer zusätzlich eingebauten Tür fehlt dem K der vordere Teil. Das Tragfachwerk des Leitwerks ist verkleidet. (Deutsches Museum)

Der Bug der DFS 331 war großzügig verglast. (Petrick)

tän Franke aus Rechlin die DFS 331 V1 in Gotha durch einen Probeflug ab, und war von den Flugeigenschaften begeistert. Das REWE war jedoch entweder nicht in der Lage, oder ungewillt, den Auftrag auszuführen. Es wollte die Nullserienflugzeuge nur montieren, und beauftragte Subunternehmen mit der Fertigung der Baugruppen. Diese hatten aber keine Erfahrung in der Fertigung von Flugzeugen, und darüber hinaus reichte das REWE die von der DFS gefertigten Konstruktionszeichnungen nicht weiter. Dadurch, und durch Nachforderungen des Auftraggebers (wie z.B. eine doppelte Steuermöglichkeit und Panzerung) geriet die Nullserie der DFS 331 so in Verzug, dass sich das RLM für die inzwischen fertige Go 242 entschied, und dem REWE am 24.3.1941 die Einstellung aller Arbeiten an der DFS 331 auftrug. Die DFS 331 V1 ist im Februar 1941 zur DFS nach Darmstadt überführt und dort ausgiebig und erfolgreich getestet worden. Die DFS V2 wurde – ebenfalls im Februar – zum REWE verlegt, nachdem GWF das Flugzeug zu 80% fertig gebaut hatte. Dort ist sie noch zusammengebaut worden. Was mit ihr nach der Einstellung des Programms passierte, ist mir nicht bekannt. Die V3 war 1.2.1941 noch nicht gebaut und in der Fortführung unklar. Sie wurde bis zur Einstellung des Typs allenfalls in Teilen fertig.

Die DFS 331 ist nicht wegen technischer oder konzeptioneller Mängel ausgeschieden, sondern am Unvermögen oder Unwillen des REWE gescheitert.

An den ganz dunkel (RLM 70?) getarnten Seitenwänden ist die DFS 331 V1 zu erkennen, während die V2, von der bisher nur das vorn gezeigte Bild bekannt ist, im unteren Bereich der Rumpfseiten hellblau lackiert war. Im Laufe der Entwicklung erfuhr die DFS 331 V1 einige Modifikationen. Die ersten Fotos zeigen sie schon in Tarnfarbe und mit Balkenkreuzen, aber noch ohne Kennung. In dieser Phase hat sie noch eine aus jeweils zwei Streben bestehende Abstützung des Leitwerks zum Rumpf. Im Rahmen einer Umbauaktion wurde die Strebenzahl auf jeweils drei erhöht.

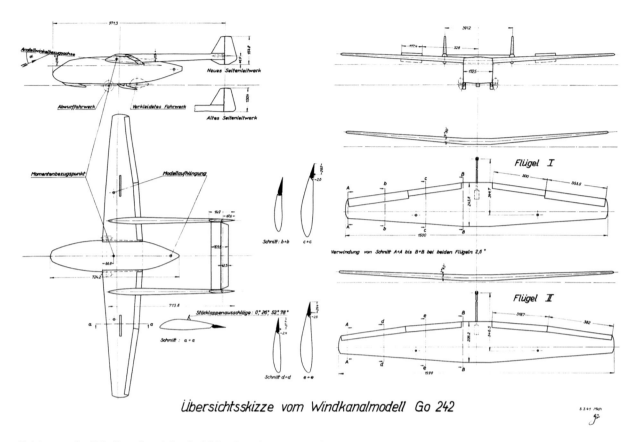

Übersichtsskizze vom Windkanalmodell Go 242

Zeichnung des Windkanalmodells. (Luftfahrt Forschungsanstalt)

Go 242

Go 242 Windkanalmodelle
Am 10.8.1940 beauftragte die Gothaer Waggonfabrik die Luftfahrtforschungsanstalt Hermann Göring in Braunschweig mit der Durchführung von Windkanalmessungen an einem Modell der Go 242. Die Versuche wurden in der Zeit von Oktober 1940 bis Februar 1941 durchgeführt, und in einem Bericht vom 30.4.1941 dokumentiert.

Go 242 V1 bis V3
Die Entwicklung der Go 242 begann parallel zur DFS 331. Zunächst scheint man im RLM, nach den Erfahrungen mit der DFS 230, der vergrößerten Lastensegler der DFS bevorzugt zu haben. Von der DFS 331 sollten bei Gotha drei Prototypen gebaut werden, und von der Go 242 nur zwei,

und die lagen auch noch zeitlich später. Der erste Prototyp Go 242 V1 flog am 9.11.1941, also über einen Monat nach der DFS 331 V1. Nach einer Firmenerprobung in Gotha ist die V1 im Januar 1942 in Rechlin von der E-Stelle erprobt worden. Am 21.1.1942 fand das entscheidende Nachfliegen statt. Diese Erprobung ist so erfolgreich verlaufen, dass das RLM Anfang Februar 1941 beschloss, die Go 242 über die Nullserie hinaus bauen zu lassen. Im Februar ist die Go 242 V1 wieder nach Gotha zurückgekommen. Dort sollte sie (vermutlich mit einem As 10 im Bug) motorisiert werden. Dazu ist es aber nicht gekommen. Die Go 242 V2 ist im Januar 1942 fertig geworden und zur weiteren Erprobung nach Rechlin gegangen. Bei der Erprobung in Rechlin wurde die zu schwache Auslegung der Leitwerksträger und des Leitwerks offensichtlich, als bei einer Landung die Leitwerkträger abbrachen,

Go 242 A-0 nach der Landung mit ausgefahrener Bugkufe. (Nowarra)

Lichtbild aus dem Kennblatt für das Flugzeugmuster Go 242 A-0. Die VS+OQ ist vermutlich die letzte der 17 Go 242 A-0. (Kennblatt)

und bei der Hochgeschwindigkeitserprobung das Leitwerk zerbrach. Das führte zum Tod eines Besatzungsmitglieds und Totalverlust der Maschine. Zwischenzeitlich hat das RLM noch die Go 242 V3 bestellt, die im Februar 1942 flugklar wurde. Im März 1942 wurden die Go 242 V1 und V3 beim Luftlandegeschwader in Hildesheim allgemein erprobt. Für die Zeit nach März 1941 habe ich keine Angaben über den Verbleib der Prototypen gefunden.

Go 242 A-0

Bezeichnung: Transportflugzeug für Truppen und Gerät
Kennzeichen: Abwerfbares Startfahrwerk, drei Kufen (vordere einziehbar), kleine Leitwerksträger

Laut C-Amts-Programm vom 1.11.1940 sollten von der Go 242 20 Nullserienmaschinen in Gotha gebaut werden. Zu dem Zeitpunkt waren die V1 und V2 noch nicht fertig. An 2.11. bot GWF an, zunächst eine Versuchsserie von zehn Stück mit primitiven Mitteln zu bauen. Für die nächsten zehn Vorserienmaschinen waren schon Vor-

richtungen eingeplant, die auch bei dem anschließenden Serienbau Verwendung finden sollten. Die Erprobung der DFS 331 und Go 242 im Januar 1941 verlief offensichtlich zur allgemeinen Zufriedenheit, doch die GWF hat gegen die DFS Boden gut gemacht, als sie mit ihren industriellen Möglichkeiten in der Lage war, die geforderten 20 Nullserienflugzeuge zeitgerecht zu bauen. Der genaue Verbleib der 20 Maschinen ist nicht bekannt. Sie sind höchstwahrscheinlich für Erprobung verwendet worden. Pawlas [2] schreibt unter Bezug auf Originalunterlagen, dass nur 17 Go 242 A-0 gebaut worden sein sollen. Das passt, denn die beiden Maschinen mit den Werknummern 00018 und 00019 wurden nachweislich als Go 244 V1 und V2 verwendet, und die 00020 vermutlich als Go 244 V3. Auch die 00010 ist später zur Go 244 umgebaut und in Rechlin erprobt worden. Die 00010 hatte die Kennung VC+OJ, die oben abgebildete Go 242 VC+OQ und die 00018 VC+OR. Es liegt daher nahe, anzunehmen, dass die 20 Go 242 A-0 bzw., daraus umgebaute Go 244 die Kennungen VC+OA bis VC+OT hatten.

Go 242 A-0 mit kleinen, auf die Flügel gesetzten Leitwerksträgern. (Luftwissen)

In der Kanzel des Prototypen verlaufen die Steuerseile noch frei durch den Raum. (Luftwissen)

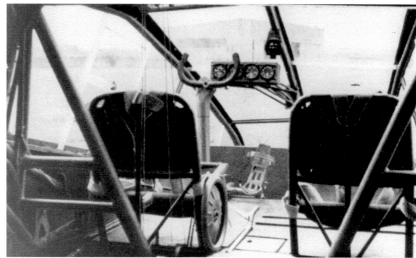

Im Prototypen verlaufen auch die Stoßstangen der Steuerung links hinter dem Piloten frei im Raum. Unter dem rechten Führersitz ist der Liegeplatz für den Schützen des C-1 Standes. Vorn im Laderaum liegen Gewichtssäcke, die zum Austrimmen des leeren Flugzeugs nötig waren. (Luftwissen)

Go 242 A-1

Bezeichnung: Kampfsegler

Kennzeichen: Abwerfbares Startfahrwerk, Ballonräder
875 x 320 mm oder 950 x 350 mm, drei
Kufen, 6 t-Kupplung im Bug

Aufgrund des erfolgreichen Nachfliegens vom 21.1.1942 wurde die Großserie Go 242 A-1 in Auftrag gegeben, die von den Firmen Gothaer Waggonfabrik, AGO und vor allem Hartmann bis ca. Mitte 1943 gebaut wurde. Bei den Versuchsmustern wurde auf Brüche der Leitwerksträger im Flugbetrieb hingewiesen. Zur Verstärkung hat die GWF die Tiefe der Träger bei der Go 242 A-1 vergrößert. Weitere wesentliche Unterschiede der Go 242 A-1 zur A-0 sind mir nicht bekannt.

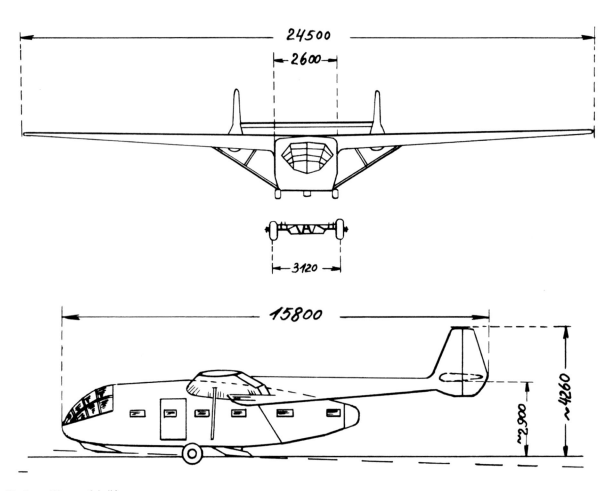

(Gothaer Waggonfabrik)

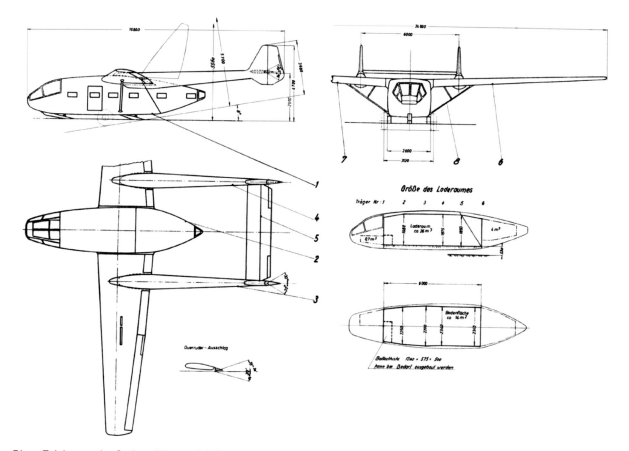

Diese Zeichnung der Gothaer Waggonfabrik zeigt die Go 242 A-1. Die wesentlichen Abmessungen und Details gelten aber auch für alle anderen Baureihen. Die Unterschiede sind in den jeweiligen Skizzen dargestellt. (Gothaer Waggonfabrik)

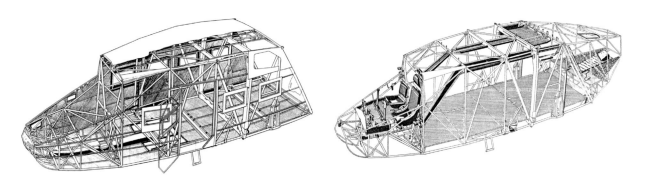

Zeichnungen aus der Ersatzteilliste der Go 242 A-1 zeigen den Aufbau des Rumpfgerüstes, die Auslegung des Führerraumes und den Verlauf der Kanäle für die Steuerseile und Stoßstangen. Der hölzerne Kabinenboden und die Gestaltung des Hecks mit der Liegefläche für den Schützen sind ebenfalls zu sehen. (Gothaer Waggonfabrik)

Der Instrumententräger konnte nach rechts geschwenkt werden, wenn der zweite Mann die Flugzeugsteuerung übernahm. Dazu fasste er mit der Fußspitze in die Halbkugel unter dem Instrumententräger. (Mankau)

Vor dem ersten Flugzeugführer befand sich vielfach eine Panzerplatte. Er hatte eine normale Handradsteuerung zur Verfügung. Der zweite Flugzeugführer hatte dagegen nur einen Teleskop-Knüppel, um ihm genügend Bewegungsfreiheit beim Schießen aus der Dachluke zu ermöglichen. (JET & PROP)

Die Bilder aus der Ersatzteil-
liste zeigen die Liegematte für
den Schützen des C-1 Stande,
und das abwerfbare Fahrwerk.
Es wurde bei den Prototypen
und den A-Serien verwendet.
Zunächst fanden Ballonräder
der Größe 875 x 320 mm Verwendung. Später benutzte man
auch die Größe 950 x 350 mm,
wodurch die Nutzlast um 300 kg
stieg. (Gothaer Waggonfabrik)

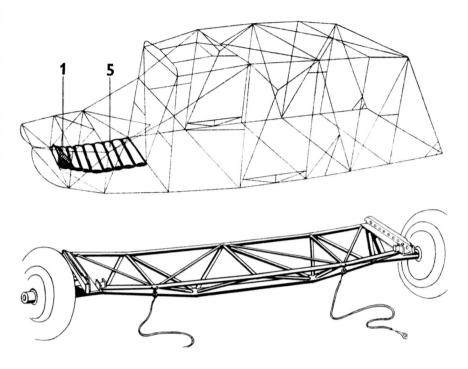

In dieser leeren Go 242 A-1
sind die Sandkiste für den
Ballst bei Leerflug und die
Kanäle für die Steuerseile und
Stoßstangen zu sehen. (Nidree)

Die Aufnahmen der Go 242 A-1 zeigen sehr schön verschiedene Tarnschemen und Kennungstypen nebeneinander. (Bundesarchiv Koblenz 101I-641-4549-15)

(Bundesarchiv Koblenz 101I-641-4547-36)

Go 242 A-2

Bezeichnung: Kampfsegler

Kennzeichen: Abwerfbares Startfahrwerk, Ballonräder 875 x 320 mm oder 950 x 350 mm, drei Kufen, Doppelschleppkupplung = vorn 10 t und hinten 6 t (+ 50 kg), Bremsschirm möglich

Im Mai 1942 war die Go 242 A-2 noch als Variante der Go 242 in Gemischtbauweise geplant. Was daran das Besondere sein sollte, ist mir nicht bekannt, denn die Go 242 war ohnehin in Gemischtbauweise konstruiert. Davon ist man aber wieder abgekommen, und die Bezeichnung konnte anderwärtig verwendet werden.

Der große Lastensegler Me 321 sollte ursprünglich von drei zweimotorigen Flugzeugen – vorzugsweise der He 111 – geschleppt werden. Dieser Troikaschlepp erwies sich aber als ausgesprochen gefährlich, und das RLM ließ bei Heinkel das aus zwei He 111 H-6 zusammengebaute Zwillingsflugzeug He 111 Z entwickeln, das in der Lage war, die Me 321 allein zu schleppen. In der zweiten Maihälfte 1942 wurde die He 111 Z V1 in Bayern erfolgreich erprobt und Heinkel bekam den Auftrag, insgesamt 10 He 111 Z schnellstens zu liefern. Von der Me 321 gab es zu

der Zeit noch rund 110 Stück. Die Lieferung erfolgte im Wesentlichen in der zweiten Jahreshälfte 1942. Der Aufwand mit der Me 321 war jedoch so groß, dass man auf die Idee kam, mit der He 111 Z auch die Go 242 zu schleppen. Mit einem dieser Segler war die He 111 Z jedoch nicht ausgelastet, so dass man zwei anhängen wollte. Aus Sicherheitsgründen war es unerwünscht, die beiden Segler nebeneinander zu hängen. Um sie aber hintereinander hängen zu können, musste die Go 242 A-1 modifiziert werden. Zunächst benötigte sie vorn eine Kupplung, die stark genug war, die beiden Segler zu ziehen, eine 10 t-Kupplung. Sodann musste unter der Heckklappe eine zweite Kupplung (6 t-Kupplung) angebaut werden. An diese zweite Kupplung ließ sich auch der mittlerweile entwickelte Bremsschirm anhängen. Um die modifizierten Go 242 von der ursprünglichen Version unterscheiden zu können, bekam sie die Bezeichnung Go 242 A-2. Nach den vorliegenden Unterlagen wurde der Bremsschirm in vorhandene Go 242 A-1 nachgerüstet. Auch der Umbau für den Doppelschlepp ist wahrscheinlich nur an schon vorhandenen Maschinen erfolgt. Es gibt jedenfalls keinen Hinweis, dass Flugzeuge der Baureihe A-2 neu gebaut wurden. Der erste Einsatz der He 111 Z mit zwei Go 242 erfolgte am 11.2.1943 bei der I./Luftlandegeschwader 2. Der letzte ist vermutlich im Juli 1944 erfolgt.

In den Unterlagen des Heinkel-Archivs habe ich nur die Bezeichnung He 111 Z gefunden. Es gab im Mai 1942 eine kurze Zeit lang Untersuchungen zu einem Fernbomber He 111 Z 2. Bei dessen Verwirklichung wäre die Schleppmaschine sicher in He 111 Z 1 umbenannt worden. Da der Fernbomber aber nicht verwirklicht wurde, ist es bei der Bezeichnung He 111 Z geblieben.

Links: Bis Mitte 1943 war es üblich, dass das RLM Werknummern und Stammkennzeichen fortlaufend und blockweise vergab. Es wäre somit nicht ungewöhnlich, wenn die drei abgebildeten Maschinen Stammkennzeichen des Blocks DL+DA bis DL+DZ zeigten. (Kössler / Petrick / Bundesarchiv Koblenz 10 1I-561-1138-21)

Hier wird eine Go 242 A-2 mit Heckkupplung auf der Straße transportiert. (Schlaug)

Blick aus der linken Rumpf der He
111 Z auf die Go 242 A-2 und A-1.
(ECPA)

Eine Go 242 A-2 und dahinter eine Go 242 A-1 fertig zum Start. (Schlaug)

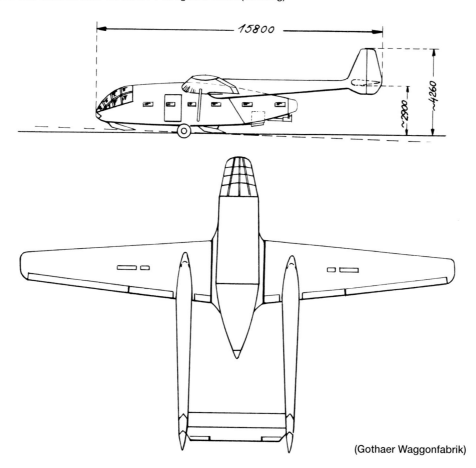

(Gothaer Waggonfabrik)

Unter dem Heck dieser Go 242 A-2 ist die zweite Schleppkupplung und das eingehängte Seil für den Bremsschirm zu erkennen. Die Bugkufe ist mit ausklappbarem Bremsdorn ausgerüstet. (Petrick)

Go 242 B-1

Bezeichnung: Transportsegler
Kennzeichen: Bugrad, festes Fahrwerk mit durchge-
henderr Achse, Radgröße 950 x 350 mm,
Einfachbremse, 6 t-Kupplung vorn

Für einen Kampfsegler war es wichtig, möglichst schnell zum Stehen zu kommen. Daher war für diese Segler der Start auf einem abwerfbaren Fahrgestell und die Landung auf Kufen vorgesehen. Für reine Transportaufgaben war es dagegen sinnvoller, mit Fahrwerk zu landen, da der Segler dann sofort nach dem Entladen wieder starten konnte. Die Go 242 A-1 konnte daher auch mit angehängtem Fahrwerk geflogen und gelandet werden, allerdings war die Ausrollstrecke mit den ungebremsten Rädern deutlich länger. Da der Bedarf an reinen Transportseglern relativ groß war, wurde in der Gothaer Waggonfabrik ein bremsbares Achsfahrwerk mit Bugrad entwickelt. Das Achsfahrwerk war im Bedarfsfall auch abwerfbar.

Die mit dem Achsfahrwerk ausgerüstete Baureihe Go 242 B-1 lief in etwa gleichzeitig mit dem Behelfstransporter Go 244 B-1 an, der ohnehin ein solches Fahrwerk benötigte. Da sich Mitte 1942 die Produktion zunehmend auf die Go 244 verlagerte, ist die produzierte Anzahl von Go 242 B-1 zunächst gering geblieben. Erst als die Go 244 B-1 gestoppt und sogar in Lastensegler rückgerüstet wurde, sind weitere Go 242 B-1 entstanden. Nach dem Umbaulieferplan vom 21.12.1943 sind 184 Go 244 B-1 in Go 242 A-1 rückgerüstet worden.

Mir erscheint es wahrscheinlicher, dass die Maschinen in Go 242 B-1 rückgerüstet wurden, aber das ist unbewiesen.

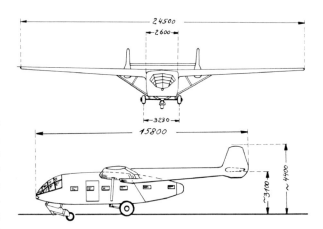

(Gothaer Waggonfabrik)

Dies dürfte eine frühe, abwerfbare Variante des Bugradfahrwerks der Go 242 gewesen sein. (Luftwissen)

Die Tarnschemen der Go 242 B-1 waren ähnlich vielfältig wie die der Baureihe A. (Griehl / Nidree / Deutsches Museum)

Die Go 242 B-1 weist zwei MG-Halterungen über dem Sitz des zweiten Fugzeugführers auf. (IWM)

Das Fahrwerk der Go 242 B-1 entsprach dem der Go 244 B-1. (Deutsches Museum)

Go 242 B-2

Bezeichnung: Transportsegler
Kennzeichen: Wie B-1, jedoch zusätzlich: Ausleger-fahrwerk mit großer Federstrebe in Rumpfseitenwand liegend, Radgröße 935 x 345 mit Duo-Bremse (+ 100 kg) Doppelschleppkupplung = 10 t vorn und 6 t hinten (+ 50 kg)

Um bei gleichem zulässigen Fluggewicht die Zuladung um 250 kg erhöhen zu können, wurde bei einem Teil der Go 242 B-2-Serie ein schwächerer und damit leichterer Boden verwendet.

Da das Fahrwerk der Go 242 B-1 nicht befriedigte, und wegen der zu geringen Tragfähigkeit erst recht in der Go 244 B-1 versagte, sah sich die GWF veranlasst, ein neues Auslegerfahrwerk für die Go 244 zu entwickeln. Zunächst befanden sich die Federstreben vollständig außerhalb

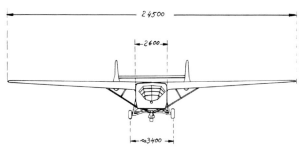

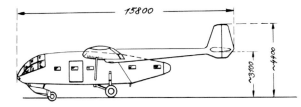

(Gothaer Waggonfabrik)

des Rumpfes, und die Querlenker waren an den unteren Außenkanten angelenkt. Damit stieg aber der Luftwiderstand zu stark an, und GWF modifizierte das Auslegerfahrwerk so, dass mit kleineren Rädern und in den Rumpf verlegte Federstreben ein akzeptabler Luftwiderstand, bei gegenüber dem Achsfahrwerk verbesserten Rolleigenschaften erzielt wurde. Das Auslegerfahrwerk wurde für die Produktion der Go 244 B-2 vorbereitet. Als die aber nicht zustande kam, floss des Auslegerfahrwerk in die Produktion des Lastenseglers ein. Das führte zur Baureihe Go 242 B-2, der mit 256 Stück nach der Go 242 A-1 häufigsten Variante. Die Go 242 B-2 ist nach vorliegenden Unterlagen ab Spätsommer 1943 bis zu Auslauf der Go 242 im Sommer 1944 nur als Neubau entstanden.

Von der Go 242 B-2 sind nur wenige Aufnahmen bekannt. Die Federstreben des Hauptfahrwerks sind in die Rumpfseiten versenkt. (PK-Aufnahme)

Die fehlenden vorderen Fenster in der Heckklappe dieser Beutemaschine deuten auf die Baureihe Go 242 B-3 hin. Die Maschine hat auch die 6 t-Schleppkupplung zum Anhängen eines zweiten Seglers. (Mankau)

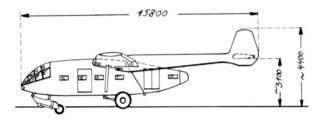

(Gothaer Waggonfabrik)

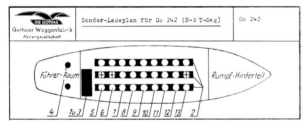

Ausschnitt des Ladeplans der Go 242 B-3. Die Zahlen »1« und »3« stehen für die Ballastkiste (36 kg) und den Ballast (420 kg). Das Gewicht der Sitzbänke »2« betrug 244 kg. Die beiden Führer »4« und die Fallschirmjäger Positionen »5« bis »13«) wurden mit je 100 kg berechnet. Die Positionen 5, 6 und 13 auf der mittleren Sitzbank wurden bei Übungen nicht, und beim Einsatz nur bei Start auf einer Betonbahn besetzt. (Gothaer Waggonfabrik)

Go 242 B-3

Bezeichnung: Lastensegler
Kennzeichen: Wie B-1, jedoch zusätzlich: Springersatz im Heck (+ 50 kg), drei Sitzbänke (+ 244 kg), Doppelschleppeinrichtung mit 10 t-Kupplung vorn (+ 50 kg)

Die Luftwaffe setzte zu Beginn des Krieges zwei Arten von Luftlandetruppen ein: Die Fallschirmjäger und Soldaten, die in Kampfseglern abgesetzt wurden. Später gab es auch die Absicht, Fallschirmjäger aus Lastenseglern abzusetzen. Das war möglicherweise nicht die ursprüngliche Absicht, denn der Springersatz wurde zunächst in die motorisierte Go 244 B-3 eingebaut. Davon sind ein paar Flugzeuge an die Luftwaffe ausgeliefert worden. Es werden sich auch eine Reihe von Go 244 B-3 in verschiedenen Produktionsstadien befunden haben. Als die Go 244 in Go 242 rückgerüstet wurde, behielten die Go 244 B-3 den Springersatz, und wurden damit zur Baureihe Go 242 B-3. Ob wirklich, wie in dem von Pawlas angegebenen Umbaulieferplan von 21.12.1943 aufgeführt, 95 Maschinen den Einbausatz erst beim Umrüsten erhielten, und was man mit den Lastenseglern mit Springersatz wollte, kann ich nicht sagen. Möglich ist, dass die Türen im Heck gar nicht für Fallschirmspringer benutzt wurden, sondern zum Abwurf von Lasten. Dies geschah öfter, wenn ein Landen und Starten nicht möglich waren. Sicher scheint jedoch, dass die Baureihe Go 242 B-3 nur durch Umrüstung aus Go 244 entstand, und die Stückzahl ergibt sich nach zitiertem Umbaulieferplan zu 20 Maschinen Rückrüstung bei Gotha und 95 Maschinen bei Letow.

Von dieser Art Sitzbänke waren in der Go 242 B-3 drei Stück eingebaut. (Nidree)

Go 242 B-4

Bezeichnung: Transportsegler
Kennzeichen: Wie B-2 mit leichtem Boden, jedoch zusätzlich: Springersatz im Heck (+ 50 kg), drei Sitzbänke (+ 244 kg)

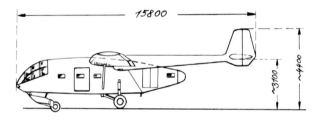

(Gothaer Waggonfabrik)

Die Baureihe Go 242 B-4 wird in mehreren Dokumenten der GWF aufgeführt. Es gibt jedoch keinerlei Hinweise, dass diese Baureihe wirklich gebaut worden ist. Da die Go 244 B-2 – und damit auch die Springerversion Go 244-B-4 – entfiel, hat es keine entsprechende Rückrüstung gegeben, und neu ist – nach den Belegen – nur noch die Go 242 B-2 entstanden.

Go 242 B-5

Bezeichnung: Transportsegler
Kennzeichen: Wie B-2, Doppel-Handsteuer und Seitenruder mit Innenausgleich, Holzfußboden leichte Ausführung

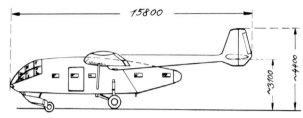

(Gothaer Waggonfabrik)

Das Doppel-Handsteuer und die Seitenruder mit Innenausgleich waren Maßnahmen, um den Einmotorenflug der Go 244 zu verbessern (vgl. Go 244 B-5 und C-2). Es sind vermutlich einige wenige Go 244 B-5 (elf Stück) so ausgerüstet worden, und daraus sind bei der Rückrüstung Go 242 B-5 entstanden. Belegt ist das nicht. Der Lastensegler brauchte diese Änderungen nicht, und darum sind die neuen LS nur noch in der Bauform B-2 gefertigt worden.

Go 242 C-1

Bezeichnung: Lastensegler (See) für Sondereinsatz
Kennzeichen: Schwimmer-Fußboden, Start auf abwerfbarem Fahrwerk, leichtes Rumpfheck, zwei Stützschwimmer an den Tragflächen, Leergewicht 3500 kg, Nutzlast 3020 bis 3300 kg

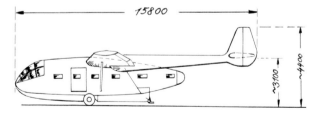

(Gothaer Waggonfabrik)

Die Go 242 C-1 wird von einigen Autoren in Zusammenhang gebracht mit einem angeblich 1944 geplanten Angriff auf die britische Flotte in Scapa Flow. Dabei sollten in der Go 242 C-1 italienische Sturmboote in Angriffsposition gebracht werden. Nach der Wasserung sollten die leichten Rumpfhecks abgeworfen werden, und die Sturmboote die Go verlassen und den Angriff durchführen. Belegt ist, dass Göring einen Einsatz der Go 242 (Wasser) befohlen hat (vgl. 21.7.44). Bei diesem Einsatz musste der Schwimmer-Fußboden die Go nur eine kurze Zeit nach der Wasserung tragen, an einen Wiederstart war nicht gedacht. Am 11.4.1944 ging man bei GWF noch davon aus, dass 66 Go 242 C-1 benötigt wurden. Am 28.4. waren es nur noch 43, die von Hartwig gebaut und aus der Serie B-2 abgezweigt werden sollten. Am 1.7.1944 ist aber der Befehl ergangen, die Produktion der Go 242 auslaufen zu lassen, und wie man den C-Amts-Monatsmeldungen des Jahres 1944, sowie den Angaben des Generalquartiermeisters vom 4.12.1944 entnehmen kann, sind 1944 nur noch 151 Go 242 B-2 gebaut und abgeliefert worden. Die Go 242 C-1 ist somit allenfalls als Mustermaschine gebaut worden oder als Umbau entstanden. Die Gothaer Waggonfabrik hielt den Einsatz der Go 242 C-1 nur durch die Verwendung des Auftriebsschlepps für durchführbar.

Mit je zwei MG 34 nach vorn, nach hinten und zu jeder Seite konnte die Go 242 rundum verteidigt werden. Allerdings wurden die MGs in der Regel nicht mitgeführt. (Gothaer Waggonfabrik)

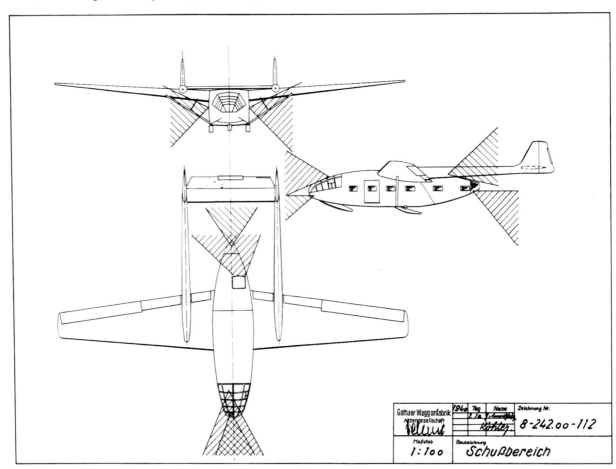

An dieser Go 242 sind die beiden hinteren und ein seitliches MG zu sehen. (Bundesarchiv Koblenz 101I-641-4546-22)

Der Waffenstand unter dem Kanzelboden war zwar vorbereitet, wurde aber in der Regel nicht benutzt, Insbesondere bei der Sturmlandung war die Position wohl zu gefährlich. (Petrick)

Go 242: Bewaffnung

Von Beginn der Entwicklung an war vorgesehen, acht Kulissenhalter für MG 34 in die Go 242 einzubauen. Nur das MG vorn oben sollte von einem Besatzungsmitglied bedient werden. Für die anderen waren mitfliegende Soldaten zuständig. Da genügend MG 15 zur Verfügung standen, wurden vielfach diese statt der MG 34 verwendet.

Go 242: Schneekufen

Um auch bei starkem Schnee die Einsatzbereitschaft der Luftwaffe aufrechterhalten zu können, erschien es dem Generalstab im Jahre 1941 sinnvoll, eine kleine Anzahl von Flugzeugen mit Schneekufen auszurüsten. Für die Go 242 und Go 244 wurden am 17.7.1941 je 30 Satz Schneekufen für den Winter 41/42 bestellt. Die Kufen sind daraufhin entwickelt worden, und wurden im Winter 1941/42 von der E-Stelle in Dorpat hinter einer He 111 H-6 (ebenfalls auf Schneekufen) getestet. Die maximale Zuladung der Go 242 betrug 2500 kg. Gegen den Einsatz des LS Go 242 mit Schneekufen bestanden keine Bedenken. Da die Go 244 schon mit dem Normalfahrwerk untermotorisiert war, konnte keine Umrüstung auf Schneekufen erfolgen. Von der Entwicklung und Erprobung sind einige Fotos bekannt, Einsatzfotos habe ich bisher keine gesehen.

Die seitlichen MGs wurden von den Soldaten bedient. (Bundesarchiv Koblenz 101I-641-4546-15)

Go 242: Kurzstartraketen

Am 12.6.1942 berichtete die Versuchsstelle der Luftwaffe Peenemünde-West über die Funktionserprobung der Go 242 W.Nr. 24 (TD+IN) mit den Starthilfen-Anlagen (2 x RI 202 b je 500 kg für 30 sec = 1000 kg für 30 sec Waltergeräte und 4 x R I 502 je 500 kg für 6 sec = 500 kg für 24 sec Rheinmetall-Raketen). Beide Typen wurden zunächst im

Über der Kanzel gab es bei einer Reihe von Go 242 zwei Halter für MG 15. Da aber nur eine Öffnung im Dach vorhanden war, konnte der zweite Flugzeugführer nur ein MG einsetzen. Auch über dem Führersitz konnte ein MG 15 montiert werden. (Mathiesen)

Die Go 242 TD+IN wurde mit verschiedenen Anbauteilen erprobt, hier mit einem Fahrwerk der Go 242 B-1 mit Schneekufen. (Erprobungsstelle Rechlin)

Stand, und dann im Flug erprobt. Die Waltergeräte waren flugeigenschaftsmäßig in Ordnung, lediglich der Auslösegriff für den Abwurf war ungünstig platziert. Die Versuchsstelle lehnte deren Einsatz an der Go 242 dennoch ab, da man damit zwar die Rollstrecke verkürzen konnte, jedoch reduzierten sie bis zur Erreichung der notwendigen Höhe für den Fallschirmabwurf die ohnehin knappe Steigleistung. Die knappe Steigleistung verhinderte auch eine erhöhte Zuladung des Lastenseglers.

Die Rheinmetall-Pulverstarthilfen wurden gleich nach dem Ausblasen ohne Fallschirm abgeworfen. Dabei wurde zwar das Heckgerüst etwas verbeult, blieb aber reparaturfähig. Auch die Raketen waren größtenteils wieder ver-

Die Erprobungsstelle Rechlin testete die Schneekufen in Dorpat mit der TE+DU. (Erprobungsstelle Rechlin)

Die Schneekufen wurden an Stelle der Räder angebaut. (Erprobungsstelle Rechlin)

wendungsfähig. Sie ergaben ebenfalls eine ausreichende Rollstreckenverkürzung, und behinderten anschließend nicht den Steigflug, weshalb die Versuchsstelle nur diese Raketen für sinnvoll hielt. Die Rheinmetall-Raketen waren zum Zeitpunkt der Versuche aber noch nicht funktionssicher, und kamen für den Einsatz bei der Truppe nicht in Frage. Es kam zu Nichtfunktionieren, Abplatzen des Kopfes und Austritt von Feuergasen am Kopf.

Bis zum Einsatz der funktionssicheren R I 502 Rheinmetall-Pulverrakete empfahl die Versuchsstelle den Einsatz der Waltergeräte am Schleppflugzeug He 111 H6. Der Einsatz der Waltergeräte an der He 111 und der Go 242 gleichzeitig erschien nicht gerechtfertigt.

Bisher sind mir keine Bilder oder Berichte bekannt, die außer in diesen Versuchen den Einsatz von Starthilfen an der Go 242 belegen.

Anordnung der Schaltkästen: vorn Sicherung; AKS-M für Walter-Geräte; vier AKS-M 7 für Einzelzündung der Rheinmetall-Raketen. (Erprobungsstelle Rechlin)

Go 242 mit R I 202 b Walter-Starthilfen mit 500 kg Schub für 30 Sekunden. (Erprobungsstelle Rechlin)

Go 242 mit R I 502 Rheinmetall-Raketen (mit Verankerung für den Standversuch). (Erprobungsstelle Rechlin) ▲

▼ Start mit R I 202 b-Geräten bzw. mit R I 502 –Geräten. (Erprobungsstelle Rechlin)

Go 242: Bremsschirm

Als sich der Generalstab im Sommer 1941 entschloss, Bremsschirme für die DFS 230 zu beschaffen, da hat man die gleiche Ausrüstung auch für die Go 242/244 in Erwägung gezogen. Am 12.6.1942 war die Entwicklung des Bremsschirms noch nicht abgeschlossen. Es waren aber 250 Bremsschirme bestellt. Am 23.6.1942 fand ein Soldat bei der Erprobung des Schirms in Rechlin den Tod. Nach der Erprobung ist der Schirm für die Beschaffung und den Einsatz freigegeben worden. Einbau und Handhabung wurden im Beiheft zur L.Dv.T 2242 A-0, A-1/ Fl vom September 1943 beschrieben.

Der Kasten mit Bremsschirm wird eingebaut.
(Fa Zeppelin)

Erst beim Aufsetzen wurde der Bremsschirm entrefft, um den Bremsweg zu verkürzen. Gleiches galt auch, wenn der Schirm bei normaler Landung nur zum Verkürzen des Bremsweges eingesetzt wurde.
(Krieg)

Die zulässige Höchstgeschwindigkeit der Go 242 war 290 km/h. Beim Öffnen des Schirms durfte die Geschwindigkeit 230 km/h nicht überschreiten, sollte aber vorzugsweise bei 140 bis 180 km/h liegen. Der Sturzwinkel konnte zwischen 20° und 45° variieren. Die Sturzgeschwindigkeit betrug dabei 190 bis 280 km/h. Etwa 300 m über dem Boden wurde der Sturzwinkel auf 20° bis 25° reduziert. Ca. 20 m über dem Boden wurde mit dem Abfangen begonnen. (Krieg)

Schleppflugzeuge für die Go 242

Ju 52

Die Ju 52 wurde als erstes Schleppflugzeug für die Go 242
A-1 eingesetzt und bald durch die He 111 abgelöst.
(Bundesarchiv Koblenz 101I-622-3340-07)

Ju 52 mit Go 242 über dem Mittelmeer.
(Bundesarchiv Koblenz 101I-434-0949-25)

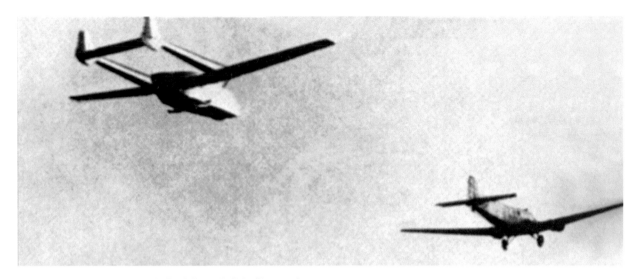

Ohne Fahrwerk ist vorerst kein Rückflug möglich. (Nowarra)

Blick aus der Kanzel der Go 242 auf die Ju 52 (JET & PROP)

Deutsche Lastensegler

He 111

Die Go 242 A-1 flog oberhalb der He 111. (Bundesarchiv Koblenz 101I-641-4547-25)

Die He 111 war die meistbe-
nutzte Schleppmaschine für
die Go 242. Diese drei He
111 sind die Schleppflug-
zeuge der Go 242 von Seite
197. (Bundesarchiv Koblenz
101I-641-4548-24)

Links: Startbereite
Schleppmaschine He 111
in Russland. (Bundesarchiv
Koblenz 101I-331-3026-01A)

Unten: Dieselbe He 111
von der anderen Seite.
(Bundesarchiv Koblenz
101I-331-3026-06A)

He 111 Z

(Radinger)

(ECPA)

Die He 111 Z war ursprünglich zum Schlepp der Me 321 entwickelt worden. Um sie universeller einsetzen zu können, sollte sie auch die Go 242 schleppen. Da sie mit einem dieser Lastensegler bei Weitem nicht ausgelastet war, wurde die Go 242 A-2 entwickelt, an die man noch eine weitere Go 242 anhängen konnte. (Mankau)

He 177

Das Gespann He 177 / Go 242 A-1 ist von der DFS nur im Hinblick auf einen Sondereinsatz erprobt worden. (Schmitt)

Go 244

Schon im September 1940, also noch vor dem Erstflug der Go 242, beschäftigte man sich bei GWF mit der Motorisierung des Flugzeugs. Zunächst war nur daran gedacht, die Gleitstrecke durch den Einsatz eines relativ kleinen, vor den Bug angeordneten Hilfsmotors (As 10 C) erheblich zu verlängern, und den Rückflug des leeren Seglers mit zwei Mann Besatzung und 170 kg Brennstoff zu ermöglichen. Im Februar 1941 bestand der Plan, die Go 242 V1 auf Motorversuchsträger umzubauen. Dazu ist es aber nicht gekommen. Leistungsberechnungen haben gezeigt, dass die gewünschten Verbesserungen mit dem Zentralmotor nicht zu erzielen waren. Insbesondere war der Rückflug mit dem kleinen Motor nicht möglich. Die Variante ist daher aus der Planung verschwunden.

Man wandte sich daraufhin bei GWF einer neuen Lösung zu. Vor die Leitwerksträger ließen sich verhältnismäßig einfach Motoren setzten, die aus dem Lastensegler einen billigen und einfachem Behelfstransporter zu machen versprachen. Die Ju 52 hatte sich zwar bewährt, verbrauchte aber viel Aluminium, das für Bomber und Jäger viel nötiger war. Die aus Stahlrohr, Leinwand und Sperrholz gefertigte motorisierte Go 242 schien ein zusätzliches Transportflugzeug möglich zu machen, ohne die deutsche Flugzeugindustrie besonders zu belasten. Weitere Entlastung versprach man sich seitens des RLM durch die Verwendung von in Frankreich gefertigten Motoren (Gnôme et Rhône 14 M), Luftschrauben (Gnôme et Rhône und Ratier) und Instrumenten. Als Alternative wurden auch russische Triebwerke in Betracht gezogen. Im Frühjahr 1941 flogen die ersten beiden Versuchsmuster der motorisierten Go 242, die später in Go 244 umbenannt wurde. Ab Januar 1942 erfolgte die Erprobung durch die Erprobungsstelle Rechlin, gleichzeitig lief auch schon die Produktion in Gotha an. Die Ergebnisse der 100-Stunden-Erprobung, die Anfang Februar 1942 abgeschlossen war, waren ermutigend, wenngleich einige Verbesserungen gefordert wurden. Schwachpunkte waren die schlechten Eigenschaften im Einmotorenflug, die geringe Zuladung und Reichweite. Ursachen waren die zu schwachen Motoren und ein zu schwaches, von der Go 242 B-1 übernommenes, Achsfahrwerk. Man hoffte zunächst, diese Schachstellen ausmerzen zu können, und legt die Serie zunächst auf 450 Stück aus, mit der Option auf Weiterlieferung. Die erste Serie hieß Go 244 B-1 und war gekennzeichnet durch das Achsfahrwerk. Die E-Stelle Rechlin ließ die Go 244 B-1 nur mit 1,2 t Nutzlast und eingeschränkter Ausrüstung zu. Im April 1942 war bei

Gotha schon ein neues verstärktes Auslegerfahrwerk in Entwicklung, das zur Baureihe Go 244 B-2 führen sollte. Parallel dazu arbeitete man an den Baureihen Go 244 C-1 und Go 244 C-2, die den B-1 und B-2 entsprachen, aber statt mit Dreiblatt-Verstellpropellern aus Metall mit nicht verstellbaren Vierblatt-Holzpropellern ausgerüstet werden sollten. Auch als Transporter für Fallschirmjäger sollte die Go 244 eingesetzt werden. Dazu wurden Türen und Springersatz in die Heckklappen eingebaut. Diese Modifikation ist in der Go 244 B-3 (auf der Basis der Go 244 B-1) realisiert worden, und war für die Go 244 B-4 (auf der Basis der B-2) geplant. Ab April 1942 schulten die Piloten der Kampfgruppe z.b.V. 106 in Hagenow auf der Go 244 B-1, und am 19.6.1942 wurde die Go 244 für den Fronteinsatz freigegeben. Zu der Zeit hatte Messerschmitt erhebliche Probleme mit der Me 210, die von Gotha in Lizenz gefertigt werden sollte. Das RLM ließ Produktionskapazität bei der GWF von der Me 210 auf die Go 244 verlegen, und hoffte zeitweise, dass die Go 244 die Go 242 ganz ersetzen sollte. Mitte 1942 sind fast nur Go 244 produziert worden. Am 1.7. 1942 waren 99 Go 244 an die Luftwaffe geliefert, und noch 351 bestellt und in der Fertigung.

Ende Juni 1942 verlegte die K.G.z.b.V. 106 nach Kiriwograd und flog dort mit durchschnittlich 34 Go 244 B-1. Die KG rüstete die Go 244 mit Funkgerät und Bewaffnung aus, womit das Rüstgewicht stieg. Und sie flog mit mehr Zuladung als zugelassen. Statt eines Fluggewichts von 6,8 t wurde in der Regel mit über 8 t geflogen. Dadurch wurden Fahrwerke und Motoren überlastet, und es kam zu einer Reihe von zum Teil schweren Unfällen und Notlandungen. Die schlechten Ergebnisse von der Front drangen zum Generalluftzeugmeister, der daraufhin Anfang August 1942 die Stückzahl der Go 244 zunächst auf die ohnehin geplanten 450 beschränkte, die bis Mai 1943 zu bauen waren. Am 1.10.1942 waren 308 von geplanten 450 Go 244 gebaut, und man verlegte bei GWF alle Kräfte auf die Produktion der Me 110. Weitere Go 244 sind nicht mehr gebaut worden.

Mit dem verstärkten Auslegerfahrwerk sank auf Grund des erhöhten Luftwiderstands die Leistung der geplanten Go 244 B-2 ab, so dass trotz des stärkeren Fahrwerks die Zuladung immer noch nicht erhöht werden konnte. Die beiden Versionen mit Holzpropeller hatten durch den schlechteren Wirkungsgrad der starren Propeller noch schlechtere Flugleistungen, so dass diese Serien zumindest nicht an die Luftwaffe ausgeliefert wurden, und der Generalluftzeugmeister die gesamte Produktion der Go 244 am 2.11.1942 stoppen ließ. Statt der Go 244 war jetzt

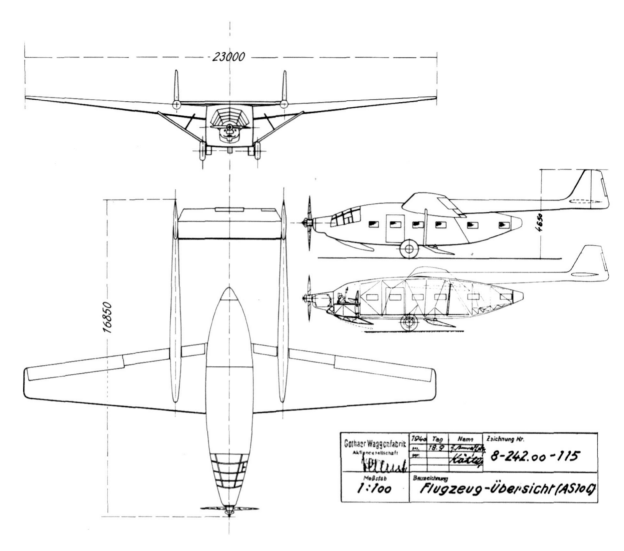

Zeichnung der GO 242 mit Hilfsmotor vom 18.9.1940. (Gothaer Waggonfabrik)

die Ju 352 als Behelfstransporter geplant, und die Go 244 sollten in Go 242 zurückgerüstet werden, was ab November 1942 bis ins Jahr 1943 auch geschah. Obwohl die Produktion gestoppt war, lief bei GWF noch im Februar 1943 die Weiterentwicklung der Go 244. In dem Monat wurden drei verbesserte Go 244 an die Erprobungsstellen übergeben. Auch ist im Frühjahr eine Go 244 E-1 mit BMW 132 Z in Gotha und Rechlin erprobt worden. Über das Resultat dieser Erprobungen ist nichts bekannt, si-

cher ist aber, dass weder die Produktion wieder aufgenommen wurde, noch die vorhandenen Go 244 aufgerüstet wurden.

Von der Go 244 hat es Typenblätter Go 244/917, 918, 919 TB-Fl gegeben, auf die sich die Autoren Pawlas [2] und Engel [29] beziehen, und danach die Baureihenübersichten gestalten. Diese Typenblätter habe ich bisher noch nicht gesehen, so dass ich hier nur zitieren und anmerken kann.

Deutsche Lastensegler

Go 244 V1 und V2

Bezeichnung: Transportflugzeug für Truppen und Gerät
Kennzeichen: Aus Go 242 A-0 umgebaute Flugzeuge mit Achsfahrwerk, frühe Formen der Triebwerksträger und des Bugfahrwerks

Im April 1941 wurde die Go 244 V1 (Werknummer 2420000018 (VC+OR) mit zwei Gnôme et Rhône 14 M) in Gotha erprobt. Im Juni 1941 flog sie zusammen mit der Go 244 V2 (2420000019, VC+OS) in Gotha. Die beiden Flugzeuge wurden aus der Nullserie der Go 242 entnommen, wie schon die Werknummern zeigen. Die V2 ging Anfang Januar 1942 zur Mustererprobung nach Rechlin, und erhielt dort im Prinzip eine gute Beurteilung. Allerdings wurde sie nur bis zu einen Gesamtgewicht von 6,8 t (statt 7,8 t) zugelassen, was auf Kosten der Zuladung (1,2 t statt gewünschten höchstzulässigen 2,5 t) ging. Grund waren schlechte Flugeigenschaften im Einmotorenflug (nicht zureichende Trimmbarkeit und mangelnde Leistung der Gnôme et Rhône 14 M 04/05 Triebwerke) und ein zu schwaches Fahrwerk.

Go 244 V3 bis V6

Bezeichnung: Transportflugzeug für Truppen und Gerät

Die Gothaer Waggonfabrik und die Erprobungsstelle Rechlin haben in der Folgezeit noch mehrere Go 244 mit unterschiedlichen Fahrwerken und Triebwerken erprobt. Die V3 bis V5 könnten Versuchsträger für Fahrwerk, Springersatz usw. gewesen sein. Ich habe jedoch keine Angaben gefunden, nach denen diese Flugzeuge durch ein V in der Bezeichnung gekennzeichnet waren. Pawlas [2] zeigt ein Datenblatt für die Go 244 V1 bis V6 und gibt dafür als Motorisierung den BMW 132 Z (660 PS) mit einer verstellbaren Luftschraube, Bauart Escher-Wyss an. Da die V1 und V2 erwiesenermaßen mit Gnôme et Rhône-Triebwerken ausgerüstet waren, gilt dieses Datenblatt vermutlich nur für die Version mit BMW 132 Z. Davon hat es nach bisherigem Kenntnisstand nur eine gegeben, die in meinen Unterlagen als Go 244 E-1 bezeichnet wurde. Die Go 244 V6 könnte Versuchsträger für die Go 244 E-1 gewesen sein. Laut Typenblatt hatte die V6 in 1000 m Flughöhe eine Höchstgeschwindigkeit von 230 km/h, eine Reisegeschwindigkeit von 210 km/h und eine Reichweite von 360 km bei 690 l Kraftstoff. Die verwendeten Radgrößen waren 950 x 350 und 685 x 250.

Da die Go 244 V1 auf der Go 242 A-0 basierte, entsprachen auch die Leitwerksträger noch der alten Bauform. (Mankau)

Go 244 A-1 und A-2 (Stand Februar 1942)

Am 10.2.1942 war seitens des RLM vorgesehen, die Go 242 in zwei Baureihen herstellen zu lassen. Zunächst sollte die Go 244 A-1 mit je zwei französischen Gnôme et Rhône 14 M mit ca. 15 pro Monat bis Mai 1943 gebaut werden. Parallel dazu waren 20 Go 244 A-2 mit je zwei russischen M 25-Triebwerken geplant. Ab Juni 1943 sollten die Go 244 A-1 auslaufen und nur noch 20

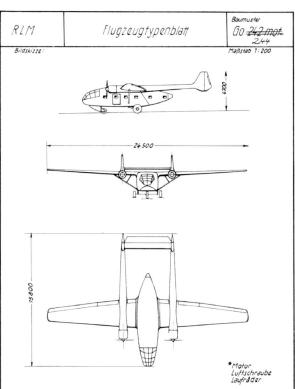

Flugzeugtypenblatt der Go 242 mot. bzw. Go 244.
Die Flügelstreben entsprechen noch der Go 244 V1.

Start und Flug der Go 244 V1 (VC+OR). (Mankau)

Go 244 A-2 pro Monat entstehen, wobei allerdings die Motorenlage ab 12.1943 nicht geklärt war. Da die Go 244 A-1 das Fahrwerk der Go 242 B-1 übernahm, ist sie wohl in Go 244 B-1 umbenannt worden, jedenfalls ist die Bezeichnung Go 244 A-1 nicht für Serienflugzeuge verwendet worden. Die Verwendung der russischen Triebwerke ist nicht über das Planungsstadium hinausgekommen. Damit entfiel die Go 244 A-2 (und möglicherweise auch der Go 244 D-1). Die russischen Motoren wiesen zwar nominell genügend Leistung auf, waren aber wegen ihrer Auslegung für mittlere Höhen, der gefundenen Variantenvielfalt, und ihrer mangelhaften Qualität ungeeignet. Es ist nicht einmal ein Mustereinbau eines russischen Triebwerkes in eine Go 244 nachweisbar.

Go 242 B/244 und C/244 (Stand Mai 1942)

Am 19.5.1942 gab das RLM die Bedienungsvorschrift für die Go 242 B und C/244 heraus. Danach war die Go 242 B-1/244 die aus der Go 242 A-1 abgeleitet motorisierte Maschine mit Verstellpropeller und Gnôme et Rhône 14 M 06/07. Die Go 242 B-2/244 entsprach der Go 242 B-1/244 und sollte aus der Go 242 A-2 (Gemischtbauweise) entstehen. Parallel waren die Baureihen Go 242 C-1/244 und C-2/244 mit Gnôme et Rhône 14 M 04/05 und hölzernen Festschrauben geplant. Die Bedienungsanleitung beruhte sicher auf einer veralteten Vorlage, denn zum Zeitpunkt der Veröffentlichung war aus der Go 242 B-1/244 schon die Go 244 B-1 geworden. Auch ist die Go 242 A-2 nicht in der beschriebenen Form entstanden, so dass die Go 244 B-2 vor allem ein geändertes Fahrwerk bekam.

In Folge der Beurteilung durch die E-Stelle ließ das RLM die Produktion der Go 244 B-1 auf ca. 60 pro Monat hochlaufen (zu der Zeit wurden ca. 20 Go 242 pro Monat gefertigt). (modell magazin)

Eine Go 244 B-1 der Kampfgruppe 106 in Russland. (Petrick)   (Petrick)

Go 244 B-1

Bezeichnung: Transportflugzeug für Truppen und Gerät
Kennzeichen: Aus Go 242 B-1 entstandene Flugzeuge mit Triebwerkseinbau und nicht abwerfbarem Fahrwerk.

Im September 1941 wurde die erste Serienmaschine der Go 244 B-1 ausgeliefert, der im Oktober acht und im November 21 folgten. Dann setzte die Produktion ein paar Monate aus, da die Erprobung einige Mängel gezeigt hatte, die konstruktive Änderungen, insbesondere am Fahrwerk erforderten. Erst nach erfolgter Erprobung, einigen Änderungen und erteilter Zulassung durch die E-Stelle Rechlin vom 10.2.1942 lief die Produktion im März 1942 wieder an. Parallel erfolgte die Truppeneinweisung (K.G.z.b.V. 106) durch die E-Stelle in Hagenow.

Wegen des von der Go 242 B-1 übernommenen Achsfahrwerks blieb das zulässige Fluggewicht der Go 244 B-1 auf 6,8 t beschränkt. Die K.G.z.b.V. 106 rüstete ihre Go 244 B-1 mit Funkausrüstung, Abwehrbewaffnung und Zusatztanks aus. Um dann noch eine vernünftige Nutzlast befördern zu können, wurde die Maschine mit bis zu 8,3 t Gesamtgewicht geflogen.

In Folge der Überlastung des Flugzeugs und des falschen Einsatzes sind in der Zeit vom 21.6. bis 7.10.42 75 Notlandungen und mehrere schwere Unfälle in Folge Fahrwerkbruchs vorgekommen. Vom Chef der Luftflotte 4 wurde deshalb ein Startverbot ausgesprochen. Nach eindringlicher Unterweisung des K.G., die Maschine nicht zu überladen, wurde der Flugbetrieb zunächst wieder aufgenommen, allerdings wurde sich der Generalluftzeugmeister darüber klar, dass die Go 244, wenn man sie so flog, wie sie belastungsmäßig fliegen durfte, weder eine anständige Reichweite noch eine anständige Nutzlast hatte, und man musste außerdem auf Funk, Bewaffnung usw. verzichten. Geschützte Tanks hatte die Maschine auch nicht. Er beschloss daher zunächst, nur die angefangenen Flugzeuge (ca. 450 Stück) weiterbauen zu lassen. Dabei hatte er wohl die Hoffnung, dass die Go 244 mit verbessertem Fahrwerk als Notlösung noch eine Zeit lang brauchbar sei. Als die Weiterentwicklungen auch nicht zum Ziel führten (vgl. Go 244 B-2 bis Go 244 C-2) wurde die Produktion der Go 244 am 2.11.1942 gestoppt. Der GL veranlasste weiter, die Go 244 nach Möglichkeit in Lastensegler rückrüsten zu lassen. Das K.G.z.b.V. 106 verlegte Anfang November zurück nach Deutschland und gab seine verbliebenen Go 244 B-1 ab. Damit endet die Geschichte der Go 244 B-1. Die Maschinen wurden ab Herbst 1942 und im Laufe des Jahres 1943 größtenteils in Go 242 B-1 rückgerüstet.

Pawlas [2] gibt an, dass, laut Umbauplan von 21.12.1944 184 Go 242 B-1/C-1 in Go 242 A-1 zurückgerüstet wurden. Dies kann ich nicht ausschließen, halte es aber für wenig plausibel. Nach Ausbau der Tanks und Triebwerke war die Go 244 B-1 nicht mehr überlastet, und konnte ihr Achsfahrwerk behalten. In den Unterlagen steht auch, das Fahrwerk der Go 244 B-1 wäre von der Go 242 B-1 übernommen worden. Es gab also schon die Go 242 B-1, und die Luftwaffe wollte auch Go 242 als reine Transportsegler mit festem Fahrwerk haben (vgl. Go 242 B-2). Es erscheint mir daher wahrscheinlicher, dass die Go 244 B-1 beim Rückrüsten ihr Fahrwerk behielten, und somit zu Go 242 B-1 wurden.

Go 244 B-2

Bezeichnung: Transportflugzeug für Truppen und Gerät
Kennzeichen: Bugrad 840 x 300, festes Auslegerfahrwerk mit großer Federstrebe im Rumpf, Radgröße 935 x 345 mit Duo-Bremse

Bis auf das Auslegerfahrwerk entsprach die Go 244 B-2 der Baureihe Go 244 B-1. Da die Eigenschaften des von der Go 242 übernommenen Fahrwerks mit starrer Achse (Go 244 B-1) außerordentlich schlecht waren, und es auch für die angestrebte Zuladung zu schwach war, wurde von der GWF ein neues Auslegerfahrwerk konstruiert und bei der E-Stelle Rechlin erprobt. Der Erprobungsträger BD+XM war zunächst ausgerüstet mit je einem Rad 1100 x 375 am Hauptfahrwerk und einem Spornrad 685 x 250 am Bugfahrwerk. Am Bugrad traten jedoch Brüche des Reifens, der Radgabel und der Federstrebe auf. Zur Abhilfe wurde am Bugfahrwerk ein größeres Ballonrad (950 x 350) erfolgreich erprobt. Um den Luftwiderstand und das Gewicht jedoch nicht zu sehr anwachsen zu lassen, legte die E-Stelle Rechlin letztlich die Radgrößen 840 x 300 für das Bugrad und 935 x 345 für die Hauptträder fest. Das Auslegerfahrwerk befand sich bei den ersten Versuchsträgern vollständig außerhalb des Rumpfes (vgl. Go 242 C-2). Außerdem war man beim Bugfahrwerk auf eine unverkleidete Stahlrohrversion übergegangen. Der durch das exponierte Fahrwerk und die größeren Räder hervorgerufene Luftwiderstand reduzierte die Fluggeschwindigkeit um bis zu 23 km/h bei Kampfleistung in Bodennähe, und die Steigleistung auf untragbare 1,25 m/sec. Die E-Stelle stufte daher das Auslegerfahrwerk als »aus Leistungsgründen nicht brauchbar« ein, und ver-

Dieses Bild zeigt die Go 244 B-2 mit innen liegenden Hauptfahrwerksbeinen und den Radgrößen 840 x 300 für das Bugrad und 935 x 345 für die Hauptträger. (Deutsches Museum)

langte von der Firma, durch Verkleidung eine Besserung zu schaffen. GWF kehrte daher zum verkleideten Bugradträger alter, aber verstärkter Bauart zurück, und verlegte die Streben des Hauptfahrwerks zum Teil in den Rumpf.

Von der Go 244 B-2 mit ursprünglichem, weit ausragenden Auslegerfahrwerk hat es nur wenige Versuchsträger gegeben, von denen ich noch keine auf einem Bild gesehen habe. Das verbesserte, innen liegende Fahrwerk ist bei der Go 244 vor Serienauslauf nicht mehr zum Tragen gekommen, dafür wurde es aber bei der Go 242 B-2 verwendet.

Go 244 B-3

Bezeichnung: Transportflugzeug für Truppen
Kennzeichen: Wie B-1, jedoch zusätzlich Springersatz im Heck (Türe für Fallschirmspringer) und dadurch 100 kg schwerer

Pawlas [2] zeigt ein Datenblatt der Go 244 B-3. Darin steht, sie sei ein aus der Go 244 B-1 abgeleitetes Transportflugzeug von 1941 und habe feste Vierblatt-Holzluftschrauben. Es sollen 13 Flugzeuge als Versuchsmuster gebaut, und an der Front erprobt worden sein. Laut Engel [29] war die Go 244 B-3 ein Umbau aus der Go 242 B-1 (im Gegensatz zur Go 244 B-1, die aus der Go 242 A-1 umgebaut wurde).

Die Holzluftschrauben sind jedoch bei der Baureihe C benutzt worden. Damit stimmt dieses Datenblatt nur bedingt, oder es galt zu einem anderen Zeitpunkt. Wir wissen, dass Go 244 mit Springersatz im Heck an die Luftwaffe ausgeliefert und auf Fallschirmspringerschulen eingesetzt wurden. Wir wissen auch, dass rückgerüstete Go 242 mit Achsfahrwerk als Go 242 B-3 bezeichnet wurden. Ich gehe daher davon aus, dass die Go 244 B-3 der B-1 entsprach, aber den Springersatz im Heck aufwies. Wenn man dem Umbaulieferplan vom 12.12.1943 glaubt, dann sind 130 Go 242 B-3 durch Rückrüstung entstanden. Dementsprechend schließe ich, dass diese 130 Maschinen zunächst als Go 244 B-3 gebaut wurden, allerdings ist nur ein kleiner Teil vor Produktionsstopp wirklich an die Luftwaffe ausgeliefert worden. Dies könnten die von Pawlas genannten 13 Versuchsmuster gewesen sein.

Go 244 B-4

Bezeichnung: Transportflugzeug für Truppen
Kennzeichen: Wie B-2, jedoch zusätzlich Springersatz im Heck (Tür für Fallschirmspringer) und dadurch 100 kg schwerer

Die Angaben von Pawlas ergeben keinen Anhaltspunkt für die Besonderheiten der Go 244 B-4, und Engel charakterisiert sie als Umbau aus der Go 242 B-2. Das hilft auch nicht weiter, da die Go 242 B-2 nach der Go 244 B-2 entstanden ist. Da die Go 244 B-1 auf Auslegerfahrwerk umgestellt werden sollte, ist sicher auch geplant gewesen, die Springerversion umzustellen. Dies wäre die Go 244 B-4 geworden, aber sie ist wie die B-2 nicht in Produktion gegangen.

Bei dieser Go 244 C-2 ist das weit außen liegende und viel Widerstand erzeugende Hauptfahrwerk gut zu sehen. (Deutsches Museum)

Go 244 B-5

Bezeichnung: Transportflugzeug für Truppen und Gerät
Kennzeichen: Wie B-2, Doppel-Handsteuer und Seitenruder mit Innenausgleich

Nach Pawlas [2] war die Go 244 B-5 ein Transportflugzeug aus dem Jahr 1942. Als Besonderheit wird die verstellbare Metallluftschraube, Bauart VDM erwähnt. Engel [29] schreibt, sie wäre ein Neubauflugzeug gewesen. Elf Flugzeuge hätten zunächst das Achsfahrwerk der B-1 bekommen, die nachfolgenden das Auslegerfahrwerk der B-2.

Zur Verbesserung der Einmotorenflugeigenschaften wurden bei Gotha das Doppel-Handsteuer und das Seitenruder mit Innenausgleich und vergrößertem Trimmruder entwickelt. Sie scheinen in einige der letzten Go 244 B-1 eingebaut worden zu sein (elf Stück). Die sind wahrscheinlich zur Unterscheidung als Bo 244 B-5 bezeichnet, aber nicht mehr ausgeliefert worden. Bei der Rückrüstaktion sind daraus die Go 242 B-5 entstanden.

Go 244 C-1

Bezeichnung: Transportflugzeug für Truppen und Gerät
Kennzeichen: Wie B-1, jedoch Gnôme et Rhône 14 M 04/14 M 05-Triebwerke mit festen Vierblatt-Holzluftschrauben

Die Go 244 C-1 entsprach der Go 244 B-1, hatte allerdings nicht verstellbare Vierblattpropeller aus Holz (je zwei aufeinander gesetzte Zweiblattpropeller) mit 2,7 m Durchmesser. Die Go 244 ist in einer Zeit des Mangels entstanden. Wegen der knappen Verstellpropeller von Gnôme et Rhône und Ratier, die auch für die Hs 129 benötigt wurden, gab es daher die Absicht, einen Teil der Produktion mit starren Holzpropellern auszurüsten. Die Go 244 V1 VC+OR, W.Nr. 00018 wurde schon im Februar 1942 bei Gotha mit Holzschrauben erprobt, also zu einer Zeit, als die Go 244 V2 noch in Rechlin die Mustererprobung durchlief. Die Bauart des Holzpropellers ist nicht bekannt. Im Sommer 1942 erprobte die Erprobungsstelle Rechlin starre Holzschrauben von 2,7 und 2,8 m Durchmesser an der Go 244, VC+OJ, W.Nr. 00010, einer ehemaligen Go 242 A-0. Das Flugzeug wurde mit dem alten Achs- und dem neuen Auslegerfahrwerk geflogen. Wegen schlechter Leistungen und unerträglicher Lautstärke in 1000 bis 1500 m Flughöhe ließ die E-Stelle die Lösung Go 244 C-1 mit 2,7 m Schraube, Achsfahrwerk und beschränkter Zuladung (6,8 t Gesamtgewicht) am 11.8.1942 nur als Notlösung zu. Da die untersuchten Schrauben wegen der hohen Drehzahl und dem damit verbundenen Lärmpegel nicht befriedigten, wurden sie vom RLM gesperrt, und es sollten neue, langsamer drehende Propeller entwickelt werden. Die waren im Oktober 1942 noch nicht fertig, und da am 2.11.1942 von RLM der sofortige Produktionsstopp der Go 244 verfügt wurde, ist die Serie Go 244 C-1 nicht angelaufen. Es hat dafür nur einen nachweisbaren Versuchsträger, die VC+OJ, gegeben.

Die Go 244 C-2 wurde von der Erprobungsstelle Rechlin erprobt und wegen schlechter Leistungen nicht zugelassen. Die Fahrwerksstreben haben eine Verkleidung erhalten (vgl. auch 17.8.1942). (Deutsches Museum)

Innenansicht der Go 244 C-2. (Deutsches Museum)

Die Werknummer lautet Go 242 000 884. Die oben abgebildete Go 244 C-2 ist also aus einer Go 242 entstanden, und hat schon das modifizierte Seitenruder. (Deutsches Museum)

Go 244 C-2

Bezeichnung: Transportflugzeug für Truppen und Gerät
Kennzeichen: Wie B-2, jedoch Gnôme et Rhône 14 M 04/14 M 05-Triebwerke mit festen Vierblatt-Holzluftschrauben

Die Go 244 C-2 hatte das Auslegerfahrwerk der Go 244 B-2, und die Vierblatt-Holzpropeller sowie die Gnôme et Rhône-Triebwerke 14 M 04 / 14 M 05 der Go 244 C-1. Der hohe Luftwiderstand des Auslegerfahrwerks und der schlechte Wirkungsgrad der Holzpropeller ließen die Flugleistungen jedoch soweit absinken, dass die Erprobungsstelle Rechlin am 20.9.1942 die Zulassung verweigerte. Außer dem Versuchsträger VC+OJ und der unten abgebildeten Maschine sind keine Flugzeuge der Baureihe Go 244 C-2 bekannt.

Go 244 D-1

Zur Go 244 D-1 liegen mir keine Informationen vor. Da aber eine Go 244 E-1 in der Unterlagen auftaucht, ist es wahrscheinlich, dass auch die Go 244 D-1 geplant war. Es liegt nahe, dahinter eine Variante mit russischen Motoren M 25 bzw. M 62 zu vermuten. Wegen der schlechten Qualität und der Probleme mit Variantenvielfalt, Nachschub und Kühlung ist diese Variante entfallen.

Go 244 E-1

Im Sommer 1942 ist der Gedanke entstanden, die Go 244 mit BMW 132 Z auszurüsten. Dieses Triebwerk hatte sich in der Ju 52 außerordentlich bewährt. Am 20.9.1942 schlug die Erprobungsstelle Rechlin vor, die Go 244 mit BMW 132 L oder M (statt mit dem zu schwachen BMW 132 Z) auszurüsten. Nur so könne daraus ein brauchbarer Behelfstransporter werden. Der BMW 132 L versprach höhere Zuverlässigkeit, und eröffnete erstmals die Möglichkeit, die Go 244 mit dem neuen Auslegerfahrwerk auf das vorgesehene Gesamtfluggewicht von 7,8 t zu bringen.

Zum Musterflugzeug umgebaut worden ist jedoch nur die Go 244 E-1, W.Nr. 830 mit BMW 132 Z. Sie wurde im November 1942 in Gotha erprobt, und ist auch im März/April 1943 in Rechlin (nach GWF mit zufrieden stellenden Ergebnissen) erprobt worden. Die GWF hat sich im Frühjahr 1943 um die Exportlizenz für die Go 244 E-1 nach Japan bemüht, aber die Baureihe ist weder für die Luftwaffe hergestellt, noch nach Japan exportiert worden. Unterstellen wir, dass die Go 244 V6 mit der einzigen Go 244 E-1 identisch war, und dass die Angaben im Datenblatt stimmen, dann waren die Flugleistungen dieser Variante ausgesprochen bescheiden, und haben sicher nicht die Zustimmung der E-Stelle Rechlin gefunden. Ein Serienbau war damit sinnlos.

Über das Aussehen der Go 244 E-1 liegen keine Aussagen vor. Aus den Unterlagen geht jedoch hervor, dass die Go 244 E-1 keinesfalls mit unverkleideten BMW-Triebwerken fliegen sollte, wie es die Interpretation einiger Autoren der Go 244 V1 mit unverkleideten Triebwerken glauben macht. Es ist vielmehr davon auszugehen, dass die BMW 132 Z der 244 ähnlich verkleidet waren, wie die Außenmotoren der Ju 52, also mit NACA-Hauben ohne Spreizklappen. Vermutlich hatte die Maschine verstellbare Dreiblatt-Luftschrauben der Bauart ESCHER-WYSS.

Go 244 Motorenfrage

Die deutsche Flugzeug- und Flugmotorenindustrie ist in der Vorkriegszeit von der nationalsozialistischen Regierung zwangsweise darauf ausgelegt worden, Flugzeuge auf Vorrat für den beabsichtigten Krieg zu bauen. Sie war aber bei Weitem nicht so konzipiert, dass sie die im Krieg auftretenden Verluste sofort auffüllen konnte. Da Hitler Deutschland von einem Kriegsschauplatz zum nächsten trieb, wurde die Versorgung der Armee und Luftwaffe immer schwieriger, und man begann, sich auf das Notwendigste zu konzentrieren. Hochwertige Motoren und Flugzeuge wurden, da besonders wichtig, in Deutschland hergestellt, und weniger wichtige, wie Transport- und Schulflugzeuge, entweder eingestellt, oder ins besetzte Ausland verlagert. Schon im September 1940 machte man sich z.B. im RLM Gedanken, die Produktion der Ju 52 nach Frankreich zu verlagern, und sie mit Gnôme et Rhône 14 M auszurüsten. Als Bezeichnung war Ju 52 F vorgesehen. Dazu ist es aber nicht gekommen.

1941/42 war dann BMW mit der Produktion des BMW 801 mehr als ausgelastet. Der BMW 132, der in der Vorkriegszeit in seinen leistungsfähigen Varianten D, K usw. in einer Reihe von Flugzeugmustern wie Do 17, Ju 86, Fw 200 und He 115 eingebaut wurde, war mittlerweile für Kampfflugzeuge der ersten Linie zu schwach. Er wurde nur noch für die Ar 196, als Ersatz und in leistungsschwacher Form (BMW 132 Z) für die Ju 52 benötigt, und er behinderte die Produktion des 801. Im September 1942 beschloss das RLM daher seine Produktion nach Gnôme et Rhône zu verlagern.

Im ersten Schritt wurden jedoch die in Frankreich vorgefundenen Flugzeug- und Motorenfabriken teilweise einfach weiter betrieben, und deutschen Firmen unterstellt. Gnôme et Rhône kam unter die Leitung von BMW, da beide luftge-

Den Gnôme et Rhône 14 gab es in der Ausführung K seit 1932. 1936 begann die Produktion des Gnôme et Rhône 14 M, hier in einer Ausführung von 1942. (Handbuch)

kühlte Sternmotoren produzierten. Die Luftwaffe bezog aus französischer Produktion in den Jahren 1941/42 den Trainer C 445 und die Triebwerke Gnôme et Rhône 14 M. Gnôme et Rhône hatte 1939 eine Kapazität von 250 Motoren pro Monat, was wohl 1941/42 immer noch der Fall war.

Die Ingenieure der Gothaer Waggonfabrik werden sicher, wie andere auch, die Flugleistungen der Go 244 vorausberechnet haben. Da Fluggeschwindigkeit und Flughöhe keine vorrangigen Entwicklungsziele waren, hat man versucht, mit möglichst leichten Triebwerken und entsprechend niedrigem Verbrauch einen Behelfstransporter zu schaffen, der ca. 2 t Nutzlast über eine Strecke von ca. 400 km transportieren konnte. Das entsprach auch der Reichweite einer Ju 52 mit Go 242 als Anhänger. Für diese Anforderungen schienen Triebwerke der 700 PS-Klasse ausreichend.

Da boten sich zunächst die ausgereiften BMW 132-Triebwerke an, wie sie zu tausenden in der Luftwaffe flogen. Insbesondere der BMW 132 Z war interessant, da er auch in der Ju 52 eingesetzt wurde, und die Transport-

verbände somit einheitlich motorisiert gewesen wären. Für die BMW-Triebwerke gab es aber, wie oben gezeigt, nicht genügend Produktionskapazität.

In der gleichen Leistungsklasse befanden sich die Gnôme et Rhône 14 M, und für die war, zumindest zeitweise, Kapazität vorhanden. Daher ist es nicht verwunderlich, dass man bei GWF auf diese Triebwerke zurückgriff. Nun hatten die Gnôme et Rhône 14 M sogar mehr Leistung (742 PS in 2000 m) als die BMW 132 Z (660 PS in 1000 m), aber sie waren für andere Aufgaben ausgelegt. Die Triebwerke wurden ursprünglich in der Potez 63 eingebaut, einem dreisitzigen Jäger und leichten Bomber (vergleichbar mit der Bf 110 B). Der flog etwa doppelt so schnell wie die Go 244 (450 km/h statt 220 km/h) und viermal so hoch (4000 m Gleichdruckhöhe statt 1000 m). Da die Triebwerke nicht an die Go 244 angepasst wurden, ergaben sich durch die niedrige Fluggeschwindigkeit mit hoher Last Kühlungsprobleme. Zu den Kühlungsproblemen gehörte auch, dass die von der Potez 63 übernommenen Ölkühler für den Tropeneinsatz nicht ausreichten.

Dieses Bild zeigt den BMW 132 A, der bis auf kleine Unterschiede dem BMW 132 Z glich, und in der Ju 52 verbaut wurde. (Mankau)

Gnôme et Rhône 14 M mit Verstellpropeller von 2,55 m Durchmesser an der Go 244. Der Ölkühler war für die Tropen unzureichend. (Deutsches Museum)

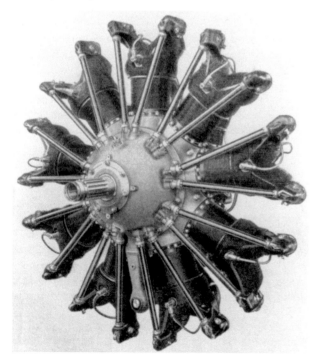

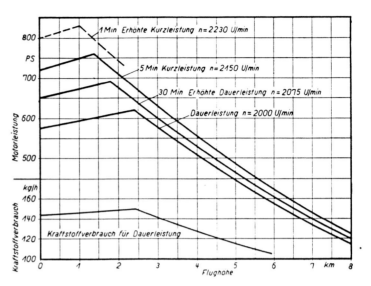

Der BMW 132 L war eine 1939 eingeführte leistungsfähigere Variante des BMW 132. Er hatte kein Getriebe (im Gegensatz zum sonst gleichen BMW 132 M). Eingesetzt wurde er in der Fw 200 Condor, die 1939 die Rekordflüge nach New York und Tokio durchführte. (Mankau)

1939 waren die Motoren noch nicht dauerfest. Die zulässige Dauerleistung lag in Bodennähe bei ca. 72% der Höchstleistung. Darüber hinaus hing die Leistung von der Flughöhe ab. Wegen der abnehmenden Luftdichte schwand auch die Leistung mit der Höhe. Dem konnte man mit einem Lader entgegenwirken. Der wurde so ausgelegt, dass in der bevorzugten Flughöhe die maximale Dauerleistung zur Verfügung stand.

Die Lader der Gnôme et Rhône 14 M waren so abgestimmt, dass sie die maximale Dauerleistung in 4000 m Höhe erbrachten (Höhenmotor), da flog die Go 244 aber nicht. In Russland wurde in der Regel in absoluter Bodennähe geflogen. Um Motorschäden zu vermeiden, durfte der Motor über längere Zeit nur mit der zulässigen Dauerleistung beansprucht werden. Das waren beim Gnôme et Rhône 14 M 570 PS in der Volldruckhöhe von 4000 m. In Bodennähe, also dem typischen Einsatzfall blieben davon gerade mal 490 PS. Die Erfahrung in Russland zeigte, dass die Leistung der GN 14 M für die Go 244 zu knapp bemessen war. In Folge mangelnder Qualität, falscher Bedienung und Überlastung kam es zu einer großen Zahl Motorausfälle mit zum Teil tödlichem Ausgang. Insbesondere, wenn man das stärkere Auslegerfahrwerk anbauen wollte, reichte die Leistung nicht aus. Erst recht war die Leistung unzureichend, wenn die eigentlich vorgesehenen Verstellpropeller aus Metall gegen starre aus Holz ausgetauscht werden sollten.

Angesichts der Motorprobleme der Go 242 beschäftigte man sich bei der GWF 1942 nochmals mit dem BMW 132 Z. Dies war ein Bodenmotor für 900 m Volldruckhö-

he. Von seiner Maximalleistung von 660 PS blieben als zulässige Dauerleistung in Bodennähe ca. 455 PS. Die Verwendung des BMW 132 Z in der Go 244 E-1 brachte daher in Bodennähe kaum Leistungseinbußen gegenüber dem Gnôme et Rhône 14 M, und versprach höhere Betriebssicherheit. Aber die Produktion reichte kaum für die Ju 52 aus. Zudem ließen sich die Leistungsdefizite der Go 244 mit dem BMW 132 Z erst recht nicht lösen.

Die russischen Motoren M 25 und M 62 hatten zwar noch mehr Leistung, als die Gnôme et Rhône 14 M, waren aber ebenfalls Höhenmotoren und für höhere Geschwindigkeiten ausgelegt. Somit erschienen sie für die Go 244 nicht brauchbar, abgesehen von der schlechten Qualität.

Erst der Wechsel auf die von der E-Stelle Rechlin vorgeschlagenen BMW 132 L oder M hätte die Situation bereinigt, und den Behelfstransporter zu einem brauchbaren Flugzeug gemacht. Der wurde aber 1942 nur noch in kleinen Stückzahlen hergestellt, und stand vor der Produktionseinstellung. Der Mangel an einem geeigneten Triebwerk führte letztlich zum Aus für die Go 244.

Der nächstgrößere Motor war der Bramo 323 P mit 1000 PS Startleistung. Der ist für die Go 244 nicht in Be-

230

tracht gezogen worden, er war wohl überdimensioniert. Dafür hat ihn die GWF aber in den Projekten P-35 und P-39 vorgesehen. In dem Transporter P-35 waren zwei Bramo 323 eingeplant, was das Flugzeug zu einer Nutzlast von 2,5 t und einer Reichweite von 1300 km verhelfen sollte. Die P-39 war mit drei Bramo 323 geplant, und sollte 4 t über 1600 km befördern können. Die P-39 ist vom RLM wohl mit Hinblick auf die Ju 352 abgelehnt worden, die ebenfalls den Bramo 323 bekommen sollte.

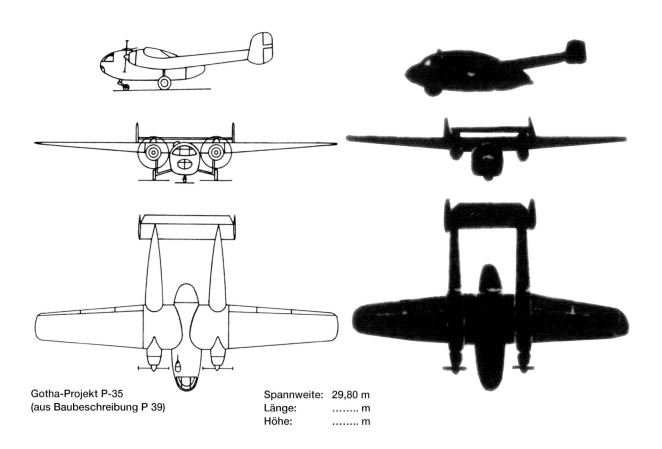

Gotha-Projekt P-35
(aus Baubeschreibung P 39)

Spannweite:	29,80 m
Länge:	.... m
Höhe:	.... m

Go-Projekte als Nachfolger der Go 244

Hinweis: Zu den nachfolgend beschriebenen Gotha-Projekten habe ich keine Originalunterlagen einsehen können. Alle Angaben und Zeichnungen beziehen sich auf Veröffentlichungen von Pawlas [2], [3] und Nowarra [12]. Pawlas zeigt aber Dokumente im Faksimile oder gibt sie wörtlich wieder.

Go P-35

Noch in der Entwicklungsphase der Go 244 begann man bei der Gothaer Waggonfabrik, sich mit verbesserten Behelfstransportern zu beschäftigen. Auch der Generalstab forderte schon im Juli 1942 die Neuentwicklung eines Behelfstransporters als Ablösung für die Go 244. Bekannt sind die Projekte P-35 und P-39, von denen Pawlas [2] Dokumente wiedergibt. Das Projekt 35 war mit zwei Bramo 323 vorgesehen. Davon hat es nach Quellenlage zwei gegeben, eines mit starrem, außen liegendem Fahrwerk und eines mit Einziehfahrwerk. Die Gothaer Waggonfabrik hat aber offensichtlich kein Interesse beim RLM gefunden, denn die Projekte wurden aufgegeben.

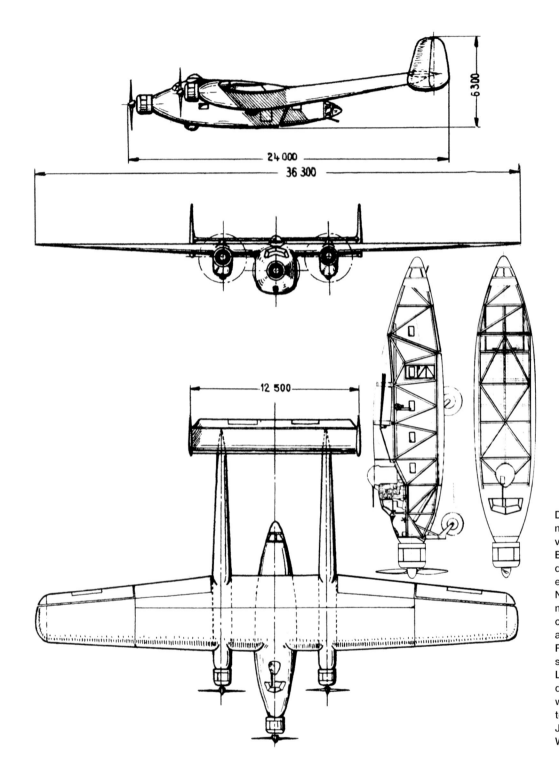

Die Gotha P-39 machte einen vernünftigen Eindruck, erforderte allerdings eine vollständige Neuentwicklung mit entsprechend viel Zeitaufwand. Das RLM versprach sich schnellere Lösungen von den auf Holzbauweise umgestellten Ar 232 und Ju 252. (Gothaer Waggonfabrik)

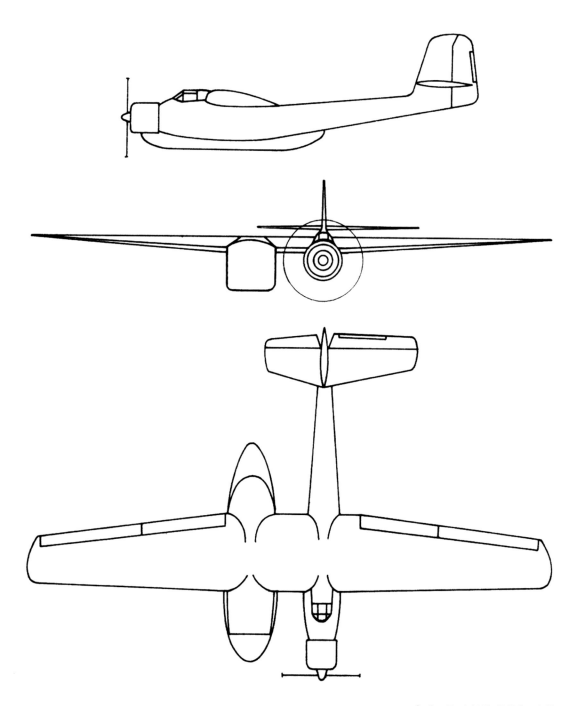

Gotha-Projekt P-40 B (nach Nowarra)
Spannweite: 24,99 m
Länge: 16,37 m
Höhe: 5,13 m

Go P-39

Bei der P-35 war, wie bei der Go 244, der Einmotorenflug nicht gedeckt, weshalb die GWF einen weiteren Entwurf mit drei Bramo 323 erarbeitete, das Projekt P-39, dessen Entwurfsbeschreibung vom 12.8.1942 datiert, und die von Pawlas [2] wiedergegeben wird. Das RLM konnte sich auch dafür nicht erwärmen, und entschied sich für die Ju 352, die ebenfalls mit dem Bramo 323 ausgerüstet war. Hier hat sicher eine Rolle gespielt, dass die Ju 252 aus Aluminium schon zur vollen Zufriedenheit flog, und man im RLM von einer unkritischen Umkonstruktion in Holzbauweise ausging. Im Nachhinein war diese Entscheidung ungeschickt, denn die Ju 532 war mit dem Bramo untermotorisiert. Daher wiederholten sich die schlechten Erfahrungen mit der Go 244.

Nowarra kommt das Verdienst zu, viele Unterlagen über deutsche Flugzeuge der Zeit von 1933 bis 1945 gesammelt, und einer breiten Öffentlichkeit zugänglich gemacht zu haben. Er hat sich aber leider nicht gescheut, Kenntnislücken mit Phantasie zu füllen, und er hat sich bei der Interpretation der vorliegenden Informationen auch oft geirrt. Seine Angaben sind daher mit Vorsicht zu betrachten. Andererseits habe ich einen Großteil der von ihm veröffentlichten Zeichnungen auch in Originaldokumenten gefunden, so z.B. die Gotha-Projekte P-3001 und 3002. Ich gehe daher davon aus, dass die von Nowarra publizierten Zeichnungen wirklich auf GWF zurückgehen, und dass die dazu genannten Projektnummern richtig wiedergegeben sind. Weiter setze ich in der vorliegenden Betrachtung voraus, dass höhere Projektnummern zeitlich später entstanden sind. Daraus folgt dann, da das Projekt P-39 nach der Go 244 entstanden ist, dass auch die Projekte P-40 bis P-46 später bearbeitet wurden.

Beim Vergleich der Zeichnungen mit den Maßangaben fällt auf, dass darin Fehler sein müssen. Wenn man bei einigen Projekten die Spannweite als richtig annimmt, dann ergeben sich für die Länge bis zu 1 m Unterschied zwischen Zeichnung und Maßangabe. Eine Erklärung habe ich dafür nicht.

Go P-40 B

Neben den größeren Transportern wurden auch solche untersucht, die der Go 244 entsprachen, aber mit anderen Triebwerken ausgerüstet waren. Das Projekt P-40B war ein unsymmetrisches Flugzeug mit einem Sternmotor. Nowarra erwähnt den BMW 801. Bei dem Mangel an BMW 801 und der ungewöhnlichen Bauweise, die eine vollständige Neuentwicklung bedeutete, war das Interesse im RLM sicher gering.

Go P-45 und P-46

Die Projekte 45 und 46 stellten im Prinzip Go 244 dar, bei denen die beiden Gnôme et Rhône 14 M durch einen zentralen Jumo 211 ersetzt waren. Da dessen Leistung aber geringer war als die der zwei GN 14 M, war die Lösung unbefriedigend. Das Projekt P-45 hatte einen Zentralrumpf mit Heckklappe, wie das unten gezeigte Projekt P-47. Das Projekt P-46 wies, wie die Go 244, zwei Leitwerksträger auf.

Go-Projekte als Nachfolger der Go 242

Nachdem klar war, dass das RLM von der GWF keinen Behelfstransporter mehr haben wollte, sondern weiterhin Lastensegler, begann man dort mit einer Reihe von Projekten mit dem Ziel, die Go 242 zu verbessern oder abzulösen. Auf die kritische Situation, die sich durch den beabsichtigten Auslauf der He 111 abzeichnete, wurde schon hingewiesen. GWF beschäftigte sich zunächst mit einer verbesserten Version der Go 242, wechselte dann aber, mit Hinblick auf die zukünftige Schleppmaschine Ju 388 zu kleineren und schnelleren Lastenseglern.

Go P-47

Im Vergleich zur DFS 230 war die Go 242 schon gut zu be- und entladen. Es blieben jedoch zwei Mängel: Einmal mussten für die Verlastung von Kraftfahrzeugen, Motoren usw. zusätzliche Rampen mitgeführt werden. Zum anderen konnten keine Lasten aus dem Flugzeug abgeworfen werden, da sich das Heck im Flug nicht aufstellen ließ. Zudem erzeugte die Doppelrumpfanordnung mehr Luftwiderstand. Man suchte daher nach einer neuen Lösung, die diese Nachteile vermied. Um die Jahreswende 1942/43 entstand das Projekt P-47, das einen Zentralrumpf mit Ladeklappe im Heck aufwies. Die Ladeklappe ermöglichte einerseits das Beladen ohne Hilfsmittel, und den Abwurf von Lasten und das Absetzen von Fallschirmjägern im Flug. Die Vorteile dieses Projektes waren aber wohl nicht groß genug, so dass das RLM die Go 242 in der verbesserten Form der Go 242 B weiter bauen ließ.

Die Zeichnung und die Maßangaben stammen von Nowarra. Andere Quellen zu dem Projekt habe ich nicht gefunden. Die Zeichnung und die Daten scheinen mir aber nicht zusammen zu gehören, denn nach der Zeichnung ergäbe sich bei einer Spannweite von 26,82 m eine Rumpfbreite von ca. 3,5 m. Demgegenüber hatte die Go 242 nur eine Rumpfbreite von 2,6 m.

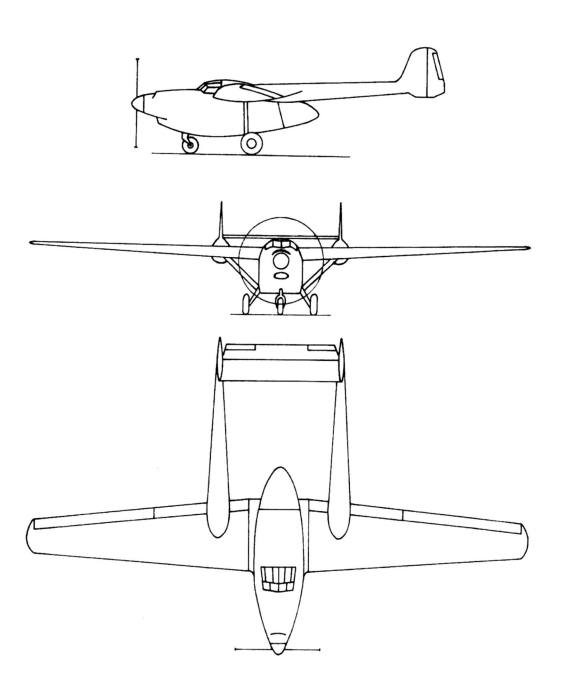

Gotha-Projekt P-46 (nach Nowarra)
Spannweite: 24,50 m
Länge: 15,04 m
Höhe: 5,31 m

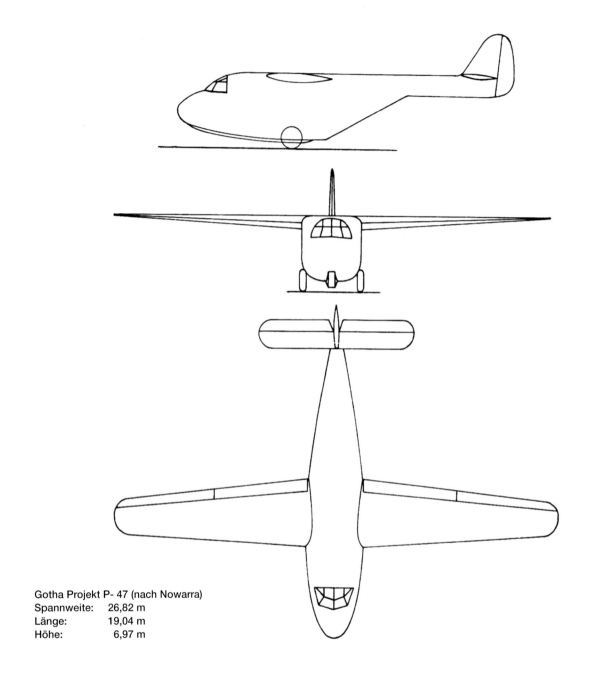

Gotha Projekt P- 47 (nach Nowarra)
Spannweite: 26,82 m
Länge: 19,04 m
Höhe: 6,97 m

Go 242 mit Zentralrumpf

Vom 22.9.1943 datiert eine Zeichnung eines Windkanalmodells der Go 242 mit Zentralrumpf. Ein Versuchsträger ist davon auch umgebaut worden. Diese Go 242 mit Zentral-rumpf wird in der Literatur in der Regel in Zusammenhang gebracht mit Herrn Kalkert und seiner Ka 430. Kalkert arbeitete aber ab 1940 gar nicht mehr für die GWF, sondern für das REWE, und dort wurde auch die Ka 430 entwickelt.

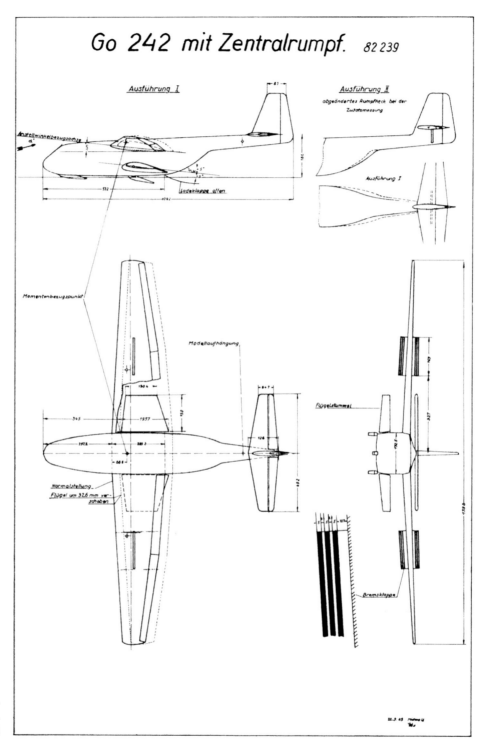

Zeichnung eines Windka-
nalmodells vom 22.9.1943.
(Gothaer Waggonfabrik)

Der Versuchsträger war aus Bauteilen verschiedener Flugzeuge zusammengesetzt. Die Flügel scheinen von einer Go 244 zu stammen. Er hat keine Ruder und ist somit nicht flugfähig. In dieser Form diente die Maschine nur Beladungsübungen. (Petrick)

Es geht aus der Zeichnung nicht hervor, ob sie bei GWF oder REWE angefertigt wurde, und nicht belegt ist auch, wo und wann der Versuchsträger entstand. Somit kann auch nicht gesagt werden, ob die Go 242 mit Zentralrumpf der Weiterentwicklung bei GWF diente, oder ob sie ein Versuchsträger für die Ka 430 beim REWE war. Ich neige dazu, sie der GWF zuzuordnen, denn Ende September 1943 hatte schon die Schlussattrappenbesichtigung der Ka 430 stattgefunden, und da waren Windkanalversuche mit einem Modell der Ka 430 sinnvoller.

Go P-50

Im Hinblick auf den Auslauf der He 111 gab die Entwicklungsstelle des RLM Richtlinien für den Entwurf eines Sturmlastenseglers und Universal-Transportseglers heraus, der zwölf Mann, einen VW Kübel oder ein Geschütz befördern sollte. Beim Wettbewerb um diesen Lastensegler hat GWF nicht nur an der DFS 230 V7 mitgearbeitet, sondern auch andere Lösungen untersucht. Zu denen zählen die Projekte P 50/1 und P 50/2. Insbesondere das Projekt 50/2 erscheint unter der Randbedingung, von der Ju 388 geschleppt werden zu müssen, zu groß.

Die folgenden Angaben und Zeichnungen stammen von Nowarra. Die Maße und die Auslegung als Enten-bauart bzw. Schulterdecker werden von Bruno Lange bestätigt.

Gotha-Projekt 50/1 (Nowarra)
Spannweite: 19,98 m
Länge: 10,08 m
Höhe: 3,38 m

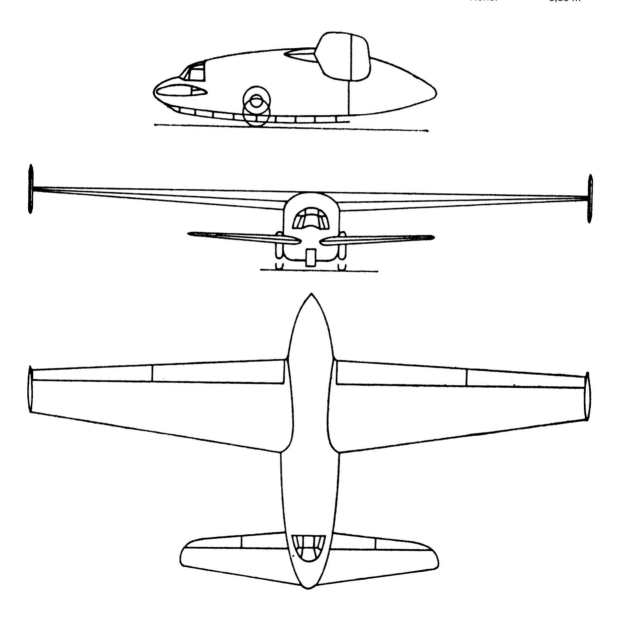

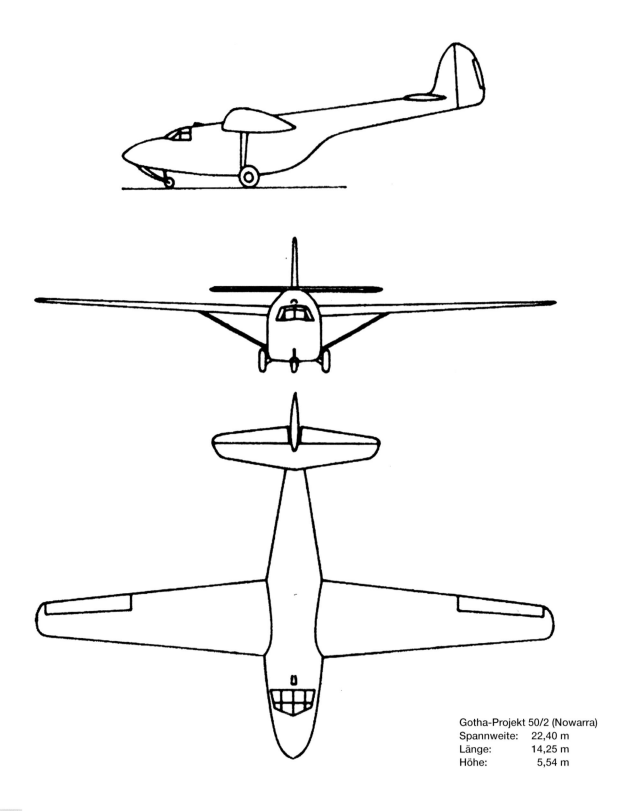

Gotha-Projekt 50/2 (Nowarra)
Spannweite: 22,40 m
Länge: 14,25 m
Höhe: 5,54 m

Go P-52001

Unter dem Datum 25.6.1943 erstellte die Gothaer Waggonfabrik in Anlehnung an die Richtlinien das Projekt P-52 [3]. Dabei handelte es sich um ein Amphibium mit hochklappbarem Bug und integrierter Laderampe. Das Amphibium sollte kurz vor der Küste landen, und mit einem integrierten Motor anlanden. Dieses Projekt wurde vom RLM nicht weiter verfolgt.

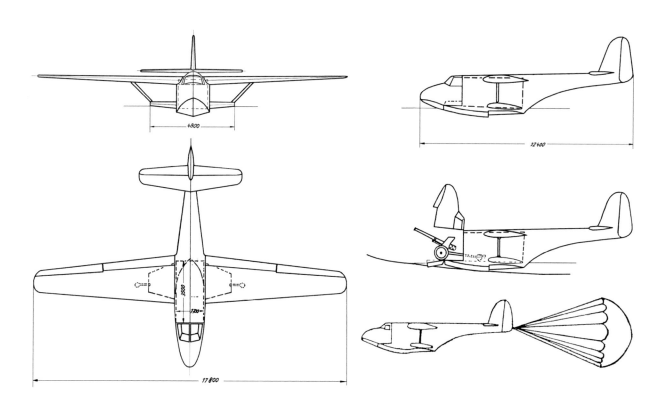

Gotha-Projekt P-52 (Gothaer Waggonfabrik)
Spannweite: 17,80 m
Länge: 12,40 m
Höhe: .... m
Die Zeichnung der Go P-52 wurde aus einer Kopie restauriert.
Die Position des Motors für die Wasserfahrt ist erkennbar,
aber leider nicht besser wiederzugeben.

Go P-53 ?

In der Literatur erschien ein Gotha-Projekt P-53, das, wie beim Projekt P-52, einen aufklappbaren Bug vorsah, aber diesmal in der üblichen Auslegung als Landflugzeug. Es fällt die breite Achse auf, die im Jahr 1943 schon überholt war. Näheres ist mir nicht bekannt. Ich kann insbesondere nicht sagen, ob diese Zeichnung überhaupt zum Projekt 53 gehört, denn, wie nachfolgend gezeigt wird, gab es unter der Bezeichnung P-53 ein weiters Projekt, das in die Go 345 mündete, und das mit diesem keinerlei Ähnlichkeit hat.

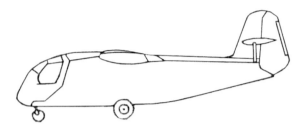

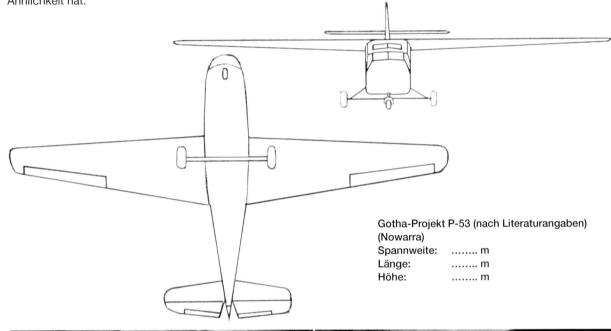

Gotha-Projekt P-53 (nach Literaturangaben)
(Nowarra)
Spannweite: .... m
Länge: .... m
Höhe: .... m

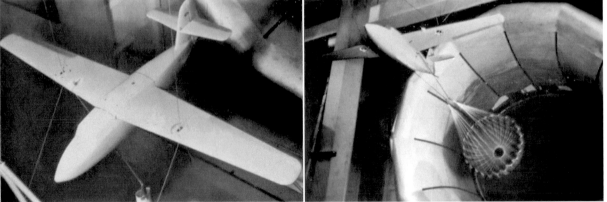

Go 345-Modell im Windkanal der Luftfahrtforschungsanstalt Herman Göring in Braunschweig-Völkenrode.
(Gothaer Waggonfabrik)

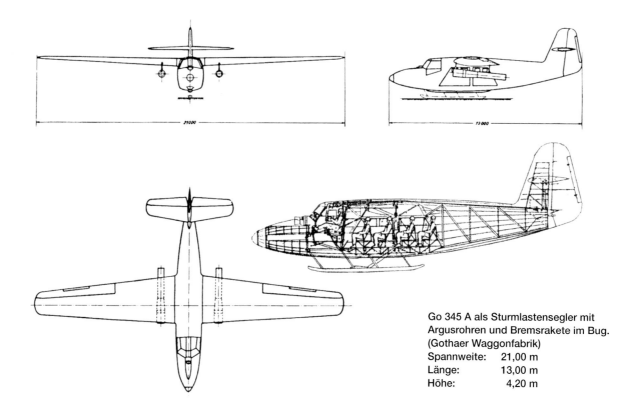

Go 345 A als Sturmlastensegler mit
Argusrohren und Bremsrakete im Bug.
(Gothaer Waggonfabrik)
Spannweite: 21,00 m
Länge: 13,00 m
Höhe: 4,20 m

Go 345

Go P-53

Die ersten Entwicklungsarbeiten am Projekt P-53 sind in
der zweiten Jahreshälfte 1943 durchgeführt worden. Ende
1943 legte die Gothaer Waggonfabrik einen Flugzeugent-
wurf vor, dessen besondere Eigenschaft darin bestand,
dass im Gegensatz zum Normalflugzeug der Landepunkt
im Sturzflug erreicht werden konnte. Der Entwurf hatte
die Bezeichnung P-53 Z. Am 5.4.1944 stellte die GWF einen Antrag auf Windkanalmessungen bei der Deutschen
Versuchsanstalt für Luftfahrt, bei denen es auch um das
Projekt P-53 Z ging. Der Antrag wurde genehmigt, und
am 11.4.1944 erteilte GWF einen entsprechenden Auftrag an die LFA Braunschweig. Die P 53 Z hat im RLM
soviel Anklang gefunden, dass eine Weiterentwicklung
unter der Bezeichnung Go 345 veranlasst wurde, und die
GWF am 3.7.1944 eine Baubeschreibung der Go 345 erstellte. Im Juli 1944 fanden auch die Windkanalmessungen in Braunschweig statt, und im gleichen Monat wurde
der Bericht erstellt.

Go 345 A

Bezeichnung: Sturmlastensegler
Kennzeichen: Abwerfbares Fahrwerk und Landekufe
(wahlweise Bugrad und festes Auslegerfahrwerk), Argus-Strahlrohre. Bremsschirm, Bremsrakete im Bug

Während die Gothaer Waggonfabrik mit ihren Projekten
P 35 bis 52 beim RLM kein Glück hatte, konnte man sich
dort für die Fortführung des Projektes P-53 Z erwärmen,
das die Bezeichnung Go 345 bekam. Das Projekt dürfte
an die Richtlinien für den Entwurf eines Sturmlastensegg-
lers und Universal-Transportseglers angepasst worden
sein, und dementsprechend gab es zwei Varianten.

In einer ersten Variante als Kampfsegler für zehn
Mann Besatzung sollte die Go 345 als reiner Segler mit
Bremsraketen eingesetzt werden können. Es war jedoch
auch vorgesehen, sie mit zwei Argus-Schubrohren unter
den Tragflächen zu motorisieren. In diesem Fall war daran gedacht, die Maschine zunächst hoch zu schleppen,
und dann sollte sie mit den Schubrohren weiterfliegen.

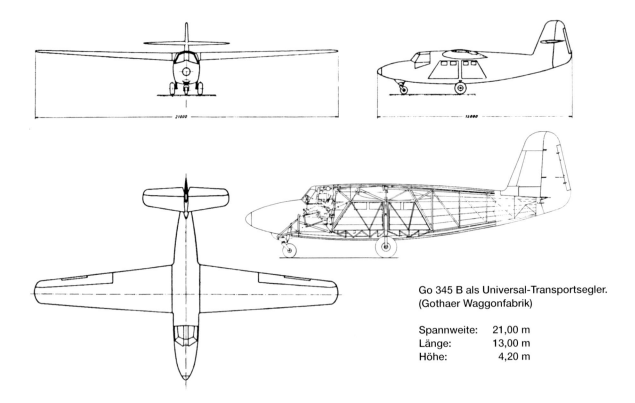

Go 345 B als Universal-Transportsegler.
(Gothaer Waggonfabrik)

Spannweite: 21,00 m
Länge: 13,00 m
Höhe: 4,20 m

Darüber hinaus bestand jedoch auch die Möglichkeit, von Betonpisten aus mit eigener Kraft und gegebenenfalls mit der Hilfe von Startraketen zu starten. Die Besonderheit der Maschine war jedoch die beabsichtigte Punktlandung. Dabei sollte die Go 345 nahezu senkrecht auf das Ziel zustürzen, zunächst gebremst von einer großen Sturzflugbremse. In dieser Phase sollte die Sturzgeschwindigkeit von 300 km/h nicht überschritten werden. In etwa 600 m über dem Boden sollte ein Bremsschirm ausgeworfen werden, der die Sinkgeschwindigkeit auf 90 km/h reduzierte. 10 m über dem Boden wurde dann eine im Bug montierte Bremsrakete gezündet, die die restliche Fahrt aus dem Flugzeug herausnehmen sollte. Das Flugzeug setzt auf der Bugspitze auf und rollte anschließend über den kreisbogenförmigen Boden ab. Das rechtzeitige Zünden der Bremsrakete sollte über ein Voreilgewicht ausgelöst werden, das an einem 10 m langen Seil hing. Bei Versagen der Bremsraketen sollte die Aufprallenergie durch den als Arbeitsaufnahmekörper ausgebildeten 1,8 m langen Bug vernichtet werden, wobei sich Trag- und Leitwerk vom Rumpf trennen, der Rumpf jedoch kei-

ne Zerstörung erleiden sollte. Dieses Ziel war ehrgeizig, wenn man bedenkt, dass bei heutigen Autos die Sicherheit der Fahrgastzelle beim Aufprall nur bis etwa 50 km/h gewährleistet ist. Die Go 345 war allerdings auch für normale Kurzlandungen auf der Kufe mit Einsatz der Bremsrakete vorgesehen.

Go 345 B
Bezeichnung: Universal-Transportsegler
Kennzeichen: Bugrad, festes Auslegerfahrwerk

Die zweite Ausführung war ein konventioneller Segler, der für den Schlepp hinter eine Ju 388 geeignet war. Die Go 345 war größer als die Ka 430 und musste, wie die DFS 230, durch seitliche Türen beladen werden.

Am 19.7.1944 schrieb der Leiter des Sonderausschusses 12, Berthold, an das RLM, dass ein Auftrag auf fünf V-Muster Go 345 vorlag, aber die Unterlagen noch nicht klar waren. Im Juli 1944 war aber die Go 345 V1 schon im Bau, denn der Rumpf wurde schon als fertig gemeldet. Die Go 345 V1 war im August 1944 zu 90% fertig, allerdings ohne Triebwerk. Und am 17.9.1944 wurde in einer Aktennotiz der GWF die Go 345 V1 und V4 erwähnt. Die V1 war demnach schneller und schwerer als die V4. Daraus läst sich schließen, dass die V1 der Prototyp für den Sturmsegler war, und die V4 ein Prototyp des Universal-Lastenseglers. Aus der Aktennotiz geht allerdings nicht hervor, ob beide Prototypen real existierten, und was mit den übrigen Prototypen war.

Das ist die letzte mir bekannte Angabe. Ob die Go 345 V1 noch fertig wurde, ob sie Triebwerke und Bremsrakete bekam, und ob die weiteren Versuchsmuster begonnen wurden, ist mir unbekannt.

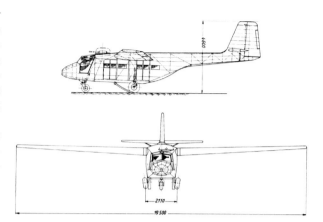

Ka 430

Bezeichnung: Transportflugzeug für Truppen und Gerät
Kennzeichen: Festes Auslegerfahrwerk

Eine ausführliche Darstellung der Entwicklungsgeschichte der Ka 430 haben Krieg [26] und Lommel [30] verfasst).

Der verantwortliche Entwickler der Ka 430 war Albert Kalkert. Ihm wird die Entwicklungsleitung der Go 242 und der Ka 430 zugeschrieben, und das sicher zu Recht. Aber über das, was er in der Zeit zwischen diesen beiden Entwicklungen gemacht hat, steht manches in der Literatur, was anzuzweifeln ist. Kalkert wechselte am 1.10.1940 von der Gothaer Waggonfabrik zum Reparaturwerk Erfurt (ab 15.5.1944 Mitteldeutsche Metallwerke). Das war noch vor dem Erstflug der Go 242 am 9.11.1940. Neben seiner Tätigkeit als Leiter des REWE ist er zeitweise Beauftragter des Generalluftzeugmeisters für das Industrieprogramm DFS 230 gewesen. Krieg [26] schreibt ihm auch die Gotha-Projekte P-47 bis P-50 zu, und nahezu alle Autoren bringen die Go 242 mit Zentralrumpf mit ihm in Zusammenhang. Das Gotha-Projekt P-39 stammt nachweisbar aus dem Sommer 1942, und meiner Meinung nach sind die Projekte P-47 bis P-50 später entstanden. Demzufolge zu einer Zeit, als Kalkert schon ca. zwei Jahre bei REWE war. Die Go 242 mit Zentralrumpf wurde bei GWF im Herbst 1943 bearbeitet. Da war es für Prinzipversuche zur Ka 430 schon zu spät.

Die Ka 430 geht auch auf die Richtlinien des RLM für den Entwurf eines Sturmlastenseglers und Universal-Transportseglers vom 1.4.1943 zurück. In einer Besprechung am 28.4.1943 wurde zwischen dem RLM und dem REWE festgelegt, dass die neue Maschine Doppelsteuer,

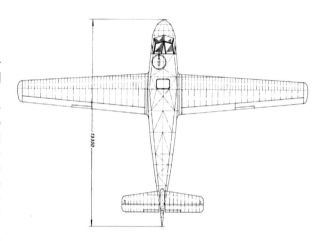

Dreiseitenriss der Ka 430 vom 22.4.1944. Die Bewaffnung wurde nicht in die Prototypen eingebaut. (Mathiesen)

einen B-Stand als Rüstsatz und eine kombinierte Kufe mit hochziehbaren Rädern bekommen sollte. REWE bekam vorerst einen Auftrag über neun Versuchsmuster und eine Serie von 30 Stück. Ein Vorentwurf sollte bis zum 4.5.43 fertig sein (vgl. Zeichnung TF 430 vom 11.5.43 vorn). Vom 20.5.1943 datiert ein Entwurf der Ka 430, der noch das Doppelleitwerk der ersten Entwürfe zeigt, aber ansonsten schon weitgehend der spätern Serienausführung entspricht.

Am 9.7.1943 fand vermutlich die erste und im September 1943 die Schlussattrappenbesichtigung der Ka 430 im REWE Erfurt-Nord statt.

Ka 430 V1 bei der Erprobung. (Griehl)

Die Ka 430 V1 hatte weder Bewaffnung, noch Sturzflugbremsen, noch Kufen. (Mathiesen)

Ka 430 V1 bis V7

Der Bau der Ka 430 V1 (DV+MA) begann am 1.8.1943, und der Erstflug der fand am 27.3.1944 mit dem Rechliner Piloten Pankratz am Steuer statt. Sämtliche Ruderantriebe erwiesen sich als viel zu weich, und mussten sofort versteift werden. Im März 1943 wurden zu Vergleichszwecken die Sturzflugbremsen der DFS 230 D-IDCP erprobt. In der Zeit vom 9. bis 13.6.1944 erfolgte ein Überlandschlepp der Ka 430 V1 nach Rechlin und zurück, und in der Zeit vom 15. bis 26.7.1944 wurde die Maschine in Rechlin erprobt. Die Ka 430 V1 erwies sich als schwer steuerbar, und über 300 km/h waren die Ruderkräfte indiskutabel. Daher ging die V1 zur Nachbesserung ans Herstellerwerk zurück. In der Zeit von 5. bis 9.8.1944

wurde sie wieder in Erfurt Nord erprobt. Der weitere Erprobungsverlauf der Ka 430 V1 ist nicht belegbar. Die V1 diente der Flugerprobung und war weder bewaffnet, noch mit Sturzflugbremsen ausgerüstet. Auch die Landekufen waren nicht angebaut.

Die Ka 430 V2 (DV+MB) flog erstmals am 27.6.1944. Da auch sie die Steuerungsprobleme aufwies, wurde sie nachgebessert und erst am 6.7.1944 weiter erprobt. Ihr weiterer Verbleib ist nicht belegt. Da am 15.10.44 eine Ka 430 in Rechlin von Aufklärern fotografiert wurde, und zu dem Zeitpunkt nur die V1 und V2 flugfähig waren, ist sie möglicherweise nach Rechlin gegangen.

Die an den ersten beiden Prototypen gefundenen Mängel führten dazu, dass die V3 noch vor dem Erstflug

Fehlende Flügelstreben und versenkte Federbeine machten die Ka 430 für 300 km/h tauglich. (Mathiesen)

Der Zentralrumpf mit der besonderen Ladeklappe ermöglichte auch das Abwerfen von Lasten im Flug. (Mathiesen)

Lastenraum der Ka430 V1, der sich ohne zusätzliche Rampen beladen ließ. (Mathiesen)

ständig geändert wurde. Am 27.6.1944 wurde sie als noch nicht geflogen geführt. Am 20.7.1944 fand ein Bombenangriff auf das Mitteldeutsche Metallwerk statt. Dabei wurde das Schleppflugzeug He 111 H-5 (VE+CT) zerstört. Von den drei Prototypen V1 bis V3 wurden zwei beschädigt, aber offensichtlich so geringfügig, dass sie wenig später wieder zur Verfügung standen. Von der Ka 430 V3 ist aus einem Bericht noch bekannt, dass sie vor dem 22.9.1944 in Rechlin zu Bruch ging. Der Bericht beschreibt die ausgesprochen nachlässige Konservierung der Holzbauteile.

Die Ka 430 V4 war zur Waffenerprobung in Rechlin vorgesehen. Die Erprobung sollte im November 1944 beginnen. Am 12.11. und am 18.11.1944 war die Bewaffnung aber wegen fehlender Teile noch nicht erprobungsfähig. Die E-Stelle beklagte am 18.11.44 auch außerordentliche Holzschäden durch mangelhafte Konservierung, und verlangte die Ausbesserung durch Fachkräfte der Mitteldeutschen Metallwerke. Die Reparaturen wurden dann in der Zeit vom 15. bis 23.12.1944 durchgeführt. Erprobungsergebnisse der Waffenanlage sind nicht bekannt.

Besatzungsraum der Ka 430. (Mathiesen)

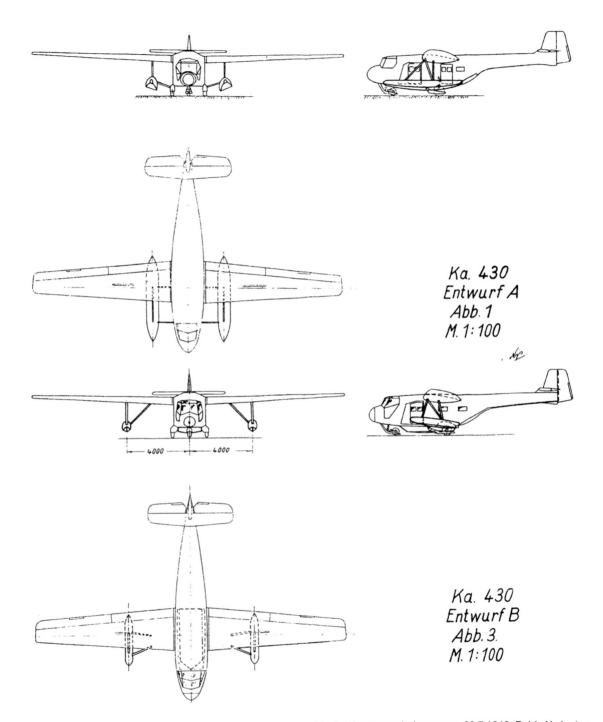

Ka. 430
Entwurf A
Abb. 1
M. 1:100

Ka. 430
Entwurf B
Abb. 3.
M. 1:100

Die Zeichnungen datieren vom 20.7.1943. Beide Varianten setzen den Start auf vorbereiteten Plätzen voraus. (Krieg)

Der Erstflug der Ka 430 V5 (DV+MC) erfolgte am 17.10.1944. Der Starrschlepp hinter einer He 111 (DJ+SI) wurde erstmals am 18.10.1944 erprobt. Im Januar 1945 wurde die Ka 430 V5 in Erfurt im Starrschlepp hinter der He 111 und im Seilschlepp hinter der Ju 88 C-6 erprobt. Am 1.3.1945 fand der letzte Erprobungsflug hinter der Ju 88 C-6 (PB+VW) statt. Danach wurde die Erprobung wegen Kraftstoffmangels eingestellt. Die Ka 430 V6 und V7 sind noch fertig gestellt, aber nicht mehr erprobt worden.

Ka 430 0-Serie
Unmittelbar vor Einmarsch der Amerikaner in Erfurt wurden noch ein paar Ka 430 nach Halle und Esperstedt überführt. Dabei handelte es sich vermutlich um Prototypen. Von der Nullserie wurden 20 Rümpfe im Werk vorgefunden.

Ka 430 Wasserflugzeug
Wie schon bei der DFS 230 und der Go P-52 aufgeführt, gab es 1943 Bestrebungen, Lastensegler zu befähigen, auf dem Wasser zu landen. Auch die Ka 430 wurde in diese Untersuchungen einbezogen.

Die angestrebte einfache Bauweise führte bei der Ju 322 zu einer weitgehenden Verwendung geradliniger Bauteile. Der hintere Rumpf war relativ flach (und wohl auch schmal) und diente nur als Leitwerksträger. Die feststehende Flosse des Seitenleitwerks war klein, was der Seitenstabilität abträglich war. Das Seitenruder hatte eine große Ausgleichsfläche, sicher eine Maßnahme um die Ruderkräfte in den Griff zu bekommen. (Schlaug)

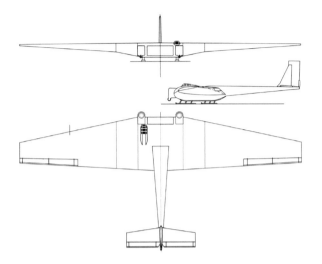

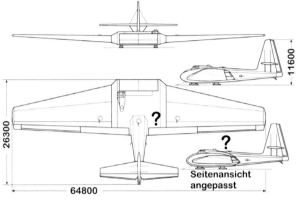

Rekonstruktionsversuch der Ju 322 V1 auf der Basis der gezeigten Bilder. Bei der Ju 322 scheinen die Konstrukteure die Flügelkräfte in Holmen oberhalb und unterhalb des Laderaumes durchgeleitet zu haben. Dadurch wurde der Flügel in Rumpfnähe sehr dick, und die Ju 322 ähnelte in ihrer Auslegung der Junkers G 38. Die Spannweite soll ca. 62 m betragen haben. Ohne Rumpf vor dem Flügel war die Ju 322 schwanzlastig, und daher konnte das Leitwerk nicht vergrößert werden. (Mankau)

Ein Flugzeug wäre nach der Zeichnung nicht zu bauen, denn die Ansichten passen nicht zusammen. Auch wenn man den Flügel in der Seitenansicht an die anderen Zeichnungen anpasst, ist immer noch unklar, wie der dicke Rumpf an der Hinterkante in den Flügel übergehen soll, und wie die Landeklappen aussehen könnten. (Mankau)

Ju 322 (Warschau-Nord)

Seit dem FlugRevue-Artikel von Heumann wird für die Ju 322 die Tarnbezeichnung Warschau-Ost angegeben. Ich habe in den wenigen Originalunterlagen nur die Bezeichnung Warschau-Nord gefunden, und die Maschine entsprechend genannt.

Infolge der mangelhaften Datensituation ist eine Beschreibung des Flugzeugs schwierig. Bekannt ist, dass die Ju 322 infolge des zu kurzen Rumpfes mit zu kleinem Leitwerk instabil um die Hochachse, und damit nicht im Schlepp zu fliegen war. Auch reduzierte sich die Zuladung durch falsch angenommene Holzfestigkeit (Konstruktionsfehler) auf 12 t statt der angestrebten 20 t. Da sich das Leitwerk aus Gewichtsgründen nicht vergrößern, und damit die Flugeigenschaften nicht verbessern ließen, wurde das Projekt aufgegeben. In der Literatur steht, dass Material für 100 Flugzeuge beschafft worden war. Nach der Besprechung beim Generalluftzeugmeister vom 12.6.1941 könnten sogar 315 Maschinen bestellt gewesen sein.

Eine Zeichnung des Junkers-Projekts EF 94 wurde 1965 in der FLUGREVUE gezeigt, datiert angeblich vom 3.12.1940, und erschien später noch in anderen Veröffentlichungen. Dieses Projekt ähnelt nur prinzipiell der ausgeführten Ju 322. Das riesige Seitenleitwerk, die Bewaffnung in Türmen und der vordere Überhang des Rumpfes vor dem Flügel deuten bei der EF 94 eher auf einen verbesserten Nachfolger der Ju 322, als auf einen Vorentwurf. Die Maßangaben werden zum Teil der Ju 322 V1 zugeordnet.

Me 321 (Warschau-Süd)

Die Me 321 war für den einmaligen Einsatz und daher billig konzipiert, und hatte – mit dem Ziel einer kurzen Landestrecke – Landekufen. Der Flügelholm war ein viergurtiger Gitterholm aus Stahlrohren. Flügelrippen, Nasenverkleidung und Leitwerk bestanden aus Holz, und der Rest, wie auch der Gitterrumpf, waren stoffbespannt. Um Raum für den vorgesehenen Panzertransport zu schaffen, war der Flügel auf den Rumpf aufgelegt. Aus Gründen der Versteuerbarkeit hatten die Außenflügel eine V-Stellung von 6°, was aber andererseits die Seitenstabilität verschlechterte.

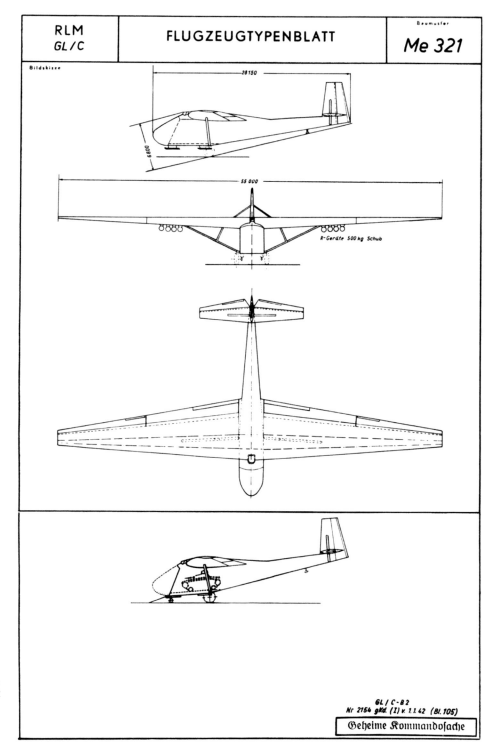

| RLM GL/C | FLUGZEUGTYPENBLATT | Baumuster Me 321 |

Bildskizze

28150

6600

55 000

R-Geräte 500 kg Schub

GL/C-B2
Nr 2154 gKd. (I) v. 1.1.42 (Bl. 105)

Geheime Kommandosache

Flugzeugtypenblatt der Me 321 vom 1.1.1942. Die Skizze zeigt die Maschine noch ohne V-Stellung der Außenflügel. Mangelnde Steuerbarkeit der Me 321 V1 führten zur Einführung der 6°V-Form. (Typenblatt)

Baureihenübersicht

Leer konnte die Me 321 nicht fliegen. Ohne Nutzlast musste die Ballastkiste mit ca. 4 t Sand oder Ziegelsteinen beladen werden. War ein leerer Rückflug geplant, musste die Ballastkiste, wie hier, vor der Ladung im Rumpfbug mitgenommen werden. (Mathiesen)

Für den einen Einsatz mit ca. 400 km Flugstrecke schien zunächst ein Flugzeugführer ausreichend. Die Steuerkräfte waren jedoch – infolge falscher Auslegung der Ruder – so groß, dass ein Kopilot zur Unterstützung nötig schien. Als erste Maßnahme wurde ein Hilfsknüppel für die Höhensteuerung angebracht, der von dem hinter dem Piloten auf einem Balken sitzenden Kopiloten bedient wurde. Man begann bei Messerschmitt jedoch frühzeitig mit der Entwicklung einer zweisitzigen Panzerkabine. Wegen des engen Terminplans musste die erste Produktionshälfte jedoch mit der einsitzigen Kabine gebaut werden. Der Kopilot übernahm auch die Trimmung. Zusätzlich gehörte zur Besatzung ein Maschinenwart, dessen Hauptaufgabe darin bestand, nach dem Start das Fahrwerk abzuwerfen.

Während die Ju 322 gar nicht aus den Startlöchern kam, erwies sich die Me 321 im Einsatz als (dem Namen entsprechend) gigantische Fehlplanung. Für den ursprünglich vorgesehenen Zweck, Soldaten und Waffen hinter die feindlichen Linien zu transportieren, wurde sie nie eingesetzt. Als Transportsegler hinter der Troika war sie grober Unfug. Sie konnte zwar 80 volle 200 l-Fässer Benzin (also 16000 l) transportieren, was man damit auch ein paar Mal tat. Dazu mussten aber drei Me 110 aufgetankt werden. (3600 l Benzin für 800 km Hin- und Rückflug). Für den Start der Troika brauchte man einen genügend großen Flugplatz, Lastensegler und LS-Piloten, Schleppflugzeuge und Schlepppiloten, Bodenpersonal für die Me 321 und die Schleppmaschinen, eine Reihe von Fahrzeugen, darunter die beiden Hubwagen und die Lastwagen zum Anhängen der Startraketen, ein Verladekommando mit Verladeingenieur für die Me 321, eine besondere Einheit für die Startraketen, sowie Arzt und Sanitäter. Da die Me 321 anfangs das Fahrwerk nach dem Start abwarf, und auf den Kufen landete, mussten zumindest die Hubfahrzeuge am Landeort zur Verfügung stehen (also hinfahren und Sprit verbrauchen). Dieselbe Aufgabe hätte man auch mit sieben Opel Blitz und ca. 2500 l Benzin für hin- und Rückfahrt durchführen können. Dabei ist noch nicht berücksichtigt, dass die Troika mit viel Aufwand zum Absprungplatz geflogen werden musste, während man die Lkw mit der Bahn transportieren konnte. Erst mit der He 111 Z als Schleppflugzeug, der zweisitzigen Kanzel der Me 321 B, und der Landung auf dem Fahrwerk wurde die Me 321 halbwegs brauchbar.

252

Dieser Prototyp hat keine Waffenstände, wenige Fenster, keine Kennung und kleine Balkenkreuze. Es ist vermutlich die Me 321 V1. (Pawlas)

Mit dieser Ju 52 wurden die zukünftigen Me 321-Piloten auf den Troika-Schlepp vorbereitet. (Schmoll)

Me 321 V1 bis V5

Die Me 321 V1 machte ihren Erstflug am 25.2.1941 in Leipheim mit Flugkapitän Bauer am Steuer, und sie wurde von einer Ju 90 geschleppt. Erst der 6. Flug am 8.3.41 fand im Schlepp von drei Me 110 statt.

Am 14.3.41 setzte man (beim siebten Flug einer Me 321 überhaupt) den Luftwaffenpiloten Powilleit, der bis dahin nur auf der DFS 230 ausgebildet war, ohne weitere Schulung in die Me 321 V1, und ließ ihn fliegen. Infolge falsch ausgewuchteter Querruder hing die Maschine links so stark, dass Powilleit das Schleppseil zur Ju 90 ausklinken musste. Bei der Außenlandung verhakten sich die schmalen Bugkufen im weichen Boden, und die Me 321 V1 überschlug sich. Trotz des Totalschadens blieben die drei Luftwaffensoldaten nahezu unverletzt. Als Folge dieses Vorfalls wurden weitere Me 321-Piloten zunächst in einer Ju 52 geschult, deren mittlerer Propeller entfernt, und die statt dessen eine Schleppkupplung erhalten hatte.

Die Me 321 V2 mit der Kennung W1+SB flog erstmals am 24.3.1941 und machte bis zum 10.5. vier weitere Flüge, alle im Schlepp von drei Me 110. Die letzten beiden Flüge erfolgten mit 22 t Ballast und dem Einsatz von acht Rauchgeräten. Entsprechend eines Erprobungsberichts vom 10.5.41

betrachtete man bei Messerschmitt nach diesen Flügen die Erprobung der Me 321 als soweit abgeschlossen, dass sie jeder Segelfliegerpilot mit LS-Erfahrung fliegen konnte.

Bauer flog die V3 (W1+SC) erstmals am 4.4.1941. Erstflug der V4 war am 9.4.41, und der der V5 am 10.4.41. In diesen beiden Fällen saß Ing. Bernhard Flinsch von der Erprobungsstelle am Steuer. Welchen Versuchszwecken die Me 321 V3 bis V5 dienten, ist nicht bekannt. Von der Kennung her ordnen sie sich als erste Maschinen in den ersten Block der Leipheimer Produktion ein. Da die Erprobung weitgehend abgeschlossen war, dienten die Prototypen in der Folgezeit vermutlich der Schulung. Die V2 und V3 flogen Anfang Mai 1941 auch in Obertraubling.

Me 321 A

Bezeichnung: Transportsegler

Kennzeichen: Abwerfbares Startfahrwerk, vier Kufen, einsitzige Kabine, keine Bewaffnung im Bugtor.

Die Me 321 A wurde mit einsitziger Kabine gebaut, allerdings bestand die Möglichkeit, die Kabine auszutauschen. Messerschmitt hatte für alle Me 321 A zweisitzige

Mit den wenigen Seitenfenstern war die W1+SF für den Transport von Material vorgesehen. (Petrick)

Da die Bugkufen zunächst zu schmal waren, konnten sie sich in weichen Böden verhaken, und es kam zu Beschädigungen und sogar Überschlägen. (Petrick)

Panzerkabinen zum Austausch bestellt. Ob die geliefert und tatsächlich ausgetauscht wurden, ist nicht bekannt. Ursprünglich sollten 100 Me 321 A in der Zeit von April bis Juni 1941 gebaut werden. Tatsächlich lief die Auslieferung im Mai 41 an. Es gab die 321 A als Truppentransporter mit vielen Seitenfenstern und der Möglichkeit, einen zweiten Boden einzuziehen, und als Lasten- bzw. Panzertransporter mit wenigen Fenstern.

Me 321 B

Bezeichnung: Transportsegler
Kennzeichen: Abwerfbares Startfahrwerk, vier Kufen, zweisitzige Kabine, oft Waffennester oben im Bugtor, oft Zwillingsräder vorn

Die Me 321 mit zweisitziger Panzerkabine hieß Me 321 B. Auch davon sollten 100 je zur Hälfte in Leipheim und Ober-

traubling produziert werden. Außer der zweisitzigen Panzerkabine sind keine Unterschiede zur A bekannt. Ein Teil der Me 321 B hatte Waffennester oben in den Bugtoren.

Die Luftwaffe übernahm bis Dezember 1941 166 Me 321. Da sich Messerschmitt am 16.3.42 noch mit sechs Flugzeugen im Rückstand befand, sind weitere geliefert worden. Messerschmitt hat vermutlich die geforderten 200 Segler gebaut, allerdings sind einige in Versuchsträger und Prototypen für die Me 323 umgebaut worden, und ein anderer Teil ist vor Auslieferung an die Luftwaffe verunfallt.

Me 321 Bremsschirm

Powilleit [31] berichtet, dass die Me 321 einen Bremsschirm im Leitwerkskasten hatte, den er bei Landungen auf dem Fahrwerk auswarf, um nicht über die Platzgrenze zu geraten. Bilder einer Me 321 mit ausgeworfenem Schirm sind mir nicht bekannt.

Die W5+SA dürfte eine der ersten, serienmäßig mit zweisitziger Kanzel ausgerüsteten Me 321 B gewesen sein. Auffällig sind die geänderte Tarnung in der Halle und davor, und die nachgerüsteten Waffennester im Bugtor. (Petrick)

Zur Erhöhung der Landesicherheit wurden zunächst die Bugkufen verbreitert. Als die Me 321 B im Schlepp der He 111 Z zu regelmäßigen Transportflügen herangezogen wurde, sollte sie auf dem Fahrwerk landen. Dazu erhielt sie doppelte Bugräder. (Petrick)

Unter dem Leitwerk kann man das Seil des Bremsschirms erkennen. (Petrick)

Schleppflugzeuge für die Me 321

Ju 90

Die Ju 90 (W.Nr. 0002, KB+LA) wurde schon beim ersten Schlepp der Me 321 eingesetzt, und führte viele weitere Schleppflüge insbesondere zur Überführung und Rückholung nach Außenlandungen mit leeren Lastenseglern durch. Sie war ursprünglich für die Lieferung an Südafrika vorgesehen, und hatte dafür Pratt & Whitney Twin Wasp-Motoren bekommen, die deutlich mehr Leitung aufwiesen, als die Lufthansa Maschinen mit BMW 132 H. (Kössler)

Start der Ju 90 V7 (GF+GH) mit BMW 801 am 27.10.1941 in Obertraubling. (Nowarra)

Um den Piloten der Ju 90 V7 (und auch der Ju 90 KB+LA) Sicht auf den Segler zu ermöglichen, wurden weit ausragende Rückspiegel montiert. (Bundesarchiv Koblenz 10 1I-561-1130-39)

Bf 110

Um eine voll beladene Me 321 in die Luft zu bringen, wurden acht Startraketen zu Hilfe genommen. (Petrick)

Nach der Ju 90 wurden drei Bf 110 E im Troikaschlepp eingesetzt. Dazu bekam die Bf 110 größere Kühler, Rückspiegel vor der Kanzel, und beidseits vom Rumpf Stahlkabel, mit denen die Zugkräfte von der Schleppkupplung im Heck in den Flügelholm eingeleitet wurden. Die links außen fliegende Bf 110 erhielt später eine nach rechts versetzte Kupplung, um die Ausbrechneigung zu mindern (vgl. 16.5.41). (mm Fotoarchiv)

He 111

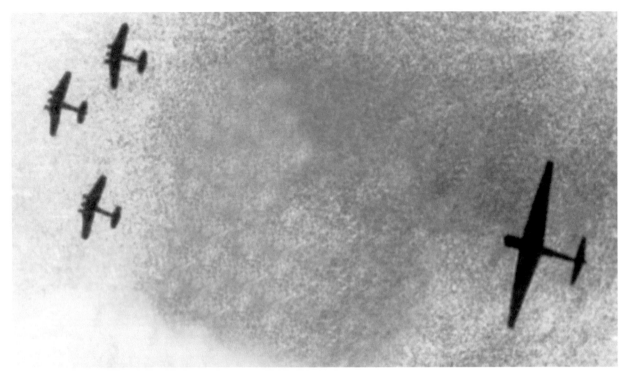

Die He 111 H-5 eignete sich besser zum Schlepp der Me 321, sie hatte bessere Steigleistungen und es reichten zwei Maschinen zum Schlepp des leeren Seglers. Aber auch bei diesem Schleppverband kam es zum Ausbrechen der linken »Kettenhunde«, so dass auch dafür Ausleger konstruiert wurden. Der Verband erforderte eine breitere Startbahn. (Schlaug)

He 111 Z

(Mankau)

Erst in der Kombination der Me 321 B mit Doppelsteuer und
der He 111 Z entstand ein brauchbares Gespann. Meist nahm
die Me 321 das Fahrwerk mit, um problemlos wieder starten
zu können. (Schlaug)

Startvorbereitung der Me 323 A V1. Die Maschine hat noch keine Kennung, und ist mit acht Startraketen bestückt. (Messerschmitt)

Die W1+SZ im Flug. Wegen der Kühlungsprobleme sind die Motorverkleidungen abgenommen. Gegenüber den Anfangszustand hat die Maschine jetzt eine Kennung und im unteren Rumpfbereich eine geänderte Farbgebung. (Petrick)

Dieses Bild zeigt die Me 323 A V1 nach dem 20.5.1941, schon mit der Kennung W1+SZ. Die Maschine gehört zur ersten Bauserie, hat aber die zweisitzige Kanzel. Die relativ geschlossene Triebwerkverkleidung führt zu Überhitzungsproblemen. Das linke Bugtor scheint geflickt zu sein. (Peter)

Me 323

Der Konstruktionsleiter der Me 321/323, Obering. Fröhlich, beschrieb am 21.5.1943, dass Prof. Messerschmitt gleich beim Bau des Seglers vorgeschlagen hat, diesen zu motorisieren, um ihn für Nachschubeinsätze vom umständlichen Schleppbetrieb unabhängig zu machen. Dafür hat er offensichtlich die Zustimmung des RLM erhalten, denn am 13.3.1941 bekam er einen Vorbescheid für die Entwicklung der Me 323.

Me 323 A V1 (Me 323 V1 a)

Die Arbeit muss aber vorher begonnen worden sein, denn schon am 21.4.1941, also keine zwei Monate nach dem Erstflug der Me 321 V1 wird im Flugbuch von Karl Baur der Erstflug einer mit vier Motoren versehenen Me 323 erwähnt. Die Me 321 V2 hatte erst zwei Flüge absolviert,

Die erste sechsmotorige Me 323, die Me 323 B V1 bzw. Me 323 V1. Als einzige sechsmotorige Me 323 hat sie noch eine Kennung nach Art der Me 321. (Radinger)

Eine Me 323 mit vier Bloch-Triebwerken (Me 323 V2?) im Flug, und dahinter ein sechsmotoriger Prototyp über der Me 321. Wie die anderen 14 V-Muster hatte auch die viermotorige Variante ein verkleidetes Fahrwerk. (Lange)

und die V3 bis V5 je einen. Die Maschine war möglicherweise als Prototyp für die viermotorige Baureihe Me 323 A gedacht, infolge der großen Eile waren aber Fahrwerk und Triebwerke noch nicht fertig, und die Me 323 A V1 hatte mehr den Charakter eines aus einer Me 321 umgebauten Versuchsträgers.

Nach den Fotos hatte die Maschine Gnôme et Rhône 48/49-Motoren in Leo 451-Triebwerken. Schon der Erstflug zeigte die mangelhaften Steigleistungen der viermotorigen Me 323 A V1, und endete fast am Kirchturm von Günzburg. Die ersten Flüge offenbarten auch die für die langsam fliegende Me 323 unzulänglichen Kühlungseigenschaften der vom Bomber Lioré et Olivier Leo 451 übernommenen Triebwerksverkleidungen der Firma Mercier.

Me 323 B V1 (Me 323 b V1)

Der Generalluftzeugmeister entschied am 2.8.1941, dass von der Baureihe 1 200 Me 321, fünf Me 323 sechsmotorig und zehn Me 323 viermotorig gebaut werden sollen. Somit waren wohl schon zu dieser Zeit 15 Prototypen vorgesehen.

Der erste Erprobungsflug der ersten sechsmotorigen Me 323 (W9+SA) fand am 6.8.1941 in Leipheim mit Baur am Steuer statt. Flugzeugführer Fries führte am 28.11. mit der Me 323 B V1 Rollversuche über Hindernisse aus, um das Fahrwerk zu erproben, und am 27.2.1942 wurde vermerkt, dass 1941 nur die V1 und V11 fertig gestellt wurden. Somit ist die die W9+SA die Me 323 B V1 bzw. Me 323 V1 gewesen.

	W.Nr.		Motor	Standort	Bemerkung
\multicolumn{6}{|l|}{Me 323 Versuchsmaschinen am 1.11.1942 laut C-Amts-Programm [8]}					
V2	801	4	Bloch	Dornst.	Verlastungsversuche
V3	802	6	Bloch	Truppe	am 1.10. abgegeben
V4	803	6	Bloch	Leiph.	Einbau der Blohm & Voss Steuerung
V5	804	4	Leo	Obertr.	abgestellt nach Erprobung Flugeigenschaften
V6	805	4	Leo	Obertr.	abgestellt nach Schüttelversuchen
V7	806	6	GnR	Obertr.	in Montage mit Serientriebwerk
V8	807	6	GnR	Leiph.	abgestellt nach Erprobung mit gleichsinnigen Luftschrauben
V9	808	6	GnR	Obertr.	in Montage mit Serientriebwerk
V10	809	6	GnR	Obertr.	Flugerprobung mit serienmäßigem Tragwerk und neuem Leitwerk
V11	810	6	Bloch	Leiph.	Flugerp. mit innenausgeglichenen Rudern
V12	811	6	GnR	Leiph.	Ausschlachtung vorgesehen. 100 Std.- und Werkserprobung abgeschlossen
V13	812	4	Alfa	Leiph.	Erprobung mit Alfa-Romeo-Triebwerken
V14	813	4	Jumo 211 J	Leiph.	Erprobung mit Jumo-Triebwerken abgeschlossen. Z.Z. Kabinenumbau
V15	814	6	GnR	Obertr.	Endmontage mit serienmäßigem Tragwerk und neuem Leitwerk
\multicolumn{6}{|l|}{Ergänzungen aus anderen Quellen}					
V16	1160001	6	Jumo 211 F	Leiph.	1. Prototyp für Me 323 F
V17		6	Jumo 211 F	Obertr.	2. Prototyp für Me 323 F (Fertigstellung unklar)
V18 bis V19		6	Jumo 211 F		April 1943 vorgesehen als Prototypen für Me 323 F-1, nicht realisiert
V20 bis V24		6	Jumo 211 F		April 1943 vorgesehen als Prototypen für Me 323 F-2, nicht realisiert
V25 bis V30		6	GnR 14 R		April 1943 vorgesehen als Prototypen für Me 323 G-1, nicht realisiert
V18	130027	6	GnR 14 N		Me 323 E , 1944 Erprobungsträger bei Dornier

Wie die übrigen ersten 15 V-Muster war auch die Me 323 V8 (DT+DQ) unbewaffnet. (Deutsches Museum)

Me 323 V2 bis V21

Zunächst waren 15 V-Flugzeuge Me 323 geplant, davon zehn Me 323 viermotorig. In der Folgezeit wurde die Aufteilung verändert. Am 27.2.1942 waren fünf viermotorige und fünf sechsmotorige Me 323 fertig, sowie drei sechsmotorige kurz vor der Fertigstellung. Weitere zwei Flugzeuge waren in Vorbereitung für die Ausrüstung mit Alfa Romeo und Jumo 211 J Triebwerken.

Über Motorisierung, Versuchszweck usw. der 15 V-Maschinen am 1.11.1942 gibt die obige Tabelle Auskunft. Es fällt auf, dass neben der V13 und V14 nur noch drei viermotorige Maschinen aufgeführt sind, obwohl am 27.2. fünf fertig waren. Offensichtlich sind zwei zwischenzeitlich umgerüstet worden. (möglicherweise V7 und V9).

Me 323 A/B

Flugkapitän Karl Baur bezeichnete in seinem Flugbuch am 14.10.1941 die viermotorige W1+SZ als 323 A und die sechsmotorige W9+SA als 323 B. In einer Messerschmitt-Mitteilung zur Hydraulikanlage vom Januar 1942 werden ebenfalls die Baureihen Me 323 A und B erwähnt, aber schon wenige Tage später erscheinen in einer anderen Mitteilung zum selben Thema nur noch die Baureihen C und D. In späteren Dokumenten tauchen die Baureihen A und B nicht mehr auf.

Sie sind vermutlich aus folgenden Gründen nicht gebaut worden. Die Bezeichnungen für Flugzeugbaureihen wurden vom RLM vergeben. Me stand für die Entwicklungsfirma Messerschmitt bzw. deren Konstrukteur. Die Ausstattung mit Motoren wurde durch die Zahl 323 (gegenüber dem Segler 321) gekennzeichnet, während die Buchstaben für unterschiedliche Zellen standen. A war die Zelle mit einsitziger Kanzel und B die mit zweisitziger. Beide Varianten hatten Kufen und ein abwerfbares Fahrwerk. Da die Me 323 ausschließlich mit dem festen, geländegängigen Fahrwerk ausgerüstet werden solle (mithin eine neue Zellenvariante darstellte), ist es logisch, dass man bei der Zellenbezeichnung, wie auch bei der Go 242 A / Go 244 B, zum nächsten Buchstaben überging.

Me 323 C

Bezeichnung: Transportflugzeug für Truppen und Gerät
Kennzeichen: viermotorig, festes Zehnradfahrwerk

In der Angebotsbeschreibung der Me 323 vom Mai 1941 war der viermotorigen Variante der Me 323 der meiste Platz eingeräumt. Das Flugzeug sollte einen 22 t-Panzerkampfwagen oder zwei 9 t-Panzerkampfwagen oder Fahrzeugen aller Art bis 3 m Höhe oder eine 8,8 cm Flak-Kanone mit Bedienung oder militärische Einheiten bis 175 Mann mit Ausrüstung oder Stückgut bis 22 t laden können. Noch bis mindestens August 1941 wurde im RLM diese Version als Volumenmodell betrachtet. Es ist sicher daran gedacht worden, die mangelnde Startleistung durch Einsatz von R-Geräten bzw. Vorspann einer He 111 auszugleichen, aber das war sicher nur in Einzelfällen, wie der Durchführung einer Luftlandeoperation, tragbar. Für normale Transportfliegerei war der problemlose Eigenstart Voraussetzung. Die ab Januar 1942 fliegenden fünf viermotorigen Prototypen haben aber sicher die mangelhaften Startleistungen bestätigt. Da wohl auch die Aufgabe Luftlandeoperation nicht mehr im Fokus stand, ließ man die viermotorige Me 323 C nicht in Serie gehen.

Me 323 D

Bezeichnung: Transportflugzeug für Truppen und Gerät
Kennzeichen: sechsmotorig, festes Zehnradfahrwerk, nur Rumpfbewaffnung

Sechsmotorige Serienausführung der Messerschmitt AG 1942/43. Die Maschinen wurden von der Messerschmitt AG in Leipheim und Obertraubling gebaut, und ab Juli 1942 ausgeliefert.

Die 1942 gegründete Abteilung Flugzeugbau des Luftschiffbau Zeppelin übernahm ab 1.12.1942 mit der gleichen Mannschaft die weitere Entwicklung, Modifikation und Erprobung und wohl auch Produktion dieses Musters. Die Produktion litt darunter, dass die notwendigen Triebwerke nicht schnell genug und in ausreichender Zahl beschafft werden konnten. Zunächst waren Gnôme et Rhône 14 N aus erbeuteten Bloch 175 und Leo 451 vorgesehen. Damit glaubte man Ende Juli 1942 180 der bis Sommer 1943 geplanten 300 Me 323 ausrüsten zu können. Weitere 120 sollten mit Jumo 211 J in Ju 88-Triebwerken entstehen. Parallel ergab sich die Möglichkeit, aus Italien 140 luftgekühlte Alfa Romeo-Doppelsternmotoren zur Ausrüstung von 20 bis 25 Me 323 zu bekommen. Wegen der schlechten Sichtverhältnisse mit den Ju 88-Triebwerken wurden diese Varianten aber im September 42 gestoppt. Die Fertigung der 25 Me 323 mit Alfa Romeo wurde im Oktober 1942 beschlossen. Zum Jahresende 1942 begannen Planungen, die Me 323 nach Verbrauch der vorhandenen Gnôme et Rhône 14 N zunächst mit He 111 Triebwerken auszurüsten, um sie dann endgültig nach Serienanlauf des Gnôme et Rhône 14 R mit diesem bauen zu lassen. Ab Dezember 1942 wurde ersichtlich, dass in Frankreich noch vorgefertigte Teile vorhanden waren, mit denen man den Gnôme et Rhône 14 N weiter bauen konnte. In Januar 1943 war klar, dass der Bestand an fertigen Beutemotoren (380 Stück) die Flugzeugausbringung für fünf bis sechs Monate deckte, und dass bei Gnôme et Rhône und den Unterlieferanten noch Teile für 1400 Motoren lagerten, von denen man 1000 fertigen wollte. Damit war die Motorisierung der Me 323 bis 1944 gesichert, und man beschloss, die Baureihe mit Alfa Romeo nicht, wohl aber die verbesserte Baureihe E zu bauen.

Das RLM legte im Juli 1942 Wert darauf, dass die Me 323 D-1 und D-2, wenn irgend möglich, eine Einzellast von 20 t transportieren konnte, und hielt es für nicht unwahrscheinlich, dass dies durch den Vorspann einer He 111 H-6 ermöglicht werden konnte. Zur Erprobung dieses Verfahrens ist die Me 323 V12 im Juli 1942 umgerüstet worden.

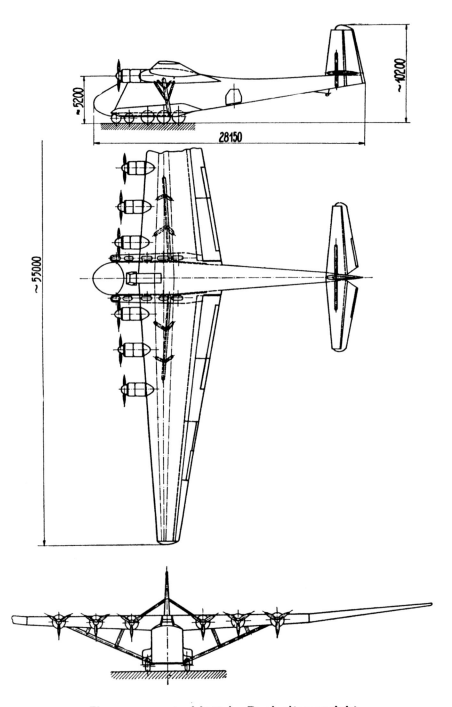

Flugzeugmusterblatt in Dreiseitenansicht

Übersichtszeichnung der Me 323 D. (Handbuch)

Deutsche Lastensegler

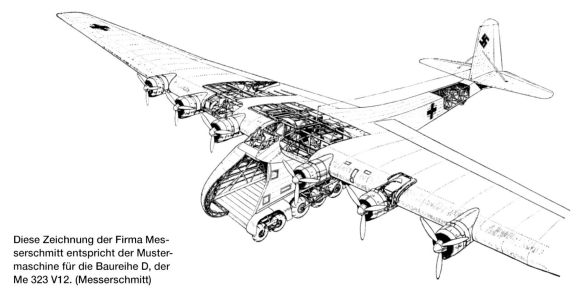

Diese Zeichnung der Firma Messerschmitt entspricht der Mustermaschine für die Baureihe D, der Me 323 V12. (Messerschmitt)

In jedem Flügel saß ein Bordwart, der die drei Triebwerke seiner Seite regelte. (Bedienanleitung)

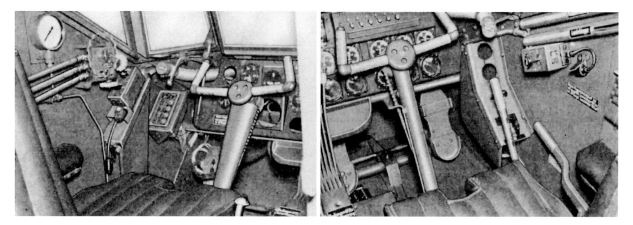

Zwei Piloten flogen die Me 323 nach Sicht. Hier die frühe Kanzel der Me 323 D. (Bedienanleitung)

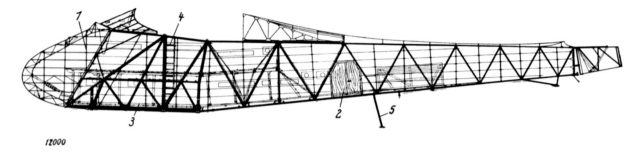

12000

| 1 Rumpftor | 2 Rumpftür | 3 Bohlen | 4 Leiter | 5 Stütze |

Abb. 1: Rumpfgerüst

| 1 Vorderes Fahrgestell | 2 Hinteres Fahrgestell | 3 Verkleidung |

Fahrwerk

Gitterfachwerk- und Fahrwerkzeichnung aus dem Handbuch.

Innenansicht des Rumpfes aus Stahlrohren mit Stoffbespannung und Boden aus Holzbohlen. In der Mitte des Bildes ist die Leiter zur Kanzel zu sehen. (Pawlas)

Modifizierte Kanzel der Me 323 E.
(Bundesarchiv Koblenz 10 1I-668-7197-27)

Die Erprobung erfolgte vermutlich Ende August 1942 in Rechlin, aber von einem Serieneinsatz ist nichts bekannt. Die Baureihen D-1 und D-2 wurden zunächst für 11 t Nutzlast zugelassen, und nach Flugerprobung für 14 t.

In manchen Dokumenten wird bezüglich der Nutzlast nicht zwischen Me 323 D-1 und D-2 unterschieden, in anderen wohl. Ich kann z.Zt. nicht entscheiden, welche Angabe stimmt.

Die von Messerschmitt ursprünglich berechneten Reichweiten wurden von der Me 323 D-1 und D-2 übertroffen, so dass das RLM von einem zeitweise ins Auge gefassten Einbau weiterer zwei 500 l-Behälter Abstand nahm.

Me 323 D-1

Bezeichnung: Transportflugzeug für Truppen und Gerät
Kennzeichen: sechs Bloch 175-Triebwerke mit Ratier-Verstellpropeller

Die Me 321 D-1 war die erste Serienausführung der Me 323 und dadurch gekennzeichnet, dass vollständige Bloch 175-Triebwerke aus Beuteflugzeugen eingebaut wurden. Die drei am linken Flügen angeordneten Motoren hatten den Drehsinn links (Gnôme et Rhône 14 N-49) und die vom rechten Flügel den Drehsinn rechts (Gnôme et Rhône 14 N-48). Beim Bloch-Triebwerk waren die Ölkühler unten am Triebwerkgerüst angeordnet. Das Triebwerkgerüst war 1° nach oben geneigt, und die mittlere Triebwerkverkleidung war dreiteilig. Die Me 323 D-1 war mit dreiflügeligen elektrisch verstellbaren Ratier-Luftschrauben ausgerüstet. Während sich die Motoren gut bewährten, gab es bei den Propellern häufig Probleme und Ausfälle.

Um an die nötigen Triebwerke zu gelangen, wurden diese schon seit Mitte 1941 aus erbeuteten und den Flugschulen zugewiesenen Bloch 175 ausgebaut. Nach einem Messerschmitt-Lieferplan vom 12.4.1943 sollten von der Baureihe bis Juni 1943 22 Maschinen in Leipheim und 32 in Obertraubling gebaut werden. Geliefert hat Leipheim (nach Flugzeug-Programm vom 15.5.44) nur 21, während Obertraubling die 32 erreichte.

Me 323 D-2

Bezeichnung: Transportflugzeug für Truppen und Gerät
Kennzeichen: sechs Leo-Triebwerke mit Heine-Festschrauben

Die Me 323 D-2 entsprach der D-1, war aber mit Leo-Triebwerken (mit den gleichen Gnôme et Rhône 14 N 48/49 Motoren) und – aus Beschaffungsgründen – mit zweiflügeligen Heine-Festschrauben aus Holz ausgestattet. Der Schmierstoffkühler befand sich beim Leo-Triebwerk seitlich am Triebwerksgerüst, das 6° nach oben geneigt war. Die mittlere Triebwerksverkleidung war vierteilig, und die Triebwerkstrennstellen wichen geringfügig von denen der Bloch-Triebwerke ab. Ein Austausch der Triebwerke gegeneinander war daher nicht möglich. Die nicht verstellbaren Heine-Luftschrauben waren nur für Flüge in Bodennähe vorgesehen.

Schon im Februar 1942 untersuchte die Erprobungsstelle Rechlin die Me 323 mit diesen Luftschrauben, um Abstellmaßnahmen für die aufgetretenen starken Schüt-

Die großen Ölkühler unter den Triebwerken kennzeichnen die Me 323 D-1. Für Tropeneinsätze wurden weitere zwei Zusatzölkühler pro Triebwerk unter die Traggerüste montiert. Zwischen den Ölkühlern befinden sich die Lufteinlässe für die Vergaser. Hier werden noch die Startraketen angehängt. (Deutsches Museum)

Eine Me 323 D-1 noch ohne Stammkennzeichen. (Petrick)

Die Zweiblatt-Holzpropeller waren das untrügliche Merkmal der Me 323 D-2. In diesem Exemplar sind die oberen vorderen Waffenstände mit MGs bestückt. Bemerkenswert sind die Leitern und die schaukelartigen Sitze für die Schützen. (Petrick)

Zeichnung des Windkanalmodells der Me 323 D-3. Das Projektbüro empfahl die schmale Kanzelaüsführung und eine Anordnung der Waffenkuppel zwischen den Positionen III und IV. (Mankau)

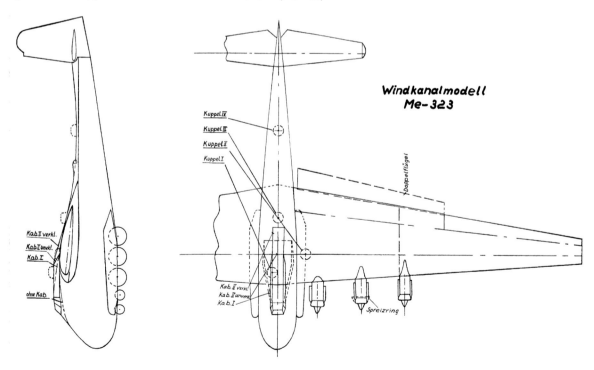

telschwingungen als Folge der Propellerunwucht zu finden. Diese Schwingungen waren zum Teil so stark, dass die Firma Messerschmitt weitere Flüge ablehnte. Auch die E-Stelle ließ zu diesem Zeitpunkt die Heine-Luftschrauben für den Serieneinsatz nicht zu. Man hoffte, das Problem durch Änderung der Motoraufhängung kurieren zu können. Nachdem man zunächst, auf Vorschlag der E-Stelle, starre Motoraufhängungen erprobte, fand man dann die Lösung in weicheren Lagerungen. Am 21.8.1942 empfahl die Erprobungsstelle Rechlin – nach Versuchen mit den viermotorigen Me 323 V5 und V6 –, die von der Firma Messerschmitt entwickelte weiche Motorlagerung für die Serie einzusetzen.

Die Me 323 D-2 sollte zunächst parallel zur D-1 gebaut werden. Die Schwingungs- und zusätzlich Kühlungsprobleme verzögerten jedoch den Serienanlauf, so dass 1942 nur die D-1 produziert wurde. Da Anfang 1943 die Bloch-Triebwerke ausgingen, und die Me 323 D-2 mit weicheren Motoraufhängungen erst ab Februar 1943 folgen konnte, schob man Ende 1942 die Me 323 D-6 nach, die Leo-Triebwerke mit Dreiblatt-Ratier-Verstellschrauben und normaler Lagerung hatte. Laut Lieferplan vom 12.4.43 sollten von der Me 323 D-2 bis Juni 1943 16 in Leipheim und 34 in Obertraubling gebaut werden. Gebaut haben die beiden Standorte zusammen 34 Stück.

Me 323 D-3

Bezeichnung: Transportflugzeug für Truppen und Gerät
Kennzeichen: sechs Ju 88-Triebwerke, verlegte Kanzel

Laut Messerschmitt-Lieferprogramm vom 19.1.1942 war nach zwei Me 323 Baureihen mit GR 14 N eine dritte mit Jumo 211 vorgesehen, von der zwischen Oktober 1942 und August 1943 175 Stück gebaut werden sollten. In einem Messerschmitt-Besprechungsprotokoll vom 11.7.1942 wird erwähnt, dass H. Friebel vom RLM die Me 323 V 14 mit Jumo 211 J zur Sichtbeurteilung nachfliegen wollte, und weiter, dass ein von Argus entwickeltes Seitensteuerscheit im Zusammenhang mit verstellbaren Seitensteuerpedalen ab der Baureihe D-3 mit Jumo 211 J eingebaut werden sollte. Somit war die Me 323 D-3 die mit Jumo 211 J in Ju 88-Triebwerken geplante Baureihe (Bild auf Seite 57).

Ende Juli 1942 war der Jumo 211 J im Ju 88-Triebwerk für 120 Me 323 vorgesehen. Dessen Erprobung in der Me 323 V 14 ergab jedoch wegen des vorn liegenden Ringkühlers so unzureichende Sichtverhältnisse, dass Verbandsflug nicht möglich war. Darum wurden

eine Änderung der Kanzel (höher und weiter nach vorn), und gleichzeitig Verstärkungsmaßnahmen an Rumpf, Flügel und Fahrwerk geplant, um die höhere Motorleistung des Jumo 211 auch in höhere Nutzlast umsetzen zu können. Über entsprechende Windkanalversuche wurde am 3.10.42 berichtet. Der Aufwand war dem RLM dann doch zu hoch, und man sah im September 1942 von dieser Variante der Me 323 ab.

Me 323 D-4

Bezeichnung: Transportflugzeug für Truppen und Gerät
Kennzeichen: sechs Alfa Romeo-Triebwerke

Am 19.1.1942 plante Messerschmitt für die Zeit von April bis September 1943 die Herstellung einer vierten Baureihe der Me 323 mit Alfa Romeo-Triebwerken. Mir scheint es wahrscheinlich, dass dies die Me 323 D-4 war. Da von dieser Serie nur 25 Stück hätten hergestellt werden können (für mehr waren keine Motoren vorhanden, bzw. Speer wollte die von den Italienern geforderten Ausgleichslieferungen für zusätzliche Motoren nicht erbringen), hat der Generalluftzeugmeister diese Variante schon frühzeitig abgelehnt. Auf Wunsch des Generalstabs sollte sie trotzdem zeitweilig produziert werden. Am 1.10.1942 war der Bau dieser Baureihe mit sechs pro Monat für die Zeit Mai bis September 1943 vorgesehen. Der Weiterbau der Gnôme et Rhône 14 N im Jahr 1943 hat die Me 323 D-4 überflüssig werden lassen. Ein Bild einer Me 323 mit Alfa-Romeo-Triebwerken ist mir nicht bekannt.

Me 323 D-5

Bezeichnung: Transportflugzeug für Truppen und Gerät
Kennzeichen: sechs Ju 88-Triebwerke, verlegte Kanzel, Schleppvorrichtung

Das Messerschmitt Lieferprogramm vom 19.1.1942 sah eine fünfte, mit Jumo 211 motorisierte, Baureihe vor, die ab Juli 1943 geliefert werden sollte. Dies ist die Me 323 D-5 gewesen. In einer Flugzeugmusterübersicht des GL/A-Rü vom 1.6.1942 stehen beim Lastensegler Me 321 als Schleppflugzeuge 3 He 111 H-5, H-6 oder Me 323 D5 oder 1 He 111 Z. Die Me 323 D-5 war demnach zeitweise als Schleppflugzeug für die Me 321 vorgesehen. Von der D-3 unterschied sie sich wohl zunächst nur durch Verstärkungsmaßnahmen in Rumpf und Flügel, die eine höhere Lastaufnahme gestatteten. Die geplante Verwendung der Ju 88-Triebwerke beschied der Me 323 D-5 das gleiche Schicksal wie der D-3.

Da sich die ursprüngliche Bewaffnung der Me 323 D-6 als unzulänglich erwies, wurde von der Truppe ein B-Stand der He 111 nachgerüstet, und teilweise mit zwei MGs bestückt. (Petrick)

So sahen die Triebwerke der Me 323 D-6 (und abgesehen von den Propellern auch die der Me 323 D-2) aus. Die Leo-Triebwerke erkennt man auch an den auffälligen, nach oben und unten führenden Rohren der Luftzufuhr für die Öl-kühler. Der eckige Kasten davor ist der Auslass der Kühlluft. Die Triebwerke 1 bis 3 der linken Seite waren inklusive Ölkühleranordnung und Luftansaugung spiegelbildlich. (Mankau)

Me 323 D-6

Bezeichnung: Transportflugzeug für Truppen und Gerät
Kennzeichen: sechs Leo-Triebwerke mit Ratier Verstellpropeller

Die Baureihen Me 323 D-1, D-2 und D-6 werden im Flugzeughandbuch D (Luft) T 2323, Ausgabe 1943 beschrieben. Demnach entsprach die Baureihe Me 323 D-6 der D-2, jedoch waren die Heine-Luftschrauben durch die schon an der Me 323 D-1 verwendeten Ratier-Propeller ersetzt. Außerdem hatte sie die normale, und nicht die weiche Motorlagerung. Diese Baureihe entstand als Aus-

weichlösung für die mit Problemen behaftete D-2, und nachdem die D-3 und D-5 schon abgesetzt waren. Die Lösung der Schwingungsprobleme verzögerte den Serienanlauf der Me 323 D-2 so, dass die Me 323 D-6 zum Teil noch vor der Baureihe D-2 produziert wurde. Im Lieferprogramm vom 12.4.43 war vorgesehen, bis Juni 1943 von der D-6 zehn Stück in Leipheim und 29 in Obertraubling bauen zu lassen. Nach dem Lieferprogramm vom 15.5.1944 sind 55 Me 323 D-6 gebaut worden.

Nach Verbrauch der aus französischen Flugzeugen ausgebauten und in Frankreich gefundenen fertigen Motoren, wurden in Frankreich 1000 Triebwerke aus vorhan-

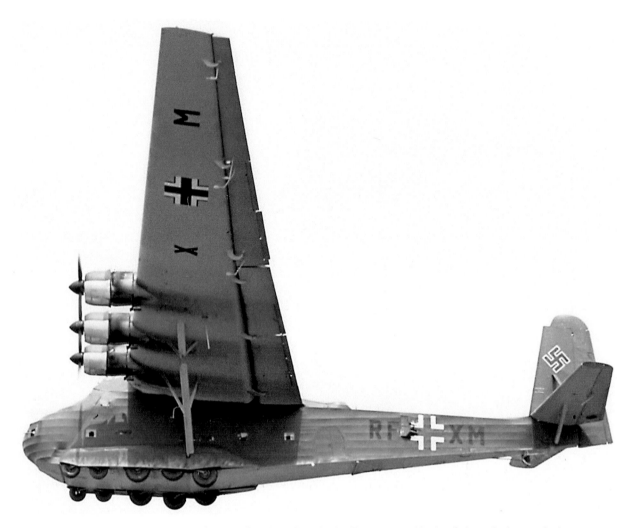

Etwa ab Frühjahr 1943 gehörten zwei MG 131 in Ständen mitten in den Bugtoren und in den Seitenständen zur Serienausstattung der Me 323 D-6. Die RF+XM (W.Nr. 1139) aus der Leipheimer Produktion hat schon die verstärkte Bewaffnung. (Petrick)

denen Teilen nachgefertigt. Dies scheint in der Form der Leo-Triebwerke der Me 323 D-6 erfolgt zu sein.

Da sich die ursprüngliche Bewaffnung der Me 323 D-1 und D-2 als viel zu schwach erwies, wurde sie in vorhandenen Flugzeugen nachträglich verstärkt und in späteren Me 323 D-6 serienmäßig in verstärkter Version verbaut.

Me 323: 1942 geplante Weiterentwicklungen

Die Baureihen Me 323 D-1 und D-2 waren aus Leistungsgründen auf ein maximales Fluggewicht von 50 t bei 14 t Nutzlast beschränkt, erlaubten aber, wie Verladeübungen zeigten, räumlich die Beladung mit einen 22 t-Panzer. Um dies umzusetzen, wollten Messerschmitt, die Erprobungsstelle und das RLM gerne das Flugzeug mit stärkeren Triebwerken ausrüsten.

Ende Juli 1942 wurde das 60 t-Flugzeug mit 6 x Jumo 211 J im Ju 88 Triebwerk vorgeschlagen. Damit hatte die Me 323 eine Gipfelhöhe von 4000 m. Allerdings musste die Kabine herausgerückt werden, was umfangreiche Gerüst- und Statikänderungen im Vorderteil des Flugzeu-

Äußeres Merkmal der Me 323 E-1 waren die beiden EDL 151/20-Waffentürme auf dem Flügel. Das Bild zeigt die ursprüngliche kurze Form des Sockels. (Bundesarchiv Koblenz 10 1I-667-7148-32)

Später wurde der Sockel aus aerodynamischen Gründen verlängert. (JET & PROP)

ges bedeutete. In diesem Zusammenhang wurde in den Folgemonaten auch die Ausrüstung mit 6 x Alfa Romeo oder 6 x DB 603 oder 6 x BMW 801 untersucht.

Als dritte Stufe wurde im Herbst 1942 eine 75 t-Zelle mit Einbau von 6 x DB 603 bzw. BMW 801 oder vergleichbaren Triebwerken angedacht. Das Amt konnte sich jedoch nicht rechtzeitig entschließen, eine der Varianten entwickeln zu lassen. Damit sah man sich Anfang 1943 vor der Situation, die Me 323 nur weiter produzieren zu können, wenn die Zelle möglichst unverändert blieb.

Me 323 E

Laut Luftschiffbau Zeppelin GmbH seit Sommer 1943 produzierte Baureihe mit erhöhter Festigkeit (Austausch von einigen Gitterstäben) und verstärkter Bewaffnung. Sie wurde von Zeppelin betreut und gebaut.

Bedingt durch die zögerliche Haltung des RLM im Jahr 1942 konnte der ursprünglich Mitte 1943 vorgesehene Übergang auf eine Me 323 mit Jumo 211-Motoren nicht erfolgen. Somit fehlte der Anschluss an die mit Beutemotoren ausgestattete D-Baureihe. Mit der Anfang 1943 beschlossenen Nachfertigung des Gnôme et Rhône 14 N

Triebwerke der Me 323 E-1. Man erkennt die Beule unter dem EDL 151/20-Waffenturm. Typisch für die Baureihe E-1 ist auch der aufgesetzte Lufteinlass vor dem Maschinistenraum. (Bundesarchiv Koblenz 10 1I-667-7148-35)

entspannte sich jedoch die Motorensituation, und die Me 323-Variante mit He 111-Triebwerk konnte nach hinten verschoben werden. Messerschmitt/Zeppelin plante daher die Einschaltung einer Zwischenbaureihe, die im Wesentlichen der Me 323 D-6 entsprach und die Zellenverstärkung und die verbesserte Bewaffnung der Me 323 F vorwegnahm. Im Frühsommer 1943 wurde in Leitheim die Me 323 V 15 mit zwei HDL 151/20-Türmen auf dem Flügel nachgerüstet. Wegen des hohen Widerstandes wurden die jedoch bald gegen EDL 151/20 mit flachen Kuppeln ausgetauscht. Nach der Erprobung in Tarnewitz und einigen Modifikationen durch Luftschiffbau Zeppelin ging die derart ausgerüstete Me 323 E-1 im September 1943 in Produktion. Zu den Änderungen gegenüber der Me 323 D-6 gehörten auch verbesserte, integrierte seitliche Waffenstände.

Me 323 E-1

Bezeichnung: Transportflugzeug für Truppen und Gerät
Kennzeichen: sechs Leo-Triebwerke mit Ratier-Verstellpropeller, erhöhte Festigkeit, verstärkte Rumpf- und Flügelbewaffnung

Im Lieferplan vom 12.4.1943 war der Bau von 40 Me 323 E-1 in Leipheim und 70 in Obertraubling in der Zeit von Oktober 1943 bis April 1944 vorgesehen. Der Plan sah eine Produktionslücke von zwei Monaten zwischen Auslauf der Me 323 D und Anlauf der Me 323 E-1 vor. Nach den C-Amts-Monatsmeldungen sind jedoch 1943 nur 20 Me 323 E-1 aus Leipheim und sieben aus Obertraubling an die Luftwaffe geliefert worden. Bis zum April 1944 folgten weitere 19 aus Leipheim und drei aus Obertraub-

DH 151/1-Drehturm im Bug.
(Hellwig)

ling. Auch im Flugzeugprogramm vom 15.5.1944 werden die 56 Me 323 E-1 aufgeführt.

Me 323 E-2

In der Literatur wird häufig die Baureihe E-2 erwähnt. Für deren Existenz habe ich keine Anhaltspunkte in den Dokumenten gefunden. Die C-Amts-Monatsmeldungen von GL/C-2 weisen bis April 1944, d.h. dem Produktionsende der Me 323, nur die Auslieferung von Me 323 E-1 auf. Im Flugzeug-Programm vom 15.5.44 ist ebenfalls keine Me 323 E-2 aufgeführt. Wenn es die Me 323 E-2 gegeben haben sollte, dann nur als Umbau aus vorhandenen Maschinen.

Me 323 Waffenträger

Die hohen Verluste beim Einsatz über dem Mittelmeer haben bei der Luftwaffe den Wunsch nach besseren Schutzmaßnahmen für die Me 323 geweckt. Zunächst wurden die Maschinen besser bewaffnet, aber es entstand auch

die Idee, den Transportern besonders stark bewaffnete Me 323-Waffenträger als Schutz mitzugeben. Auch nach der Kapitulation des Afrikakorps wurde die Idee weiter verfolgt, und im Herbst 1943 entstand eine Mustermaschine, bei der man die normale Bewaffnung der Me 323 E-1 auf vier EDL 151/20 auf dem Flügel, einen DH 151/1 Drehturm im Bug, zwei MG 131 in Walzenlafetten im festgestellten Bugtor, zwei MG 151 L 151/3-Stände unmittelbar hinter dem Bugtor, zwei MG 151 L 151/3 in den hinteren Seitenständen und zwei MG 131 in Walzenlafetten hinten im Rumpfboden ergänzte. Alle Stände waren gepanzert und zur elektrischen Versorgung der Waffen wurde ein gepanzertes Stromaggregat eingebaut. Die Besatzung bestand aus ca. 20 Mann. Neben dem Bau der Mustermaschine sind noch die SL+HT(W.Nr. 1298), C8+GL (W.Nr. 330004), und RL+UE (W.Nr. vermutlich 330005) bekannt. Weitere, im Umbau befindliche Waffenträger wurden am 24.4.1944 bei einem Bombenangriff auf Leipheim zerstört.

Das Bild zeigt die inneren EDL 151, die Plexiglasabdeckung der Funkkabine, und den He 111-B-Stand auf dem Kabinendach. Der war beim Waffenträger aber unbewaffnet, und könnte als Arbeitsplatz eines Feuerleitoffiziers gedient haben. (Hellwig)

Auf demBild sieht man den DH 151/1-Drehturm, einen MG 131-Stand dahinter, und zwei MG 151/3-Stände in der Rumpfseite der RL+UE. (Hellwig)

Dieses Foto der SL+HT wurde wohl retuschiert. Dadurch entfiel der Stand hinten im Rumpf. Die mittleren EDL 151 haben keine Waffenläufe und die äußeren sind übermalt. (Nowarra)

Me 323 F

Bezeichnung: Transportflugzeug für Truppen und Gerät
Kennzeichen: sechs He 111-Triebwerke, verlegte Kanzel, aerodynamisch und konstruktiv verbessert, höhere Nutzlast

Der Mangel an Gnôme et Rhône 14 N 48/49-Motoren veranlasste das RLM nach Ausweichlösungen zu suchen. Dazu gehörte in erster Linie der Jumo 211 J im Ju 88 Triebwerk (vgl. Me 323 D-3). Wegen der schlechten Sichtverhältnisse wurde die Lösung verworfen. Im Dezember 1942 wurde zum ersten Mal vom Beschaffungsamt die Verwendung des Jumo 211 im He 111-Triebwerk für möglich gehalten. Da dieses Triebwerk wesentlich schmaler war, waren die Sichtverhältnisse besser als bei der aktuellen Serie.

Zeppelin schlug daraufhin eine neue Baureihe vor, die unter Benutzung der Jumo 211 F und mit wenigen Änderungen am Basisflugzeug bessere Steuereigenschaften, höhere Nutzlast, und größere Reichweite aufweisen sollte. Um der Forderung nach besserer Abwehrbewaffnung zu genügen, war geplant, in der Rumpfspitze zwei MG 81 Z bzw. MG 131 unterzubringen. Die Beulen links und rechts hinten im Rumpf sollten mit handbedienten MG 151 ausgestattet werden, und auf der Flügelmitte hinter dem Holm war ein HD 151 Stand vorgesehen. Statt der zwei Maschinistenstände war einer in der rechten Flügelnase neben der Kanzel vorgesehen, und der Funkerstand gegenüber.

Am 8.1.1943 wurde in der Entwicklungsbesprechung beim GL vorgeschlagen, die Planung der Me 323 mit He 111-Triebwerk zu beginnen, und die Mustermaschine bei Zeppelin in Auftrag zu geben. Zeppelin stellte bis zum 6.7.1943 die Konstruktionszeichnungen fertig. Die Waffenanlage wurde in der Zeit auf zwei EDL 151/20 umgestellt.

Als endgültige Lösung für die Me 323 beabsichtigte der GL am 8.1.43 den Gnôme et Rhône 14 R zu verwenden, jedoch war die Fertigungsstraße dafür noch nicht fertig. Da man davon ausging, noch 500 Gnôme et Rhône 14 N zu haben, und bis zum Serienanlauf des 14 R 1200 Triebwerke zu benötigen, sollten die fehlenden 700 Triebwerke (d.h. ungefähr 100 Flugzeuge) durch den Jumo 211 gestellt werden. Ab Januar 1943 besserte sich jedoch die Motorenlage durch die Neufertigung des Gnôme et Rhô-

ne 14 N, und man ging jetzt von einem Wechsel im Jahr 1944 aus. Am 5.3.1943 war geplant, die Ausbringung der Me 323 von 20 auf 30 pro Monat zu erhöhen, und man glaubte diese Zahl, falls gefordert, 1945 noch steigern zu können. Der Einsatz des Jumo 211 F war daher dringend nötig und der Serienanlauf des Gnôme et Rhône 14 R sinnvoll. Messerschmitt plante am 12.4.43 in der Zeit von Februar bis September 1944 in Leipheim 40 und in Obertraubling 60 Me 323 F-1 bauen zu lassen. Denen sollten von Juni bis November 1944 40 Me 323 F-2 in Leipheim und 60 F-2 in Obertraubling folgen.

Die Unterschiede zwischen den beiden Baureihen sind mir nicht bekannt.

Im August 1943 wurde die Fertigung der Me 323 jedoch zugunsten der Jägerfertigung auf acht pro Monat festgelegt, und die Gnôme et Rhône 14 N reichten noch so weit, dass die Jumo-Version Me 323 F überflüssig wurde. Dementsprechend kam im Flugzeugprogramm vom 16.8.1943 die Me 323 F nicht mehr vor. Fertig wurde Ende 1943 nur der Prototyp Me 323 V16 (Erprobung im Frühjahr 1944).

Über das Schicksal des zweiten Prototypen Me 323 V 17 ist mir nur bekannt, dass die dafür notwendigen He 111-Triebwerke zusammen mit denen für die V16 im Oktober 1943 geliefert werden sollten.

Somit war zunächst der direkte Übergang von der Me 323 E auf die G geplant. Da die G aber aus Mangel an Konstrukteuren Ende 1943 noch nicht durchkonstruiert war, wurde geplant, die fertig konstruierte Me 323 F, die wegen der moderaten Änderungen zur Me 323 E auch fertigungsmäßig einfacher zu handhaben war, mit Gnôme et Rhône 14 R zu bauen. Im Lieferplan 225/1 des RLM vom 1.12.43 war der Bau von 64 Me 323 F mit Gnôme et Rhône 14 R vorgesehen. Durch weiteren Abzug von Konstrukteuren bei Zeppelin verzögerte sich die Me 323 G zusätzlich, so dass im Februar 1944 der Bau von 110 Me 323 F mit Gnôme et Rhône 14 R nötig schien. Da die Serienfertigung der Me 323 Anfang 1944 auf so kleine Stückzahlen abgesunken war, dass der Sinn des Serienbaus des Gnôme et Rhône 14 R hinterfragt wurde, wurde im Januar und Februar auch die Ausrüstung der Me 323 F mit BMW 801 erwogen. All diese Planungen wurden mit dem Absetzen der Me 323 von der Produktionsliste am 4.3.1944 Makulatur.

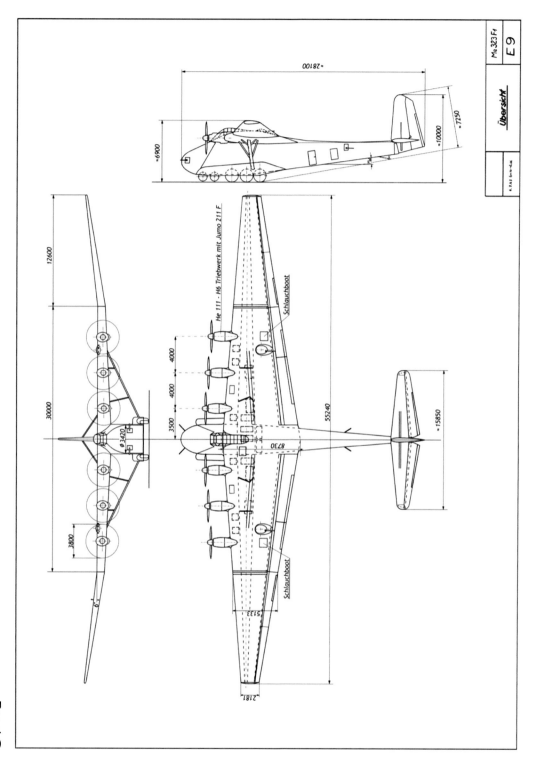

Nach Zeichnung
der Me 323 F-1
vom 6.7.1943.
(Mankau)

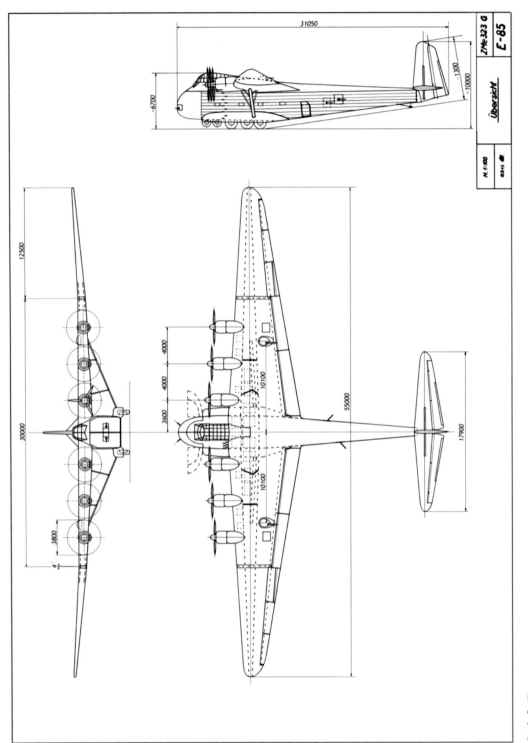

Nach Zeichnung
der Me 323 G
vom 18.9.1943.
(Mankau)

Deutsche Lastensegler

Z Me 323 G

Bezeichnung: Transportflugzeug für Truppen und Gerät
Kennzeichen: sechs GR 14 R-Triebwerke, weitgehend neu konstruiert

Nach Ende des Frankreichfeldzuges fanden die Deutschen dort nicht nur fertige Flugzeuge, Motoren und Fertigungsstätten vor, sondern auch das abgeschlossene Entwicklungsprojekt Gnôme et Rhône 14 R, das ungefähr dem BMW 801 A entsprach. 1942 wurden von dem Motor Prototypen gebaut und auf dem Prüfstand und in einem Jäger erprobt. Die Beurteilung war so gut, dass das RLM am 8.1.1943 plante, diesen Motor für die Me 323 ab Anfang 1944 mit monatlich 80 bis 100 Stück in Paris bauen zu lassen.

Parallel zur Me 323 F, die sich – abgesehen von den Triebwerken, dem Leitwerk und der höher gelegten Kanzel – nur wenig von der Baureihe E unterschied, entwickelte Zeppelin die Baureihe G mit Gnôme et Rhône 14 R. Für die waren erhebliche aerodynamische Verbesserungen, strukturelle Verstärkungen, eine höher- und vorverlegte Kanzel und ein neues stärkeres Fahrwerk vorgesehen. Am 12.4.1934 plante Messerschmitt (bzw. Zeppelin), von Januar bis Juli 1944 sieben Prototypen der Me 323 G-1 bauen zu lassen. Im September 1944 war der Serienanlauf vorgesehen. Ab Januar 1945 sollten dann monatlich zwölf Stück in Leipheim und 18 Stück in Obertraubling gefertigt werden. Die Konstruktion war Ende 1943 weitgehend abgeschlossen. Kriegsbedingt hatten sich die Entwicklung und auch der Produktionslauf des Gnôme et Rhône 14 R verzögert, so dass in der Planung vom September 1943 der Serienanlauf der Z Me 323 G für Oktober 1944 bei einer Stückzahl von monatlich acht Stück vorgesehen war. Am 1.2.1944 wurde in einer Amtschefbesprechung vorgeschlagen, den Gnôme et Rhône 14 R abzusetzen, und stattdessen den BMW 801 für die Me 323 zu nehmen. Zu dem Zeitpunkt wurde die Me 323 nur noch mit sechs Stück pro Monat gefordert. Dafür lohnte sich die Produktion eines Motors nicht, und erst recht nicht die Modifikation der Maschine. Somit war die Variante G gestorben.

Z Me 323 H

Bezeichnung: Transportflugzeug für Truppen und Gerät
Kennzeichen: sechs BMW 801-Triebwerke, Zelle ähnlich Me 323 F, neues Sechsradfahrwerk

Der Entwurf Z Me 323 H datiert vom 18.5.1944. Zu dem Zeitpunkt war die Produktion eingestellt, und an den Versionen Me 323 F und Z Me 323G wurde nicht mehr gearbeitet. Um für den Fall eines Wiederanlaufs eine fertige Konstruktion zu haben, wollte Chefkonstrukteur Walter Stender die Baureihe H durchkonstruieren. Infolge fehlender Entwicklungskapazität sollte nicht auf die noch nicht zu Ende konstruierte Z Me 323 G, sondern auf die Me 323 F zurückgegriffen werden, und es waren nur minimale Änderungen beabsichtigt. Eingeplant waren BMW 801-Triebwerke, die eine Erhöhung der Transportlast von maximal 11 t auf 20 t gestatteten. Die höhere Last machte strukturelle Verstärkungen und ein angepasstes Fahrwerk nötig. Zusammen mit den schwereren Triebwerken erhöhte sich das normale Abfluggewicht von 45 t auf 58 t. Um die schlechten Sichtverhältnisse zu beheben, sollte die Kanzel um 25 cm angehoben und durch ein gewölbtes Dach abgedeckt werden. Die Mechanikerräume wurden dicht neben den Rumpf verlegt und das leichtere Leitwerk der Me 323 F vorgesehen. Zur Verbesserung der Aerodynamik wurden der Rumpf vor der Kanzel besser gerundet und hinter dem Flügel erhöht und stärker gerundet. Die Außenflügel sollten mit Sperrholzbeplankung günstiger hergestellt werden. Infolge der Kriegsereignisse ist es bei dem Projekt geblieben.

Me 323 Bewaffnung

In der Literatur wird in der Regel darauf hingewiesen, dass die Me 323 wegen ihrer Größe, der geringen Geschwindigkeit und unzureichenden Bewaffnung eine leichte Beute für feindliche Jäger war. Dabei wird übersehen, dass dies für nahezu alle bekannten Transportflugzeuge galt und noch gilt. Derartige Transporter werden in sicheren Gebieten oder unter Jagdschutz eingesetzt. Die hohen Verluste der Me 323 lagen daran, dass die Luftwaffe sie ohne Jagdschutz in Reichweite des Feindes einsetzte. Um den nicht vorhandenen Jagdschutz auszugleichen, wurde die zunächst kaum bewaffnete Me 323 im Laufe der Zeit mit immer mehr Abwehrwaffen bestückt, was auf Kosten der Nutzlast ging.

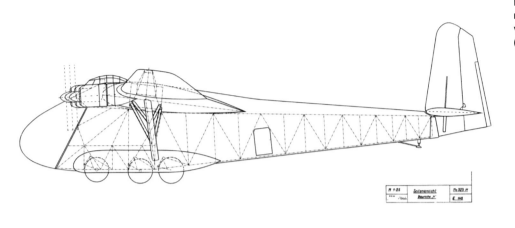

Nach einer Zeich-
nung der Z Me 323 H
vom 11.5.1944.
(Mankau)

Ursprünglich war
vorgesehen, die
Me 323 nur mit
In-fantriewaffen
(MG 34) zu
bestücken.
(Messerschmitt)

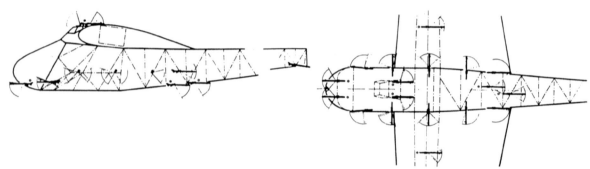

Die Prototypen der Me 323 waren unbewaffnet, obwohl die zeitgleich gebauten Me 321 B schon Erker in den Bugtoren aufwiesen. (Deutsches Museum)

Wie die Me 321 B bekam auch ein großer Teil der Me 323 die Plexiglashauben oben in den Bugtoren. Vielfach waren die aber nicht mit Waffen bestückt. (Bachmann)

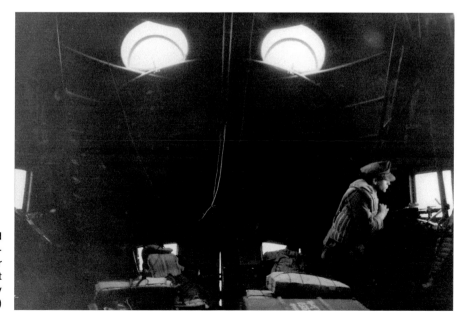

Die unteren Waffenstände sind besetzt. Die oberen spenden nur Licht, wodurch der Luftraum nach vorn oben nicht gedeckt ist. (Bundesarchiv Koblenz 10 1I-552-0822-17)

Da die Me 323 in der Regel keinen Zwischenboden hatte, von dem aus MGs oben im Bugtor bedient werden konnten, musste, wie bei dieser Me 323 D-2, eine Hilfskonstruktion mit Leiter und Sitzgurt geschaffen werden. (Radinger)

Als Folge der bitteren Erfahrungen im Einsatz wurde in Frontwerften ein He 111 B-Stand oben auf der Kanzel mit MGs nach hinten und teilweise auch nach vorn sowie MG 131 Stände unten in den Bugtoren der Me 323 D-1 bis D-6 nachgerüstet. (Bundesarchiv Koblenz 10 1I-5587-1051-18)

Der von den Werften kreierten Notlösung folgte eine besser eingepasste Serienausführung, die hier in eine Me 323 D-1 eingebaut ist. Das Flugzeug hat jedoch keinen He 111 B-Stand auf der Kanzel. (Petrick)

Diese Me 323 D-6 hat, wie alle Me 323 D die Waffenstände hinter dem Flügel auf dem Rumpf, den nachgerüsteten He 111 Stand auf der Kanzel und, wie alle späten D-6, aufgesetzte gepanzerte Stände seitlich am Rumpf. (Hellwig)

Baureihenübersicht

Ein paar Me 323 D-1 und der größte Teil der Me 323 D-6 bekamen schon in der Produktion neu entwickelte A-Stände mit MG 131. In der tiefen Position ließen sich die Waffen viel einfacher bedienen als auf der Leiter oben im Tor. (Bundesarchiv Koblenz 101I-628-3486-12)

Gegenüber der Me 323 D-6 hatte die Me 323 E-1 EDL 151/20 im Flügel und integrierte seitliche MG-Stände. (Bundesarchiv Koblenz 101I-499-0072-22)

In der endgültigen Ausführung lief der Sockel weit nach hinten aus. Aus Platzgründen befand sich unter der EDL eine Beule unter der Tragfläche. (Petrick)

Die Me 323 E-1 hatte serienmäßig statt der Beulen auf dem Rumpf zwei EDL für MG 151/20 auf dem Flügel. Auch der He 111 B-Stand war serienmäßig vorhanden. Hier sitzen die EDL auf den anfänglich kurzen Sockeln. (Bundesarchiv Koblenz 10 1I-668-7197-16)

Die Seitenstände der Me 323 D-6 RF+XA im Vergleich zur Me 323 E-1 RF+XW, eine der ersten Maschinen des Typs aus Leipheim. (Radinger)

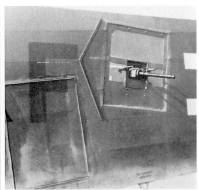

Me 323 Triebwerke

Der Gnôme et Rhône 14 N mit 1180 PS war im Bloch-
und Leo-Triebwerk der Standardmotor der Me 323 D-1,
D-2 und D-6. Er bewährte sich gut, war zunächst schwer
zu beschaffen, stand aber letztlich als Nachbau in genügender Stückzahl zur Verfügung, um alle gebauten Me
323-Serienflugzeuge zu bestücken. Er erlaubte zwar
nicht die ursprünglich beabsichtigten Zuladungen der Me
323, machte sie aber trotzdem zu einem recht brauchbaren Transportflugzeug

Die Me 323 D-3 und D-5 sollten in der Überbrü-
ckungsphase zwischen auslaufendem Gnôme et Rhône
14 N und neu anlaufendem Gnôme et Rhône 14 R den
Jumo 211 J (1340 PS) im Ju 88-Triebwerk erhalten, der
auch eine erhöhte Nutzlast zuließ. Mit dem großen Küh-
lerdurchmesser wurde jedoch die Sicht so schlecht, dass
man davon Abstand nahm, und die Baureihen entfallen
ließ. Stattdessen wurden die Baureihen Me 323 F-1 und
F-2 mit Jumo 211 F im He 111-Triebwerk geplant. Sie
gingen aber auch nicht in Serie, da die 1943 gestartete
Neuproduktion des Gnôme et Rhône 14 N zunächst den
Bedarf deckte, und sie ohnehin nur als Zwischenlösung
geplant waren.

Gnôme et Rhône 14 N. (Handbuch)

Bloch-Triebwerk mit dem Ölkühler unter dem Triebwerksgerüst und Leo-Triebwerk mit seitlichem Ölkühler. (Handbuch)

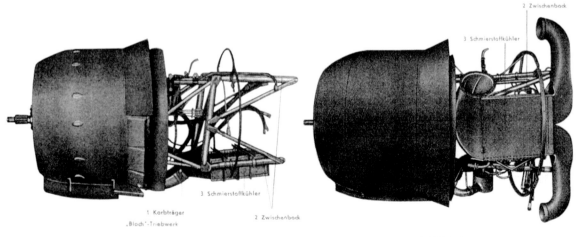

Ju 88 mit Jumo 211 J
und Stirnkühler.
(Nowarra)

He 111 Z mit Jumo
211 F und Einziehküh-
ler. (Lutz)

Der Gnôme et Rhône 14 R, der mit 1600 PS ungefähr dem BMW 801 A entsprach, wurde lange Zeit vom RLM als endgültige Motorvariante der Me 323 in der Baureihe G angesehen. Infolge der sich verschlechternden Kriegssituation blieb es beim Bau eines Jägers Bloch 157 mit diesem Motor und der Produktionsvorbereitung in Paris. Über die für die Me 323 G geplante Triebwerksgestaltung liegen keine Informationen vor. Im Zweiten Weltkrieg lief die Produktion des Gnôme et Rhône 14 R nicht mehr an. 1949 wurde ein Prototyp der Noratlas damit ausgerüstet, aber zu dem Zeitpunkt reichte die Leistung nicht mehr aus, so dass die Noratlas in der Serie Bristol-Motoren erhielt.

Bloch 157 mit Gnôme et Rhône 14 R. (Mankau)

Anfang 1944 wurde auch der BMW 801 mit 1600 PS in die Planung für die Me 323 H einbezogen. Da die Produktion aber schon für die Fw 190 nicht ausreichte, war die Planung wenig realistisch.

BMW 801 in der Fertigung. (Mankau)

Anhang

Typenaufstellung DFS 230 und Datenblattangaben der Gothaer Waggonfabrik			
Baureihe	A-1, A-2, B-1, B-2	C-1, V 6	D-1
Baujahr	1939	1943	1944
Leergewicht		940 kg	990 kg
Rüstgewicht	(812) 860 kg	1050 kg	1050 kg
Zuladung	(1288) 1240 kg	1100 kg	1100 kg
Fluggewicht	2100 kg	2150 kg	2150 kg
Spannweite	21,98 m	22,28 m	19,10 m
Rumpfbreite	0,80 m		
Länge	11,24 m	11,00 m	11,00 m
Ladelänge	5,40 m	5,40 m	5,40 m
Ladehöhe	1,30 m	1,30 m	1,30 m
Ladebreite	0,70 m	1,00 m	1,00 m
Zulässige Schleppgesch.	(185) 215 km/h	260 km/h	300 km/h
Gleitgeschw.	290 km/h	290 km/h	300 km/h
Landegeschw.	87 km/h	88 km/h	90 km/h
Rumpf	Stahlrohr, Gitter, stoffbespannt	Stahlrohr, Gliederbauweise, stoffbespannt	
Seitenleitwerk	Holz, Flosse mit Sperrholz und Ruder mit Stoff bespannt		
Höhenleitwerk	Holz, Flosse mit Sperrholz und Ruder mit Stoff bespannt		
Tragwerk	Holz, einholmig, Sperrholznase, stoffbespannt		
Fahrwerk	Kufe, abwerfbares Fahrwerk, Reifen 650 x 180 mm, Spur 1,185 m	V-6 mit Start u. Landefahrwerk und Stahlkeilkufe, Reifen 660 x 180, Abstützstrebe nach vorn, Spur 1,4 m, 230 C-1 Kufe, abwerfbares Fahrwerk	Kufe, abwerfbares Fahrwerk
Sitze	A-1: 1 + 9 A-2: 1 + 9 (1 + 5) B-2: 2 + 7	1 + 9 hintereinander auf Sitzbank im Reitsitz	
Bemerkungen	Schmaler Rumpf , A 1 bis A 3 mit Einfachsteuer, B1/B2 mit Doppelsteuer	Verbreiteter Rumpf	Verbreiteter Rumpf, verkürzte Flügel, verstärktes Leitwerk

Typenaufstellung Go 242/DFS 331				
Baureihe	Go 242 A-1/A-2	Go 242 B-1/B-3	Go 242 B-2/ 4/ 5	DFS 331
Baujahr	1941	1942	1943	1941
Rüstgewicht*	A-1: 3236 kg A-2: 3436 kg	B-1: 3436 kg B-3: 3780 kg	B-2: 3836 kg B-2***: 3586 kg B-4***: 3880 kg B-5***: 3586 kg	2270 kg
Zuladung*	A-1: 3564 kg** A-2: 3364 kg**	B-1: 3364 kg B-3: 3020 kg	B-2: 2964 kg B-2***: 3214 kg B-4***: 2920 kg B-5***: 3214 kg	2500 kg
Zuladung, Start von Betonbahn	A-1: 4046 kg** A-2: 3864 kg**	Zuladung um 300 kg erhöht		
Fluggewicht normal	6800 kg**	6800 kg	6800 kg	4770 kg
Fluggew., Start von Betonbahn	7300 kg**	7100 kg	7100 kg	
Spannweite	24,5 m			23 m
Rumpfbreite	2,6 m			2,56 m
Länge	15,8 m			15,81 m
Ladelänge	6 m			
Ladehöhe	1,9 m			
Ladebreite	2 m			
Schleppgesch.	maximal 240 km/h			270 km/h
Gleitgeschw.	maximal 290 km/h			330 km/h
Landegeschw.	leer 105 km/h, beladen 140 km/h			
Rumpf	Stahlrohr, Gitter, stoffbespannt			
Seitenleitwerk	Holz, , Flosse sperrholzbeplankt, Ruder stoffbespannt			
Höhenleitwerk	Holz, zweiholmig, Flosse sperrholzbeplankt, Ruder stoffbespannt			
Tragwerk	Holz, 1-holmig mit Torsionsnase, stoffbespannt			
Fahrwerk	3 Kufen, abwerfbares Stahlrohrfachwerk, Reifen 875 x 320 mm, (auch 950 x 350 mm) Spur 3,12 m	Bugrad, festes Fahrwerk mit durchgehender Achse, Reifen 950 x 350, Einfachbremse, Spur 3,23 m	Bugrad, festes Fahrwerk mit Federstreben, Reifen 935 x 345, Duobremse, Spur 3,4 m	2 Kufen, Sporn, abwerfbares Fahrwerk,
Sitze	2 + maximal 27 Fallschirmjäger			1 + 18
Bemerkungen aus Typenaufstellung und Datenblättern	A-1 mit 6 t Bugkupplung, A-2 mit 10 t Bug- und 6 t Heckkupplung und Bremsschirm	B-3 mit Springersatz im Heck	10 t Bug- und 6 t Heckkupplung, B-4 mit Springersatz im Heck	

* Gewichtsangaben Go 242 nach Aktenverm. Festigkeitsprüfstelle Az.89/C-E 2/FP IM Nr. 5337/12/43
** Gewichtsangaben für Go 242 mit abwerfbarem Fahrwerk 950x350 und einmaligem Einsatz. Bei mehrmaligen Einsatz verringern sich Zuladung und Fluggewicht um 1100 kg. Mit Fahrwerk 875x320 verringern sich Zuladung und Fluggewicht um jeweils 300 kg.
*** Go 242 mit schwachem Fußboden

Typenaufstellung Lastensegler (Nachfolger für Ju 388-Schlepp)				
Baureihe	DFS 230 E-1 DFS 230 V 7	Ka 430	Go 345 Segler (Go 345 V4)	Go 345 Motorflugzeug (Go 345 V1)
Baujahr	1944	1944	1944	1944
Leergewicht	1253 kg	1750 kg	2395 kg	2471 kg
Rüstgewicht	1300 kg	1810 kg		
Zuladung	1700 kg	2790 kg	3605 kg	3558 kg
Fluggewicht	3000 kg	4600 kg	6000 kg	6029 kg
Spannweite	19,40 m	19,5 m	21,00 m	21,00 m
Rumpfbreite	1,72 m	2,06 m	1,8 m	1,8 m
Länge	12,50 m	13,35 m	13,00 m	13,00 m
Ladelänge	4,50 m	3,65 m	4,0 m	4,0 m
Ladehöhe	1,50 m	1,3 m	1,56 m	1,56 m
Ladebreite	1,50 m	1,45 m	1,4 m	1,4 m
Zulässige Schleppgesch.	300 km/h	320 km/h	310 km/h	350 km/h
Gleitgeschw.	300 km/h		370 km/h	420 km/h
Landegeschw.	96 km/h		120 km/h	120 km/h
Rumpf	Stahlrohr, Gliederbauweise, stoffbespannt	Stahlrohr, Gitter, stoffbespannt		
Seitenleitwerk	Holz, Flosse und Ruder mit Stoff bespannt	Holz, Flosse mit Sperrholz beplankt, Ruder mit Stoff bespannt		
Höhenleitwerk	Holz, Flosse und Ruder mit Stoff bespannt	Holz, Flosse mit Sperrholz beplankt, Ruder mit Stoff bespannt		
Tragwerk	Kiefer, Stahl, Hauptholm, Hilfsholm vorn, Torsionsröhre vor dem Hauptholm, dahinter bespannt, Abstützstrebe	Holz, 1-holmig, Torsionsröhre vor dem Hauptholm mit Sperrholz beplankt, hinten bespannt	Holz, 1-holmig, mit Sperrholz beplankt	Holz, 1-holmig, mit Sperrholz beplankt,1600 kg Tanks vor Hauptholm, 2 Argus Schubrohre unter dem Flügel
Fahrwerk	2 Federstreben, Sporn, Reifen 660 x 160 mm, Spur 1,96 m	2 Federstreben, Bugrad, Spur 2,11 m	2 Federstreben, Bugrad	Kufe und abwerfbares Fahrwerk
Sitze	2 + 15, Besatzung nebeneinander, sonst nach Wahl	2 +	2 + 10, Besatzung nebeneinander, sonst nach Wahl	
Bemerkungen	Breiter Rumpf, verkürzte Flügel, neue Leitwerke			Punktlandung nur mit 1630 kg Zuladung

Typenaufstellung Behelfstransporter, Projekte				
Baureihe	Go 244 B-1	Go 244 C-2	P-35	P-39
Baujahr	1942	1942	1942	1942
Motor	G&R 14 M 6/7	G&R 14 M 4/5	Bramo 323 P	Bramo 323 P
Startleistung	2 x 700 PS	2 x 700 PS	2 x 1000 PS	3 x 1000 PS
Propeller	verstellbar, 2,55 m Ø, 3-Blatt	fest, 2,7 m Ø, 4-Blatt	verstellbar, 3,7 m Ø, 3-Blatt	verstellbar, 3,7 m Ø, 3-Blatt
Leergewicht	5100 kg	5380 kg*		
Rüstgewicht	5224 kg	5500 kg		
Nutzlast	770 kg	560 kg	2500 kg	4000 kg
Fluggewicht	6800 kg	6800 kg	11500 kg	16000 kg
Spannweite		24,5 m	29,8 m	36,3 m
Rumpfbreite		2,6 m		
Länge		15,8 m		24,0 m
Ladelänge		6 m		6,5 m
Ladehöhe		1,9 m		2,2 m
Ladebreite		2 m		2,5 m
Höchstgeschw.	290 km/h	255 km/h		350 km/h
Reisegeschw.	250 km/h	190 km/h	250 km/h	270 km/h
Landegeschw.	125 km/h	125 km/h	110 km/h	109 km/h
Steiggeschw.	2,7 m/sec	1,6 m/sec		4,4 m/sec
Gipfelhöhe		ca. 8350 m		7900 m
Reichweite		480 km im Sparflug	1300 km	1600 km
Rumpf	Stahlrohr, Gitter, stoffbespannt			
Seitenleitwerk	Holz, Flosse sperrholzbeplankt, Ruder stoffbespannt		Holz, Flosse sperrholzbeplankt, Ruder stoffbespannt	
Höhenleitwerk	Holz, zweiholmig, Flosse sperrholzbeplankt, Ruder stoffbespannt		Holz, Flosse sperrholzbeplankt, Ruder stoffbespannt	
Tragwerk	Holz, 1-holmig mit Torsionsnase, stoffbespannt		Holz, 2-holmig, sperrholzbeplankt	
Fahrwerk	Bugrad 685 x 250 mm, festes Fahrwerk mit durchgehender Achse, 950 x 350 mm, Einfachbremse, Spur 3,23 m	Bugrad 950 x 350 mm, festes Fahrwerk mit Federstreben, Reifen 1100 x 390 mm, Duobremse, Spur 3,4 m	Einziehfahrwerk mit Bugrad	Einziehfahrwerk mit Bugrad
Sitze		2	3	3
Bemerkungen	Reichweitenerhöhung durch 300-l-Fass im Rumpf möglich, aber auf Kosten der Nutzlast, Fluggewicht maximal 6800 kg	Wegen der schwa-chen Motoren konnte das Fluggewicht nicht auf 7800 kg angehoben werden	Kein Einmotorenflug bei Volllast	Reichweite bei Überlast und 3000 kg Nutzlast: 4000 km

* Durch die Verwendung der vierflügeligen Festschrauben bei der Go 244 C-1/2 sank das Leergewicht um 76 kg gegenüber der entsprechenden Go 244 B-1/2

Typenaufstellung Me 321, Ju 322, Me 323

Baureihe	Ju 322	Me 321 A	Me 321 B	Me 323 D-2
Baujahr	1941	1941	1941/42	1942
Motor			-	
Startleistung			-	
Propeller			-	fest, 2-Blatt
Leergewicht			12200 kg	
Rüstgewicht		12600 kg	13000 kg	28000 kg
Kraftstoff	-	-	-	5340 l
Nutzlast	120000 kg	22000 kg	22000 kg	9500 kg
Nutzlast (ohne Panzerung)	-	-	-	-
Nutzlast (volle Zusatztanks)	-	-	-	8000 kg
Überlast				-
Fluggewicht		34600 kg	35000 kg	43000kg
Flugg. (Überl.)			39400 kg	-
Spannweite	62,00 m			
Rumpfbreite				
Länge				
Ladelänge				
Ladehöhe				
Ladebreite				
v_{max} leer			250 km/h	232 km/h
v_{max} beladen				219 km/h
Reisegeschw.			180 km/h	204 km/h
Landegeschw.			115 km/h	130 km/h
Steiggeschw. in Bodennähe		0,8 m/sec mit 20 t Zuladung hinter He 111 Z		3 m/sec
Gipfelhöhe				3600 m
Reichweite in Höhe		400 km hinter Me 110 E 600 km hinter He 111 Z		750 km in 0 km
Rumpf	Stahlrohr, Gitter, stoffbespannt			
Seitenleitwerk	Holz, Sperrholzbeplankung, zum Teil stoffbespannt			
Höhenleitwerk	Holz, Sperrholzbeplankung, zum Teil stoffbespannt			
Tragwerk	Holm als viergurtiges Stahlrohrgerüst, Rippen aus Holz, Nase			
Fahrwerk				Zehnradfahrwerk, bremsbare
Besatzung		2	3	5

Me 323 D-1/ 6	Me 323 E	Me 323 F-1	ZMe 323 G	ZMe 323 H
1943	1943/44	V 16 1944	Projekt 1943	Projekt 1944
G&R 14 N		Jumo 211-F	G&R 14 R	BMW 801
6 x 1180 PS		6 x 1340 PS	6 x 1600 PS	6 x 1600 Ps
verstellbar, 3-Blatt, 3,3 m Ø		verstellbar, 3-Blatt, 3,8 m Ø		
	27570 kg	30926 kg	31080 kg	32800 kg
28000 kg	30000 kg	34173 kg	33920 kg	34490 kg
5340 l	5390 kg	5390 kg	5390 kg	5390 kg
11500 kg	9000 kg	11686 kg	12400 kg	
-	9500 kg			
10000 kg	7500 kg			
3000 kg	3000 kg	4000 kg	4000 kg	4000 kg
43000 kg	45000 kg	54000 kg	54000kg	58000 kg
46000 kg	48000 kg	58000 kg	58000kg	62000 kg
				55,00 m
		3,42 m	3,60 m	3,42 m
		28,15 m	31,65 m	28,15 m
		11,00 m		11,00 m
		3,3 – 2,4 m		3,3 – 2,4 m
		3,15 m		3,15 m
260 km/h	253 km/h	305 km/h	310 km/h	
	238 km/h			
250 km/h	225 km/h	260 km/h	290 km/h	
130 km/h	130 km/h		142 km/h	
1,9 m/sec	1,9 m/sec			
4500 m	4500 m	5150 m		
750 km in 0 km 950 km in 4 km	1100 km in 0 m 1300 km in 4 km	optimal 1350 km	optimal 1180 km	
				Wie F-1
				Wie F-1
				Wie F-1
sperrholzbeplankt, Rest stoffbespannt				Wie F-1
vorn 4 Räder 875 x 320, hinten 6 Räder 1200 x 420, Spur 4,1 m		wie Me 323 E, größere Räder	wie Me 323 F, größere Räder	6 Räder
7	9	9		9

Produktionsübersicht DFS 230

Anmerkung: Dies ist der Versuch, die verschiedenen Produktionsdaten zusammenzufassen. Berücksichtigt wurden das Flugzeugentwicklungsprogramm vom 1.10.1937, die C-Amts Monatsmeldungen der Jahre 1941 und 1944, das C-Amts-Programm vom 1.10.40, die Liste des Reparaturwerks Erfurt vom 17.2.41 und die Gesamtablieferungszahlen des Chefs Nachschub II Abtl. vom 4.12.1944. Kursiv geschriebene Angaben sind nicht belegt. Ohne Berücksichtigung der DFS 230 A-0, die in der Liste des Generalquartiermeisters nicht auftaucht, sind anscheinend 50 Maschinen mehr gebaut worden, als die Luftwaffe übernahm. Die tatsächliche Produktion der Firma BMM im Jahr 1942 ist nicht bekannt. Auch ist nicht klar, ob Lieferungen an verbündete Staaten (Italien, Rumänien und Japan) in den Jahren 1942/43 aus Neulieferung, oder Beständen der Luftwaffe erfolgten.

DFS 230	Jahr		37/38	39	1940		1941					
	Monat				1-6	7-12	1	2	3	4	5	6
	Fa.	**ges.**										
A-0	Harwig			18								
	Gerner			*12*								
	ges A-0	*30*		30								
A-1	Harwig	30		28	2							
	ges A-1	30										
A-2	Hartwig	433			109	230	23	42	29			
	Bücker	26				15	11					
	Gotha	9					3	1				5
	Erla	32				4	8	15	5			
	BMM	39				17	9	13				
	ges A-2	**539**			109	266	54	71	34			5
A-3	Gotha					40						
	Erla					40						
	BMM					34						
	ges A-3	**114**				114						
B-2	Hartwig	214							8	30	50	40
	Bücker	169					8	18	22	11	7	38
	Gotha	23										23
	Erla	150						15	25	25	23	
	BMM	*387*						10	17	19	19	31
	ges B-2	*943*					8	28	62	85	101	155
C-1	Mráz	14										
D-1		3					**Nicht zusätzlich, sondern Umbau aus**					
Ges. DFS 230		*1670*	30	28	111	380	62	99	96	85	101	160
Gen.Qu.		1591		28	455							

1941						42	43	44
7	8	9	10	11	12			4-7
25	25	25	11					
19	20	26						
18	23	21						
30	30	39	48	35	35	74		
92	**98**	**111**	**59**	**35**	**35**	*74*		
								14
DFS 230 C-1, Umbaufirma vermutlich Gotha								
92	**98**	**111**	**59**	**35**	**35**	*74*		**14**
					1020	**74**		**14**

Produktionsübersicht Go 242/244
Anmerkung: Für die Zeit von April bis Dezember 1943 liegen nur lückenhafte Zahlen vor.

Go 242 Go 244		Ablauf bis März 1943 nach Tabelle Sonderausschuss F 12 Gesamtzahlen nach Planung vom März 1943										
Firma	Jahr	1941					1942					
	Monat	8	9	10	11	12	1	2	3	4	5	6
	Ges.	Neubau Go 242										
Ago	45	18	4	9	7	1	3	1	1	-	1	
GWF	690	7	25	34	81	90	80	51	85	61	60	43
Hartwig	466				8	12	12	20	18	20	18	
		Aus der Go 242 Stückzahl für										
	301		1	8	21	-	3	-	17	42	60	46
		Rückrüstung Go 244 in Go 242 bzw. Fertigbau										
GWF	194	40 + 44 Rückr.+ 110 Neubau										
andere	230											
Summe pro Jahr		224 Go 242 30 Go 244					432 Go 242 271 Go 244, davon 22 rückgerüstet in Go 242					

		Planung vom März 1943 nach Tabelle Sonderausschuss F 12										
Firma	Jahr	1943									43	44
	Monat	4	5	6	7	8	9	10	11	12		1
	Ges.	Neubau Go 242 A-1, A-2										
Ago	45											
GWF	690											
Hartwig	466	20	20	20	20	20	20	20	20	20	105	25
	301	Aus der Go 242 Stückzahl für Go 244 entnommen:										
		Rückr. Go 244 in Go 242 B-1, B-3										
GWF	194	30	30	20	13							
andere	230	31	46	37	34	34	34	12				
Summe pro Jahr												

1942						1943		
7	8	9	10	11	12	1	2	3
54	19							
20	15	18	20	24	16	20	20	25

Go 244 entnommen

66	33	4						

begonnener Go 244 als Go 242 B-1, B-3

				5	17	24	25	30
								2

**Ablauf 1943/44 nach Beschaffungsmeldung
GL/C-B 2/8 4401/44**

2	3	4	5	6	7	8	9	10

Neubau Go 242 B-2

18	25	26	20	20	17			

keine nach September 1942

151 Go 242 B-2

Übersicht Werknummern und Stammkennzeichen Me 321/323

Me 321				
	Werknr.	Stammkennzeichen	Produktionsort	Stückzahl
Me 321 A		W1+SA bis W1+SZ	Leipheim	26
Me 321 A		W2+SA bis W2+SZ	Obertraubling	26
Me 321 A		W3+SA bis W3+SZ	Leipheim	26
Me 321 A		W4+SA bis W4+SZ	Obertraubling	26
Me 321 B		W5+SA bis W5+SZ	Leipheim	26
Me 321 B		W6+SA bis W6+SZ	Obertraubling	26
Me 321 B		W7+SA bis W7+SZ	Leipheim	26
Me 321 B		W8+SA bis W8+SP	Obertraubling	ca. 16
			Summe Me 321	200
Me 323				
Me 323 A V1		W1+SZ		
Me 323 V1		W9+SA	Leipheim	
Me 323 V2	801	DT+DK		
Me 323 V3	802	DT+DL		
Me 323 V4	803	DT+DM		
Me 323 V5	804	DT+DN		
Me 323 V6	805	DT+DO		
Me 323 V7	806	DT+DP		
Me 323 V8	807	DT+DQ		
Me 323 V9	808	DT+DR		
Me 323 V10	809	DT+DS		
Me 323 V11	810	DT+DT		
Me 323 V12	811	DT+DU		
Me 323 V13	812	DT+DV		
Me 323 V14	813	DT+DW		
Me 323 V15	814	DT+DX		
Me 323 V16	160001	DU+QZ		
1942		DT+QB	DT+IB?	
		AT+ID	DT+ID?	
		RD+UE	RD+QE?	
1943		SN+HL	SL+HL?	
Me 321 D-1	1101 bis 1122	RD+QA bis RD+QU	Leipheim	21
Me 321 D-2/6	1123 bis 1126	RD+QV bis RD+QZ	Leipheim	5
Me 323 D-2/6/E-1	1127 bis 1152	RF+XA bis RF+XZ	Leipheim	26
Me 323 D-1	1201 bis 1226	DT+IA bis DT+IZ	Obertraubling	26
Me 323 D-1/2/6	1227 bis 1252	SG+RA bis SG+RZ	Obertraubling	26
Me 323 D-6	1253 bis 1278	VM+IA bis VM+IZ	Obertraubling	26
Me 323 D-6	1279 bis 1298	SL+HA bis SL+HT	Obertraubling	19
Me 323 E-1	130015 bis 130040	BM+GA bis BM+GZ	Leipheim	26
Me 323 E-1	130041 bis 130055	DU+PA bis DU+PO	Leipheim	15
Me 323 E-1	330001 bis 330010	RL+UA bis RL+UJ	Obertraubling	10
				200

Literatur

[1] Karl R. Pawlas: Kampf- und Lastensegler DFS 230 – DFS 331, Luftfahrt Monographie LS1, Eigenverlag Karl R. Pawlas

[2] Karl R. Pawlas: Die Sturm- und Lastensegler Go 242 - Go 244 - Go 345 - P39 - Ka 430, Luftfahrt Monographie LS2, Eigenverlag Karl R. Pawlas

[3] Karl R. Pawlas: Gotha Go 345, Waffen-Revue 96

[4] Karl R. Pawlas: Die Giganten Me 321–Me 323, Luftfahrt Monographie LS 3, Eigenverlag Karl R. Pawlas

[5] Karl Kössler: Der Lastensegler DFS 230, FLUGZEUG 3 und 4/1986

[6] Deutsche Akademie der Luftfahrtforschung, Beiträge zur Geschichte der Deutschen Luftwissenschaft und -technik

[7] Besprechungsprotokolle des Generalluftzeugmeisters aus den Jahren 1941 bis 1944 aus dem Bundesarchiv Freiburg

[8] Bundesarchiv Freiburg, Bestand RL 3/

[9] Sondersammlung Deutsches Museum

[10] Deutsches Technikmuseum Berlin

[11] H. J. Nowarra: Deutsche Lastensegler an allen Fronten DFS 230 - DFS 331 - Go 242 - Go 345 - Ka 430 - Me 321 - Ju 322, Das Waffenarsenal, Band 42, Podzun-Pallas-Verlag

[12] H. J. Nowarra: Die Deutsche Luftrüstung 1933–1945, Bernard & Graefe Verlag 1993

[13] K. Neetzow, G. Schlaug: Deutsche Lastensegler 1938–1945, Eigenverlag

[14] Ernst Peter: Der Flugzeugschlepp von den Anfängen bis heute, Motorbuch Verlag, 1981

[15] Ch. Regel: Erprobungsstelle Rechlin, in Die Deutsche Luftfahrt, Flugerprobungsstellen bis 1945, Bernard & Graefe Verlag, 1998

[16] M. Griehl: Heinkel He 111, Motorbuch Verlag, 1997

[17] V. Koos: Ernst Heinkel Flugzeugwerke, Heel Verlag 2003

[18] H.J. Ebert und andere: Willy Messerschmitt – Pionier der Luftfahrt und des Leichtbaus, in Die Deutsche Luftfahrt, Bernard & Graefe Verlag 1992

[19] H.-P. Dabrowski: Messerschmitt Me 321/323, Schiffer Publishing Ltd. 2002

[20] Zeppelin Museum Friedrichshafen: Zeppelins Flieger, Wasmuth Verlag

[21] P. Schmoll: Messerschmitt-Giganten, MZ Buchverlag

[22] F. A, Vajda, P. Dancey: German Aircraft industry an production 1933–1945, Airlife Publishing Ltd. 1998

[23] Heinz Birkholz: Lastensegler DFS 230 als Doppelsitzer, JET & PROP 1/94

[24] Georg Schlaug: Der Erstflug des Lastenseglers DFS 331, JET & PROP 1/98

[25] Heinz Birkholz: Ein Lastensegler mit Storch-Beinen, JET & PROP 4/98

[26] Manfred Krieg: Kalkert Ka 430 – der Lastensegler aus Erfurt, JET & PROP 1/99

[27] Karl Kössler: Kampfgruppe z.b.V. 106, Teil 3, JET & PROP 4/02

[28] G. Heumann: Unternehmen Warschau: Die Giganten, FLUG-REVUE 12/1964 und folgende

[29] B. Engel, Gotha Go 244, Luftfahrt-Geschichte 2/74

[30] H. Lommel: DFS 230 »Hochbein, Robbe«, DFS 331 und Ka 430, Luftfahrt History Nr. 11, Selbstverlag 2006

[31] H. Powilleit: Vom Segelflieger zum Lastensegler – DFS 230 und Gigant Me 321, Selbstverlag, Kopie im Deutschen Museum München

[32] Sammlung Ch. Regel

[33] L.Dv.559 DFS 230 A und B Flugzeughandbuch 4.11.1939

[34] L.Dv.T.2230 A-1, A-2, B-2 Bedienungsvorschrift Fl Juni 1942

[35] L.Dv.T.2330 A-1, A-2, B-2 Bedienungsvorschrift Fl Beiheft 1 Sturzflug- und Landebremsschirm

[36] D (Luft) T. 2323 D-1, D-2, D-6, Ausgabe 1943, Flugzeughandbuch

[37] Wolf D. Mauder: »Lastensegler im Einsatz« (DFS 230/Go 242/Me 321, Videofilm bibo tv, Bad Homburg